高等职业教育"十四五"规划教材

现代农业概论

（第2版）

王海萍　陈　平　主编

中国农业大学出版社
·北京·

内容简介

本教材根据湖北省“一村多名大学生计划”的培养要求，针对学员多为农村“两委”班子成员、农民合作社理事长、家庭农场主等，迫切需要了解国内外现代农业发展模式，带领乡亲们因地制宜地创业，创新发展当地产业，实现致富奔小康的学习需求，按照课程教学大纲，由长期从事农业教学的高校教师和农技推广专家共同编写。

本教材主要内容为发展现代农业的重大意义、现代农业发展的历程、世界发达国家现代农业发展模式、中国现代农业发展道路、湖北现代农业发展概况、未来现代农业发展新模式、新农人创业成功典型案例等。

本书可供“一村多名大学生计划”学员、农业职业院校涉农专业学生和新型职业农民学习使用，也可供从事现代“三农”工作的管理者和科技人员参考。

图书在版编目(CIP)数据

现代农业概论 / 王海萍，陈平主编. --2 版 . 北京：中国农业大学出版社，2024. 6.（2025. 2 重印）--ISBN 978-7-5655-3224-5

Ⅰ. F303. 3

中国国家版本馆 CIP 数据核字第 2024S3U363 号

书　　名　现代农业概论　第 2 版
作　　者　王海萍　陈　平　主编

策划编辑　张　玉　　　　**责任编辑**　张　玉
封面设计　中通世奥图文设计中心
出版发行　中国农业大学出版社
社　　址　北京市海淀区圆明园西路 2 号　　　　**邮政编码**　100193
电　　话　发行部 010-62733489,1190　　　　读者服务部 010-62732336
　　　　　　编辑部 010-62732617,2618　　　　出　版　部 010-62733440
网　　址　http://www. caupress. cn　　　　**E-mail** cbsszs @ cau. edu. cn
经　　销　新华书店
印　　刷　北京时代华都印刷有限公司
版　　次　2024 年 8 月第 2 版　　2025 年 2 月第 2 次印刷
规　　格　185 mm×260 mm　　16 开本　　14. 75 印张　　269 千字
定　　价　45. 00 元

第2版编审人员

主　　编　王海萍（湖北生物科技职业学院）
　　　　　陈　平（湖北汉江技师学院）

副 主 编　杨艳斌（湖北省现代农业展示中心）
　　　　　胡永盛（江苏农牧科技职业学院）
　　　　　黄宗安（温州科技职业学院）
　　　　　刘　婷（沙洋县农业农村局）
　　　　　马帅鹏（广东生态工程职业学院）

参　　编　黄文军（湖北职业技术学院）
　　　　　姬胜玫（湖北生物科技职业学院）
　　　　　李婷婷（杨凌职业技术学院）
　　　　　孙红绪（湖北三峡职业技术学院）
　　　　　瞿宏杰（襄阳职业技术学院）
　　　　　王丛海（湖北汉江技师学院）
　　　　　王　琨（铜仁职业技术学院）
　　　　　许　林（沙洋县农业农村局）
　　　　　周厚胜（恩施职业技术学院）

主　　审　高广金（全国劳模高广金农业科技创新工作室）

第 1 版编写人员

主　　编　王海萍（湖北生物科技职业学院）
　　　　　高广金（全国劳模高广金农业科技创新工作室）

副 主 编　杨艳斌（湖北省现代农业展示中心）
　　　　　陈　平（十堰市科技学校）
　　　　　王血红（湖北省宜都市农业技术推广中心）

参　　编　（按姓氏汉语拼音排序）
　　　　　白远国（荆州职业技术学院）
　　　　　陈　斌（湖北省枣阳市农业技术推广中心）
　　　　　陈　亮（湖北生物科技职业学院）
　　　　　陈　义（湖北省当阳市植物保护站）
　　　　　邓红军（湖北省宜昌市农业技术推广中心）
　　　　　丁　可（湖北省农业农村厅市场与信息化处）
　　　　　冯　鹏（湖北省襄阳市农业科学院）
　　　　　付维新（湖北省石首市农业技术推广中心）
　　　　　高剑华（湖北省恩施州农业科学院）
　　　　　黄文军（湖北职业技术学院）
　　　　　姬胜玫（湖北生物科技职业学院）
　　　　　李倪平（湖北省十堰市武当山特区老营蜂园场）
　　　　　龙守勋（湖北省农业广播电视学校宣恩县分校）
　　　　　罗蓓蓓（湖北省农业农村厅科教处）
　　　　　瞿宏杰（襄阳职业技术学院）
　　　　　孙　琛（湖北省现代农业展示中心）
　　　　　孙红绪（湖北三峡职业技术学院）
　　　　　王　娟（湖北生物科技职业学院）
　　　　　张泰武（湖北省十堰市竹山县上庸镇农业技术推广中心）
　　　　　周厚胜（恩施职业技术学院）

第2版前言

《现代农业概论》第1版出版以来，选用的职业院校越来越多，农业干部培训、农技人员知识更新培训和高素质农民培训也相继选用本教材，获得普遍好评。党的二十大报告提出，“加快建设农业强国，扎实推动乡村产业、人才、文化、生态、组织振兴。”随着我国农业农村现代化的发展和乡村振兴的推进，要求教材与时俱进：信息化手段在人才培养中广泛运用，改变了人们构建知识体系的方式，相应地教材的内容与表现形式须不断更新和完善，以适应职业教育的需要。为此，按照新的形势、新的发展、新的要求，结合实践及调研意见，编写组对教材进行了修订。我们更新了一些新的教学内容和教学方法，对本书进行创新探索与实践，根据课程思政建设目标，将课程思政内容融入到教材的编写当中，构建了专业知识和思政内容相结合的模式。

1. 融入思政元素。坚持落实立德树人根本任务，对接国家生态文明战略，融入“金山银山”“绿色环保”等建设理念，从职业道德、生态环保、绿色安全等方面挖掘课程蕴含的思政元素，及时融入教材内容，培养学生热爱科学、勇于探究的创新精神及热爱家乡、热爱农业、服务“三农”的情怀，助力乡村振兴。

2. 教材内容的动态更新。对第一章中世界农业生产情况，第四章中现代农业发展的基础条件与成效、我国现代农业发展的状况、我国现代农业发展的强农惠农政策，第五章湖北现代农业发展概况，第六章中现代农业示范区建设模式更新为最新数据，使教材内容能够紧贴生产实际，保持了先进性。对第七章典型案例重新编排，使本书内容脉络更加清晰，方便学习借鉴。

3. 配套开发了融媒体资源。主要包括课件6个、视频11个，在书中的相应位置添加二维码并展示在教学平台，方便学习者自主学习，同时为教材使用者采取混合式教学提供基础工具资料。

本教材第2版由湖北生物科技职业学院王海萍、湖北汉江技师学院(原十堰市科技学校)陈平主编,全国劳模高广金农业科技创新工作室高广金研究员主审。全书编校任务分工如下:第一章、第二章由湖北省现代农业展示中心杨艳斌、沙洋县农业农村局刘婷负责编写,沙洋县农业农村局许林负责校核;第三章由江苏农牧科技职业学院胡永盛、温州科技职业学院黄宗安、襄阳职业技术学院瞿宏杰负责编写,湖北生物科技职业学院姬胜玫负责校核;第四章、第七章由湖北汉江技师学院陈平、铜仁职业技术学院王琨负责编写,湖北职业技术学院黄文军、湖北三峡职业技术学院孙红绪、湖北汉江技师学院王丛海负责校核;第五章、第六章由湖北生物科技职业学院王海萍、广东生态工程职业学院马帅鹏负责编写,恩施职业技术学院周厚胜、杨凌职业技术学院李婷婷负责校核。教材在编写过程中参阅和引用了有关专家、学者的专著、论文及教材等,在此一并致以最诚挚的谢意!

在本书的编写过程中,各位作者付出了辛勤的劳动,但由于编者水平有限,书中内容如有不尽如人意之处,欢迎参加教学的老师和广大的学生、读者随时提出对本书的批评指正意见,以便修订。非常感谢。

编　者

2024年3月

第1版编写说明

五千年农耕文明哺育了中华儿女，如今我们正紧跟时代前进的步伐，不断创新发展现代农业。

国内外实践经验告诉我们，无论是发达国家，还是发展中国家，在国家治理、经济发展、社会进步的过程中，都是走农业兴旺、工业发展、商业活跃、社会稳定、人民安康的发展道路。

现代农业是全世界农业发展的方向，是我国实现四个现代化的基础和重点。中华人民共和国成立以来，中国共产党带领全国人民，学习国外先进的农业发展经验，结合中国实际，探索农业发展的路子，在一穷二白的条件下，自力更生，艰苦奋斗，兴修水利，推广科技，不但解决了全国人民的温饱问题，而且为发展国民经济和建设工业强国提供了坚实的经济支撑。20 世纪 80 年代以来，通过农村经营制度的改革，农业进入快速发展阶段，我们走出了一条中国特色社会主义农业发展道路。进入 21 世纪，党中央又吹响了发展现代农业的号角，制定了一系列促进现代农业发展的政策措施，进一步加快了现代农业的发展步伐。

发展现代农业，人才是关键。党和政府十分重视农民的科技培训，制定了《国家中长期人才发展规划纲要(2010—2020 年)》，自 2012 年起，在全国开展了新型职业农民的培育工作，培养了一大批“懂农业、会经营、善管理”的家庭农场主、农民合作社等。湖北省委、省政府出台了《湖北省现代农业人才支撑计划》。2018 年湖北省委组织部、农业农村厅、财政厅、教育厅、人社厅、卫生计生委、扶贫办等部门，联合组织开展了“一村多名大学生计划”，以开发农村人力资源为核心，以助力精准扶贫和乡村振兴为目标，整合资源，精准施策，目的是为农村培养一批回得去、留得住、用得上、有文化、懂技术、会经营，能够示范带动地方特色产业发展，带领群众脱贫致富的农村实用人才队伍。计划用 5 年时间，面向全省农村选拔培养 1 万名优秀青年农民，重点是村“两委”班子成员、后备干部、入党积极分子、村级产业发展带头人等，接受全日制普通专科学历教育。

遵照湖北省“一村多名大学生计划”培养要求，根据教学大纲，我们组织编写了《现代农业概论》，比较全面地介绍了发展现代农业的重大意义、农业发展历程、世界发达国家现代农业发展模式、中国现代农业发展道路、湖北现代农业发展概况、未来现代农业发展新模式等。本书图文并茂，理论实践与创业案例相结合，语言通俗易懂，适宜“一村多名大学生计划”学员、涉农高等职业教育院校学生及新型职业农民使用。

由于编者水平有限，编写时间比较仓促，书中如有错漏之处，敬请各位专家与广大读者朋友批评指正。

编　者

2021年2月

目　录

第一章　发展现代农业的重大意义 …… 1
第一节　农业的重要性 …… 1
第二节　农业产业特点 …… 2
第二章　现代农业发展的历程 …… 9
第一节　原始农业阶段 …… 9
第二节　古代农业阶段 …… 12
第三节　近代农业阶段 …… 19
第四节　现代农业阶段 …… 24
第三章　世界发达国家现代农业发展模式 …… 36
第一节　美国、澳大利亚现代农业发展模式 …… 36
第二节　英国、法国、德国现代农业发展模式 …… 42
第三节　日本、韩国现代农业发展模式 …… 46
第四节　荷兰、以色列现代农业发展模式 …… 50
第四章　中国现代农业发展道路 …… 54
第一节　现代农业发展的基础条件与成效 …… 54
第二节　我国农村经营体制改革发展阶段 …… 59
第三节　我国现代农业发展的状况 …… 68
第四节　我国现代农业发展的强农惠农政策 …… 76
第五章　湖北现代农业发展概况 …… 83
第一节　现代农业发展的自然基础条件 …… 83
第二节　湖北现代农业发展成效 …… 89
第三节　湖北省支持“三农”发展项目 …… 95

第六章　未来现代农业发展新模式 …… 101
第一节　现代农业发展4.0模式 …… 101
第二节　现代农业电子商务模式 …… 115
第三节　现代农业规模化经营模式 …… 118
第四节　现代农业示范区建设模式 …… 128
第七章　典型案例 …… 140
农业组织 …… 140
案例1　发挥产业优势,担当扶贫使命 …… 141
案例2　精心打造山药品牌,推动三产融合发展 …… 144
案例3　科技兴农,质量兴社 …… 147
案例4　农民合作社是乡村振兴的“金钥匙” …… 151
案例5　创新体制促发展,完善机制增效益 …… 154
案例6　三产融合树品牌,借助政策促发展 …… 157
案例7　科技创新提质量,示范带动做表率 …… 160
案例8　抱团发展合作共赢,联动服务提质增效 …… 162
人才典型 …… 165
案例1　临危受命村支书,乡村变身打卡地 …… 166
案例2　竹溪“后花园”纪家山变身记 …… 169
案例3　发挥主体作用,助推乡村振兴 …… 172
案例4　返乡农创版的“小马过河” …… 175
案例5　让黄桃成为“黄金果”,让月宝山成为“花果山” …… 179
案例6　提升菜籽附加值,助力乡村产业兴 …… 181
案例7　居无品之位,行有为之事 …… 183
案例8　打造十堰特色产业新名片 …… 186
案例9　用“撂荒地”种出“金牌茶” …… 188
案例10　“橘子哥”唱响“橘子歌” …… 190
案例11　乡村振兴,香椿真行 …… 192
案例12　一路向“硒”,只谋健康为民 …… 194
案例13　小小菜薹创大业,乡村变成“聚宝盆” …… 196

案例 14 产业助农、科技兴农的椒管家 …… 198
案例 15 蛙王——致富路上带头人 …… 199
案例 16 推广生猪人工授精，加速品种改良进程 …… 201
案例 17 白雉山鸡·田园客厅 …… 203
案例 18 脱下戎装换农装，誓把荒山变“金山” …… 205
案例 19 沮漳河畔美如画，海顺农业精细化 …… 208
案例 20 一个人影响一个村 …… 210
案例 21 织起产销融合网，托起群众致富梦 …… 213
案例 22 综合经营实力，持续发展向未来 …… 215
案例 23 贡茶新势力——富锶茶开创者 …… 219
参考文献 …… 221

第一章

发展现代农业的重大意义

教学课件

农业是第一产业，是二、三产业发展的基础，是发展国民经济、促进社会安定、保障人民生产生活的物质条件。中国五千年的文明史，源自农耕文明，创新发展现代农业具有重大意义。

第一节　农业的重要性

农业是人类衣食之源，生存之本，是一切生产的首要条件。我国历代都十分重视农业，提倡“农本”。《管子》中对农业重要性就有深刻阐述：农业是繁荣经济、富国富民的基础；农业是安定社会、长治久安的保证；农业是巩固国防、克敌制胜的重要条件。

一、农业是国民经济的基础

农业是人类的“母亲产业”，早在远古时代，农业就已经是人类抵御自然灾害和赖以生存的根本，农业养活并发展人类，没有农业就没有人类的一切，更不会有人类的现代文明。社会生产的发展，首先始于农业，在农业发展的基础上，才有工业的产生和发展，只有在农业和工业发展的基础上，才会有第三产业的发展。

(一)从经济角度看，农业是国民经济发展的基础

农业是国民经济中最基本的物质生产部门。农业是工业特别是轻工业原料的主要来源；重工业中的橡胶工业、化学工业等所用的原料来自农业。农业为工业的发展提供了广阔的市场，也是轻工业商品的广阔市场。农业是国家建设资金积累的重要来源。农业是支撑整个国家经济不断发展的重要保障。

(二)从社会角度看,农业是社会重要的基础,是安定天下的产业

民以食为天,农业稳定,食物丰富,社会就稳定。如果农业不能提供足够的粮食和所需食品,人民的生活就不会安定,生产就不能发展,国家将失去自立的基础。

(三)从政治角度看,农业是国家自立的基础

我国的自立能力相当程度上取决于农业的发展。如果农副产品不能保持自给,过度依赖进口,必将受制于人,一旦国际政局变化,势必陷入被动,甚至危及国家安全。

二、农业具有多功能性

(一)粮食安全功能

一个国家的农业在粮食安全方面的功能除了提供粮食这一特殊的商品外,还具有非商品功能,即保证一定的粮食自给水平,减少过度依赖国际市场的担忧,增强粮食安全的保障感,确保国家宏观战略的实现。

(二)环境保护功能

农业的直接环境收益,体现在通过管理土壤和植物减少污染,多种植物轮作增加生物量和养分固定量,控制土壤侵蚀,提高生态系统的弹性。

(三)经济发展功能

农业具有保障劳动力就业,保持国土空间上的平衡发展,促进经济发展等功能。

(四)社会稳定功能

农业不仅为农村居民提供了谋生手段和就业机会,而且还为他们提供了生活和社交场所,有助于形成和维持农村生活模式及农村社区活动,能够减少农村人口盲目向城市流动,保持社会稳定。

第二节　农业产业特点

一、农业的概念

农业是人类通过社会生产劳动,利用自然环境提供的条件,促进和控制生物

体(包括植物、动物和微生物)的生命活动过程来取得人类社会所需要产品的生产部门。

(一)农业的三个层次

1. 狭义农业

狭义农业是指农业生产业,即种植业、养殖业、副业等产业形式。

2. 中义农业

中义农业是指农业产业,包括种植业、养殖业、农业工业、农产品加工、农产品及其加工产品的商业。

3. 广义农业

广义农业是指大农业,包括农业产业、为农业服务的其他部门。

(二)农业的8个部门

1. 农业生产业

农业生产业包括5个部分,即作物业、林木业、畜禽业、水产业和低等生物业。

2. 农业工业

农业工业包括3类相关的工业:

(1)农用工业。包括化肥、农药、农机、农膜生产工业等。

(2)农后工业。包括食品工业、饲料工业、造纸工业、木材工业、橡胶工业、纺织工业、烟草工业等。

(3)农村工业。包括以农产品和非农产品为原料的乡村级加工业。

3. 农业商业

农业商业包括四大类:①食用商品(粮食、油脂、蔬菜、水果、肉类、鱼、蛋、奶及多种多样的制成食品);②生产资料商品;③轻工业原料商品(包括棉花、蚕茧、羊毛、烟叶、麻类等);④农产品贸易商品。

4. 农业金融

农业金融主要有3个来源:政府财政支农资金;农户或农场的经营利润;银行贷款。

5. 农业科技

农业科技包括农业科学研究(含农业基础研究、农业应用研究、农业经济和农村社会研究等)、农业科技开发与推广、农业科技产业。

6. 农业教育

农业教育包括4个层级:农业高等教育;农业中等教育;农业职业教育(包括高等农业职业教育、中等农业职业教育、初等农业职业教育);短期农业技术培训等。

7. 农村建设

农村建设包括农村人口、交通、能源、建筑、环境保护、文化卫生、农政建设等。

8. 农业管理

农业管理包括农业行政管理、农业法规、农业体制、土地政策、生产政策、分配政策、财政政策、信贷政策、税收政策、物价政策、劳动政策、农业贸易政策等。

二、农业生产的特点

(一)农业生产的波动性

1. 周期性因素引起的波动

(1)气候周期性变化引起的波动。竺可桢根据古代物候记录，分析我国5 000年来气温变化，推测出现过4个暖期和4个寒期。

4个暖期：一是公元前3000—前1000年，即原始氏族的仰韶文化到奴隶社会的安阳殷墟时代；二是公元前770年至公元初，即秦汉时代；三是公元600—1000年，即隋唐时代；四是公元1200—1300年，即元朝初期。

4个寒期：一是公元前1000—前850年，即周代初期；二是公元初到公元600年，即秦汉、三国、隋唐时代；三是公元1000—1200年，即南宋时代；四是公元1400—1700年，明末到清代中期。

近100年的周期波动：1916—1945年暖期，1945—1970年寒期，1961—1970年，是我国气温20世纪最低的10年，旱涝灾害发生的频率更加频繁。1920年、1924年、1934年特大干旱，1931年、1954年、1991年、1998年、2016年特大洪涝，2004年、2007年、2013年全国大范围严重干旱。

(2)市场周期性变化引起的波动。农产品难以存储，当某些产品供过于求，市场价格下降，生产者决定减少生产量，出现市场供不应求，价格上升。同样，由于国际市场激烈竞争，也会造成某种农产品的周期波动。

2. 突发性因素引起的波动

(1)农业生物因素的突变。如动植物品种对某种病原菌抗性的丧失，或某些病原菌本身产生突变，而使动植物不能抗御，导致农业生产重大损失。

(2)农业环境因素的突变。如异常的气候变化，雨涝、龙卷风、冰雹、低温冷害、干旱、高温等。

(3)农业技术措施的失误。如毁林开荒、围湖造田等破坏了生态环境。

(4)社会变化与农业经济政策的失误。

(二)农业生产的地域性

1. 自然气候条件导致农业生产的地域性

由于地球绕太阳的公转和自身的自转,使地球上不同部位受到的光辐射不同,温度和水分也因此不相同,导致地球上出现极地、寒带、温带、热带等地理气候带,而在同一地理气候带中又由于海拔和各种自然资源的差异,导致不同地理位置自然气候条件有较大差异,形成特异性农业。如极地捕捞业、温带和亚热带的农业、热带雨林农业、干旱半干旱地区农业、热带高海拔地区农业等。

2. 生物种类导致农业生产的地域性

一定生物只适合在一定生态环境下生存,农业生产主要为动植物的生产,由于生物种类分布有地域性,因此带来农业生产的地域性。

3. 区域间社会经济发展水平不同导致农业生产地域性

从全球看,有欧美现代农业、拉丁美洲大庄园制农业、亚洲小块耕地农业、非洲粗放型农业以及原始民族渔猎采集式农业。

(三)农业生产的综合性

(1)农业系统的基本结构决定其综合性。农业系统是由4个基本要素构成的一个不可分割的整体。①农业生物要素。包括农作物、林木、畜牧、水产、菌类和藻类。②农业环境要素。包括气候、土壤、地形、水文与生物等。③农业技术要素。包括植物、动物、微生物技术等。④农业经济社会要素。包括农业投入、农业产出、农业管理等。

(2)大农业由农业生产业等8个部门综合组成。

(3)农业生产由农、林、牧、渔业综合组成。

(4)各农业行业由产前、产中、产后环节综合组成。

(5)农业技术体系的综合性。如农作物生产,包括作物育种、栽培、保护技术等。

(四)农业自然资源的有限性

1. 农业自然资源

农业自然资源是指包括气候资源、水资源、土地资源和生物资源是农业生产必需的基本资料和劳动对象。

2. 我国农业自然资源

我国农业自然资源可概括为总量大,但人均占有量少。我国土地面积约960万千米^2,居俄罗斯、加拿大之后的第三位,但人均占有量只有约0.69千米^2;全国耕地面积19.18亿亩,居世界第四位,人均占有量1.3亩,居世界第

67 位；人均水资源 2 100 米^3，不足世界人均水资源的 1/4。

(五)农产品的特殊性

农业生产的绝大部分产品是鲜活产品，常规保质储存比较困难，鲜活产品自然条件保鲜更难，超过一定的期限就会变质，失去利用价值。而社会对农产品的需求却是连续不断的，随着经济的发展，人民生活水平的提高，对农产品种类、数量、质量要求的持续提升，产需平衡的难度增大。

三、世界农业生产情况

根据农业生产地域分布，全世界分为六大洲，即亚洲、非洲、欧洲、北美洲、南美洲、大洋洲。由于各洲的人口、耕地等资源及农业生产物质条件不同，农业生产水平、劳动生产率差异很大。

(一)世界人口数量

全世界人口总量 1950 年为 25.19 亿人，1960 年达到 30 亿人，1974 年达到 40 亿人，2022 年突破 80 亿人。近 50 年来，大约每 11 年人口增加 10 亿人(表 1-1)。随着工业化、城镇化的发展，农村人口比例不断降低，1961 年全世界农村人口比例为 65.91%，1970 年下降为 51.47%，到了 2015 年农村人口比例下降为 45.66%（表 1-2)，预计 2050 年将下降到 34%。

表 1-1　世界人口数量　　亿人

年份	1950	1955	1960	1965	1970	1974	1980	1987	1999	2011	2022
人数	25.19	27.57	30.00	33.38	36.97	40.74	44.42	50.4	60.2	70.00	80.00

表 1-2　世界各大洲农村人口比例　　亿人、%

项目	年份	世界	非洲	亚洲	欧洲	北美洲	南美洲	大洋洲
总人口	1961	30.8	2.9	17.2	6.1	2.1	1.5	0.2
	2015	73.8	11.9	43.9	7.4	3.6	4.2	0.39
农村人口	1961	20.3	2.4	13.6	2.6	0.6	0.7	0.1
	2015	33.7	6.9	22.7	2.0	0.7	0.7	0.11
农村人口比例	1961	65.91	82.76	79.07	42.62	28.57	46.67	50.00
	2015	45.66	57.98	51.71	27.02	19.44	16.67	29.00
	2050(预测)	34	44	36	18	14	13	26

(二)世界农业用地数量

全世界农业用地数量增加不多,人均水平下降很快,1961 年农业用地总面积 3 790 856 900 公顷,2018 年增加到 4 795 000 000 公顷,增加 26.49%;由于人口快速增长,2018 年农村人口增加 220%,达 44.7 亿,人均面积不断减少,由 1961 年的 1.86 公顷,2018 年下降为 1.07 公顷,减少 48.4%(表 1-3)。

表 1-3 世界农业用地变化情况 公顷

年份	世界	大洋洲	非洲	美洲	欧洲	亚洲
1961	3 790 856 900	371 826 200	1 036 516 500	1 077 341 100	254 706 900	1 038 635 700
2018	4 795 000 000	491 591 700	1 116 705 600	1 177 408 600	498 697 200	1 630 809 500

资料来源:世界银行数据库。

(三)世界主要食物生产数量

随着科学技术的进步,农业资金投入的增加,农业生产条件的改善,农业机械、化肥、农药、农膜等物质装备的增强,农业生产水平、生产效率、耕地产出率不断提高。全世界谷物总产量由 1961 年的 8.8 亿吨,2014 年增加到 28.2 亿吨,单产由 1 353.2 千克/公顷,提高到 3 906.3 千克/公顷,人均占有量由 285.2 千克提高到 388.6 千克。全世界肉类生产量由 1961 年的 0.71 亿吨,增加到 7.92 亿吨,人均农产品数量不断增多,增速比较快的是大洋洲、欧洲、北美洲(表 1-4)。

表 1-4 世界谷物、肉类、蛋类、奶类生产数量

产品	年份	世界	非洲	亚洲	欧洲	北美洲	南美洲	大洋洲
谷物总产/亿吨	1961	8.8	0.5	3.3	2.6	1.8	0.4	0.1
	2014	28.2	1.9	13.4	5.3	4.9	1.9	0.4
谷物单产/(千克/公顷)	1961	1 353	810	1 212	1 379	2 203	1 347	1 115
	2014	3 906	1 614	3 958	4 358	6 866	4 439	2 183
人均谷物/千克	1961	285	159	192	431	869	236	594
	2014	389	163	308	715	1 392	455	1 021
肉类总产/亿吨	1961	0.71	0.04	0.09	0.30	0.18	0.07	0.02
	2014	3.18	0.19	1.36	0.59	0.47	0.41	0.07
肉类人均/千克	1961	23.2	13.4	5.3	49.1	86.7	42.5	142.7
	2014	44.1	16.1	31.2	80.4	132.2	100.1	175.2
蛋类总产/亿吨	1961	0.15	0	0.03	0.06	0.04	0.01	0
	2014	0.76	0.03	0.46	0.11	0.06	0.05	0

续表 1-4

产品	年份	世界	非洲	亚洲	欧洲	北美洲	南美洲	大洋洲
蛋类人均/千克	1961	4.9	1.4	2.0	10.1	19.2	3.9	11.9
	2014	10.4	2.6	10.6	15.0	18.2	12.2	7.9
奶类总产/亿吨	1961	3.44	0.11	0.43	1.95	0.65	0.14	0.12
	2014	7.92	0.47	3.07	2.23	1.02	0.65	0.31
奶类人均/千克	1961	111.9	37.7	34.9	318.8	315.0	93.7	715.1
	2014	109.0	40.6	70.9	302.1	286.8	156.4	798.0

第二章

现代农业发展的历程

教学课件

在人类 300 万年的历史进程中，农业的历史大约 1 万年。在出现农耕前的漫长岁月里，人类依赖采集和渔猎为生。当“采树木之实”不能满足人类基本生活所需求时，为了生存，人类逐步学会驯化植物和动物，开始了农业生产。

农业随着生产工具、生产技术和土地利用方式的改进而不断发展。农业生产的发展大体上经历了原始农业、古代农业、近代农业和现代农业 4 个阶段(图 2-1)。

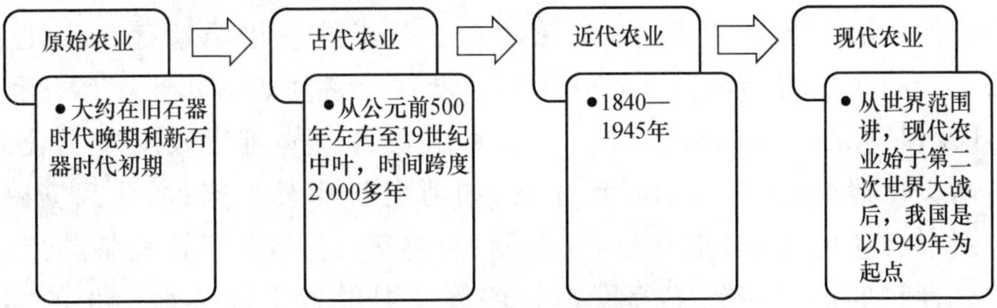

图 2-1 农业生产的发展阶段

第一节 原始农业阶段

一、原始农业的起源

(一)原始农业起源时期

1. 旧石器时代

距今约 300 万年至距今约 1 万年，原始人类在附近的河滩上或者岩石区捡石头，打制成合适的工具，学会了使用棍棒、长矛从事狩猎，用火取暖，烤熟猎物和驱逐野兽的侵袭。

2. 新石器时代

大约从距今 1.4 万年前开始到距今约 4 000 年，使用磨制石器为标志的人类物质文化发展阶段，属于石器时代的后期。考古出土的陶器、青铜器、铁器、玉器、碳化纺织品残片和水稻硅质体等，表明几千年前古人已具有农业、制陶、冶铸、纺织业等技术。

据古人类学家推断，旧石器时代末期地球总人口不过 300 万人，中石器时代野生食物资源短缺的严峻现实，促进了人类智慧发展。

大约在旧石器时代晚期和新石器时代初期，谋生方法出现了革命性变革，人类开始种植谷物和驯养动物，从此人类社会进入了原始农业阶段。

(二)原始农业起源地

大量考古发掘表明，世界原始农业起源于北纬 40°至南纬 10°在地理和气候上大体相似的几个地区，这些地区大多属于半干旱的高地或丘陵地区，主要有东亚、西亚、中南美洲等地。

1. 中国

中国的原始农业约有 1 万年的历史。在湖南澧县彭头山和道县玉蟾岩、江西万年仙人洞和吊桶岩等地，发现距今上万年的栽培稻遗存。长江下游地区水稻生产的历史可追溯到 7 000 年前。浙江余姚河姆渡出土了碳化稻谷、稻壳、稻秆及保存完好的骨制耜、锥、针和木制农具。黄河流域发现了较多的新石器早期文化遗址，距今 8 000 年左右，如河南新郑裴李岗、河北武安磁山村、陕西西安半坡遗址等，出土有石斧、石锄、石镰等，还有保存较完整的粟、菜籽，加工储藏食物的器具，猪、羊等家畜骨骼等。据甲骨文和各地出土的实物看，到商代(公元前 17 至公元前 11 世纪)以木、石为主的农具大量使用，青铜农具出现，种植的作物有粟、黍、稻、麦、麻，家畜有狗、猪、鸡、牛、羊等。到了西周(公元前 11 世纪至公元前 771 年)，新垦农田不断增加，农具也不断改进，“五谷”“六畜”都已形成，农业已有了明确分工。

2. 西亚地区

在今天的伊拉克、巴勒斯坦境内，距今 9 000 年前，人类已开始从事农业生产。考古出土了石斧、石镰等磨制的石器，还发掘出距今 9 000 年的野生型和栽培型之间的中间型作物——粒系小麦和栽培六棱大麦的遗物。养羊在当时也已成为主要的生产活动。

3. 埃及

埃及的原始农业约始于公元前 5 000 年，由于当地气候干旱炎热，年降水量不足 200 毫米，人类只能居住在尼罗河沿岸，利用洪水泛滥引水灌溉土地，并借此淤积肥沃的河泥，排干水后播种一季作物，建立起了能维持当地人口生存的农业生产。到公元前 2 000 多年的古王国时期，牛和毛驴已用作役畜，出现了牛拉的木犁、碎土的木耙和金属制成的镰刀；种植的作物有大麦、小麦和亚麻、葡萄、蔬菜等。到中王国时期，逐步形成发达的古埃及文明。

4. 美洲

原始的印第安人以玉米为主的植物驯化历史约 7 000 年之久，农民定居生活和农村的形成大约在 5 000 年前。印第安人以种植玉米为主，还种植甘薯、马铃薯、花生、向日葵等，直到 15 世纪末哥伦布发现了新大陆，美洲被西班牙人征服后，这些作物才逐步向全世界广泛传播。

5. 古印度

原始农业出现在公元前 2350 年至公元前 1750 年。

二、原始农业发展过程

原始农业最主要的特征是使用木石农具。在原始农业阶段的初期，人类采集及渔猎活动仍占较大比重，随着劳动工具和生产技术的进步，采集及渔猎所占比重日趋下降，种植业和畜牧业所占比重逐步上升，但所生产的食物仍不能满足人类所需，人类开始季节性的迁徙，过着半野营的生活。

原始农业的发展过程，可分为自然模仿阶段、刀耕或火耕农业阶段、锄耕农业阶段。自然模仿是最原始的阶段。

（一）自然模仿阶段

原始人类模仿野生植物的自然生长状态，简单地将种子撒到地里，既不施肥，也不中耕，任其自然生长，到收获季节，将果实采集归仓，通过人类劳动增加食物，从而拉开了原始农业的序幕。

（二）刀耕或火耕农业阶段

刀耕农业阶段人们利用石刀、石斧等砍伐工具，砍伐森林和荒草，然后焚烧，消灭杂草和树木，熟化土壤，利用火灰提供养分，进而播种收获农作物。由于年年移地，人类也要年年迁徙。

（三）锄耕农业阶段

锄耕农业阶段人们使用翻土工具，如耒耜、木锄、石锄，开始开荒翻土，株行间锄耕，疏松土壤，消灭杂草等，促进了土壤肥力的恢复，增加了耕地使用年限，人类实现了较长久的定居。

第二节　古代农业阶段

古代农业大体上从公元前500年左右至19世纪中叶，时间跨度2 000多年。古代农业是使用铁、木农具，利用人力、畜力、水力、风力和自然肥料，主要凭借直接经验从事农业生产活动的农业。

中国自古以来以农立国，耕耘畜养绵延了上万年。在这年复一年的春种夏耘、秋收冬藏的农业实践中，华夏民族的祖先创造了灿烂辉煌的中华农耕文化。他们不仅在发明与改革农具、改进农艺、治水灌溉、桑茶利用等方面积累了丰富的经验，创造了一整套独特的精耕细作、用地养地的技术体系，使耕地利用率和土地生产率不断提高，而且在与大自然的长期互容下，造就了丰富多彩的民俗风情和民间艺术。我国农耕文明中孕育着“天人合一”的思想，铸就了中华民族自强不息的精神。

一、古代农业的产生

(一)中国古代农业

考古资料表明，我国的铸铁冶炼技术最迟始于春秋(公元前770年至公元前476年)，是世界上最早发明生铁冶炼技术的国家。在公元前350年战国时期开始使用铁犁和牛耕，农业生产力大为提高，促进了人类社会的变革和人类文化史上的野蛮时期向文明时期的过渡。铁器时代的到来和铁器农具的推广，推动了原始农业进入古代农业阶段。

(二)欧洲古代农业

西欧国家在公元前1 000年前后才开始广泛使用畜力，比我国晚1 000多年。

二、古代农业的发展

为解决人口增长对食物的需求，在亚洲、欧洲、非洲和中美洲，都开展了大规模的土地开垦。中国从战国中期起(公元前475年至公元前221年)，实行“奖励耕战”的政策，兴建水利工程，发展灌溉，开垦荒地。秦及西汉时期(公元前221年至公元220年)，中国农耕以陕西、山西关中、河南、河北、山东等中原地区为中心，一方面在西北方的黄河流域发展，另一方面在长江中下游广大沼泽地带拓展，修建大小排水工程，扩大土地垦殖。东南亚从公元 3—5 世纪起，西欧自公元 12—13 世纪开始，耕地面积每隔 100 年都成倍增长。

（一）农具制造

中国从春秋战国起实行铁犁牛耕，到战国中期之后，带有铁制犁铧的耕犁就逐步推广，走上了充分利用土地、实行精耕细作连作制、提高单位面积产量的农耕道路。从秦汉到魏晋南北朝，北方旱作区农业逐渐形成耕—耙—耱的作业体系，建立了一整套保墒抗旱的耕作措施。在江南，经过六朝时代的开发，唐末时适应水田地区的整地耕作要求，则形成了耕—耙—耖的水田耕作技术体系。汉代发明了耧车、耧犁，提高了开沟播种的效率。唐代研制了水田用的江东犁。图 2-2 为播种用的耧车。

图 2-2　播种用的耧车

（二）耕作制度

秦汉时期全国范围内普遍实行连作制，汉代出现了冬小麦与其他作物轮作倒茬。魏晋南北朝时，种植绿肥养地，形成了绿肥、豆科作物和其他粮食、经济作物轮作、间作、套种的一整套用地与养地相结合的轮作体系。隋唐宋元时期，江南形成了以稻麦（绿肥或油菜）复种为主体的耕作制度，并出现了双季稻和三熟制。明、清时代，轮作、间套作、多熟种植在全国范围内得到了进一步发展。

（三）水利建设

我国古代水利建设成就众多，比较有代表性的水利工程和事件有：世界水利文化鼻祖、灌溉整个成都平原农田的都江堰；大型水利工程郑国渠、白渠、灵渠；东汉王景治理黄河；郭守敬修建通京运河；潘季驯的“治黄工程”；太湖流域塘浦圩田系统；淮河流域以灌溉农田和发展生产为目的的芍陂（què bēi）；沙漠地区特殊的灌溉系统“坎儿井”；改良利用盐碱土的漳河渠等。

（四）种养模式

中国古代的高产高效种养模式很多，其中被选入全球重要农业文化遗产保护的有：浙江青田稻—鱼共生系统、贵州从江侗乡稻—鸭—鱼复合系统、江西万年稻作文化系统、云南红河哈尼稻作梯田系统、河北宣化传统葡萄园、陕西佳县传统枣园系统、内蒙古敖汉旗旱作农业系统。

（五）主要农作物起源与传播

中国有丰富的农作物资源，传说神农播“百谷”，说明当时的作物种类有数百种之多。寄予人们美好希望的成语“五谷丰登”中的“五谷”是汉代开始对麦、稷、黍、菽(大豆)、稻、胡麻统称。

1. 水稻

水稻起源于中国和印度,在公元前5世纪至公元前3世纪传入近东地区,后传入匈牙利、西班牙、意大利等地;公元5世纪传入非洲;公元前1世纪从中国传入日本;于公元16世纪后传入美国,19世纪传入哥伦比亚和巴西。

2. 小麦

小麦起源于伊拉克、叙利亚、土耳其、伊朗、中国等,公元前7 000年开始种植。中国是小麦原产地之一,至今在云南、西藏一带仍可见到中国特有的野生小麦。公元4—5世纪小麦由我国传入朝鲜、日本,公元15世纪末期由西班牙传入西印度群岛,17世纪传入美国,18世纪由英国传入澳大利亚。

3. 玉米

玉米起源于中美洲,在哥伦布发现新大陆后把玉米传入欧洲的3 000年前,墨西哥人和美洲的印第安人就以玉米为主食。现保存在墨西哥国家农林牧研究院的本地玉米品种有8 200多种。

4. 粟

粟也称谷子,起源于中国黄河流域。最早是从野生型狗尾草驯化种植的,8 000年前就已在河北、河南等地普遍种植。

5. 大豆类

大豆起源于中国,2 000多年以前,从华北引至朝鲜、日本;18世纪传入欧洲,19世纪传入美国。

6. 蚕豆

蚕豆原产于中西亚的近东地区,该地区考古发现了新石器时代的蚕豆遗物。由近东向全球传播,小粒种传入中亚,约公元前1世纪传入中国。大粒变种始于5世纪以后,于16世纪后期由西班牙传入墨西哥及南美洲。

7. 甘薯

甘薯15世纪末由南美传入西班牙,16世纪由美洲传入非洲、印度、菲律宾及马来西亚,16世纪末由吕宋岛传入中国。

8. 高粱

高粱起源于非洲,后传入印度、中国,15世纪后期中国北部普遍种植。

9. 棉花

野生棉产生于1.5万～3万年前,在6 000～7 000年前开始逐步人工栽培,从野生演变为半野生,最后到栽培种。

(1)亚洲棉。原产于印度,公元前3 000多年前印度和巴基斯坦的古墓中,就发现棉织品及棉线的遗迹。公元前4世纪传入希腊、罗马,公元6世纪传入中国,公元 9 世纪传入南欧。

(2)草棉。原产于非洲,于公元 6 世纪从中亚传入中国。

(3)陆地棉。原产于中美洲墨西哥,先传入美国,后传入欧洲,19 世纪从美国引入中国,替换了历史上种植的亚洲棉。

(4)海岛棉。原产于南美和中美洲,先传入欧洲,中国最早引种到西南高原、华南沿海;新中国成立后在新疆棉区发展。

10. 茶叶

原产于我国西南部,始于神农时代(公元前 2 700 多年),最早是药用,唐代初期作为药用饮料,中唐以后才逐渐形成饮茶风俗,到晚唐茶饮普及。中国茶树向外传播是在公元 483—493 年,先传入土耳其,公元 9 世纪初传入日本,1684 年传入印度尼西亚,1763 年传入印度,1812 年传入巴西,1833 年传入俄国。表 2-1 列出了我国从国外引进的农作物及引进时间。

表 2-1 中国从国外引进的农作物及引进时间

作物名称	引进时间
葡萄、核桃、石榴、大蒜、香菜、黄瓜、芝麻、蚕豆、豌豆	汉代
波斯枣、巴旦杏、无花果、阿月浑子(开心果)、油橄榄、菠萝蜜、菠菜、西瓜、小茴香	唐至五代
占城稻、胡萝卜、凉薯、南瓜	宋代
甘薯、玉米、马铃薯、烟草、花生、番茄、辣椒、菜豆、结球甘蓝、花菜、洋葱、杧果、苹果、番荔枝、菠萝、番木瓜、陆地棉、向日葵	明清时代

(六)主要畜禽的起源与传播

人们常说的“六畜”兴旺,指的是马、牛、羊、鸡、犬、豕(猪),古人把马、牛、羊列为上品,鸡、犬、豕列为下品。

1. 马

公元前 3 000 多年,中亚草原地区已驯化马并用于运输。马在公元前 2 000 多年经土耳其和伊朗传入中东地区。希腊在公元前 2 000 年、埃及在公元前 1 600 年有马的驯化记录。

2. 牛

牛是由野生的乌鲁斯牛驯化而成的,约公元前 8 000 年在土耳其开始驯化。水牛则是在约 8 000 年前在印度由野生水牛驯化而成的。

3. 羊

西亚地区最早驯化羊,公元前 8 500 年在巴勒斯坦的杰里科地区就已驯养山羊;伊朗北部的黑海沿岸地区,公元前 6 000 年也开始驯养羊。公元前 3 000 年后,山羊已遍及西亚地区。绵羊驯化较山羊晚,最早出现在西亚地区。我国家羊的驯化已有 2 400 年的历史。

4. 驴

源于非洲野驴，分布于索马里和撒哈拉高地至阿特拉斯山地，最先驯化的是努比亚变种，后期野生驴也相继被驯化。大约在公元前 4 000 年末期，驴经埃及传入近东地区。

5. 骆驼

双峰骆驼分布在亚洲中部，公元前 1 000 年左右被驯化；单峰骆驼分布在亚洲西部和非洲北部的荒漠地区，大约同时期在阿拉伯被驯化。

6. 家猪

家猪由野生猪驯化而来，中国最早开始驯化，其次是西亚地区，距今已有 9 000 年。公元前 2 000 年，家猪已传入到整个西亚、印度和东南亚各国。

7. 家鸡

由野生的原鸡驯化而来，亚洲驯化最早。中国在公元前 1 400 年就将野鸡驯化为家鸡，印度在公元前 1 200 年驯养家鸡。

8. 家鸭

中国是世界上最早将野鸭驯化为家鸭的，已有 5 000 年的历史。

9. 家鹅

在公元前 20 世纪，埃及人将栖息于尼罗河流域的埃及雁驯化而成家鹅。到公元前 2 000 年末期，灰鹅和中国鹅也相继被驯化。

10. 狗

狗是驯化最早的动物，驯化时间伊朗在 11 000 多年前，美洲在 9 000～14 000 年，英国在 7 500 年前，中国在 7 000 年前。

三、古代农学思想

(一)协调和谐的三才观

在长期的农耕过程中，先民们不断观察和总结，对农作物生长与自然环境因素及人力之间的关系，有了比较深刻的认识，由此产生了“天、地、人”三才论理论为中心的农学思想。战国时的《荀子》《管子》及《吕氏春秋》等文献均论述了“天时、地利、人和”的道理，“夫稼，为之者人也，生之者地也，养之者天也”“天有其时，地有其财，人有其治，夫是之谓能参”。见图 2-3。

农业主体：人、劳动者、组织者。

农业环境：天，气候、季节变化；地，土壤、地形。

农业对象：稼、农业、生物。

(二)趋时避害的农时观

中国农业有着很强的农时观念，在新石器时代就已经出现了观日测天图像的陶尊。

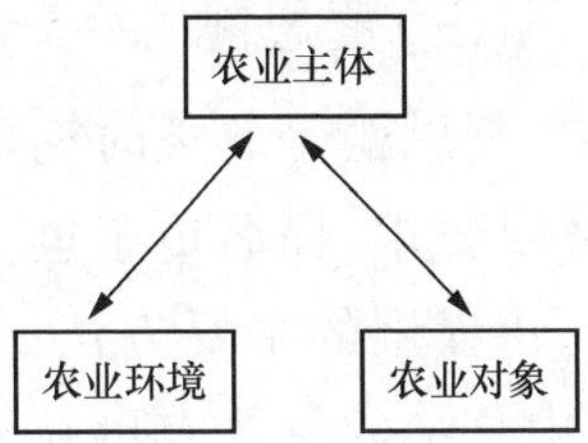

图 2-3 “天、地、人”三才理论为中心的农学思想

(三)辨土肥田的地力观

土地是农作物和畜禽生长的载体，土地种庄稼是要消耗地力的，只有地力得到恢复或补充，才能继续种庄稼，先民们通过用地与养地相结合，改良土壤、培肥地力，形成了土宜论和土脉论的土壤生态学。

(四)种植三宜的物性观

农作物各有不同的特点，需要采取不同的栽培技术和管理措施，即物宜、时宜和地宜。

(五)变废为宝的循环观

自战国以来，人们不断开辟肥料来源，摸索出酿造粪壤的 10 种方法：即人粪、牲畜粪、草粪、火粪(草木灰、炕土、墙土)、泥粪(河塘淤泥)、骨蛤灰粪、苗粪(绿肥)、渣粪(饼肥)、黑豆粪、皮毛粪等。

(六)御欲尚俭的节用观

《荀子》说：“强本而节用，则天不能贫。”“强本”就是努力生产，“节用”就是节制消费。“地力是生物有大数，人力之成物有大限，取之有度，用之有节，则常足”，等等。

四、古代农学家与农书

(一)赵过

赵过是汉武帝时期(生卒年不详)的农学家，他对中国农业发展所做的贡献，主要是总结出了一套代田耕作技术和在西北地区推广的代田法。

(二)氾(fán)胜之

氾胜之是西汉成帝时代(公元前 32—前 8 年)杰出的农学家，他根据农民的实践经验，编写了《氾胜之书》，该书中记载了西汉时期的农业技术，是一部具有相当高的农学水平的古农书。是世界上最古老的农学著作。

书中提出了耕作栽培的总原则：“凡耕之本，在于趋时、和土、务粪、泽、早锄、早获”。书中对禾、黍、麦、稻、大豆、小豆、麻、瓠、芋、稗、桑等 10 多种作物的栽培管理技术分别进行了全面的论述，开创了我国古代对作物栽培的研究。

(三)贾思勰

贾思勰是北魏时期(公元530—540年)杰出的农学家,他因著名的农学著作《齐民要术》而名传于世。全书共10卷,92篇,约11万字。齐民,指平民百姓;要术,讲谋生的主要方法。“齐民要术”就是指导百姓走上富裕道路的重要方法。书中总结的主要农事经验有耕、耙、耱、抗旱保墒、绿肥轮作、用地养地、良种的选择与繁育、家畜家禽的外形鉴定和育肥、林木的育苗和嫁接等。《齐民要术》作为一部中国古典的农学名著,已传向世界各国,成为全世界人民的共同财富。

(四)陈旉

陈旉是宋代农学家,74岁那年写成了著名农学著作《农书》,后世称为《陈旉农书》。该书共3卷,12 000多字,上卷讲江南主要的作物水稻,中卷讲役畜水牛,下卷讲家庭副业蚕桑,是我国有史以来第一部总结南方农业生产经验的农书。书中一是提出了“地力常新壮”理论基础;二是提出了“用粪得理”“用粪如用药”的合理施肥思想,并总结出杂肥沤制、饼肥发酵、烧制火粪等一系列新制肥料、提高肥效的方法;三是水稻栽培“善其根苗篇”的著名专论,开创了我国古代对培育壮秧和防止烂秧的研究。

(五)王祯

王祯是元代多才多艺的农学家、农业机械学家,以他的《王祯农书》(成书于1313年)而闻名于世。全书共36卷,约11万字,分为三大部分:农桑通诀,相当于农业总论;百谷谱,分论各种农作物、林木、药材、食用菌栽培等;农器图谱,是全书的重点,共22卷,所述农器,包括耕作、栽培工具、仓库、农车、农田灌溉设施和纺织机具等105种,绘有农具图306幅。《王祯农书》是我国古代规模最大的农书之一。

(六)鲁明善

鲁明善是元代少数民族的农学家,他编成的《农桑衣食撮要》,于公元1314年刻印于世,是我国古代一部著名的月令类农书。全书有1万多字,内容较丰富,包括农、林、牧、渔各业,书中介绍粮食作物10多种,园艺、蔬菜作物40多种,果树10多种,畜禽养殖10多种,还有农产品加工等内容。

(七)徐光启

徐光启是明代末年杰出的农学家和我国近代科学的先驱者。《农政全书》(1628年前后编写,1639年刻印)是他总结我国3 000年来农业科学的成果,并吸取了西方的科学知识编写而成的。全书共60卷,分为农本、田制、农事、水利、农器、树艺、桑蚕、桑蚕广类、种植、牧养、制造、荒政等,约70万字。该书重要的特色是重视对发展农业生产有关的政策、制度、措施等的研究，其中特别是对屯垦、水利、备荒三个方面做了研究，这是屯垦立军、水利兴农、备荒救灾，以增强国防、发展生产、安定民生的农政思想，是一部涉及农业技术与农业政策的综合性农书。

第三节 近代农业阶段

近代农业始于产业革命，止于20世纪中期，历时约100年，是从古代农业向现代农业转变的过渡阶段，也是人类社会由封建主义农业社会，踏入资本主义的工业社会阶段。在这个阶段，世界经济的各个领域都发生了剧烈的变革。

一、近代农业的产生

农业的资本主义化是近代农业产生的条件，不同国家农业资本主义化的方式不同。

资本主义的产生：15世纪，在欧洲地中海沿岸，最早出现了使用雇工劳动者的手工业作坊主，控制家庭工业的包卖商等资本主义萌芽。欧洲的文艺复兴运动冲破了中世纪神学愚昧主义的精神束缚，为欧洲资本主义产生做了思想上的准备。加之15世纪的地理大发现，更为欧洲开拓世界市场，发展海外贸易，推动殖民扩张提供了条件，加速了资本主义的兴起。1640年的英国资产阶级革命标志着世界历史开始进入资本主义时代。

公元16—18世纪，欧洲各国封建制度瓦解，资本主义处于工业大发展和资本原始积累时期，也是封建主义向资本主义的过渡时期。农业资本主义开始兴旺发达，促进了近代农业的起步。

（一）英国

1769年瓦特发明了蒸汽机以后，由于技术的革新，英国纺织业蓬勃发展。随着海外市场的扩大，刺激了英国毛纺织工业的发展，养羊业成为非常赢利的部门。养羊业的发展使牧草的需要量大幅度增加，而原有的三圃制土地利用方式无法提高牧草的产量。资产阶级化了的贵族们在政府的支持下，先是圈占公地，然后发展到驱逐其他农民，引发了18世纪的圈地运动。18世纪中叶，在英格兰和威尔士已有一半左右的农用地变成了圈地。18世纪末到19世纪初，英国在全国范围内爆发了一次规模更大的圈地高潮，再次扩大了地主土地所有制的大租佃农场主的经营面积,使资本主义在农业领域中确定了统治地位。大范围的圈地以及国内外的农畜产品需求量的不断增长,促进了农业轮作制度的变革,18世纪初开始,推行轮作制度的四圃制,即小麦→芜菁→大麦或燕麦→牧草,不仅使土地利用率和农作物产量得到了较大提高,而且有利于发展畜牧业和恢复地力。

(二)美国

美国在彻底摧毁封建土地关系的基础上,在小农经济自发分化的过程中,建立起资本主义的农场,形成大种植园式的生产组织。

1775—1783年,美国处于独立战争时期,1776年美利坚合众国成立。这是美国农业资本主义化和商品经济进一步发展的开端。地主经济已经不再存在,农民占有优势,成为农业中独一无二的代表,逐渐转化为资本主义农场主。美国商品农业有了重要发展,主要表现有:一是商品性农业的发展;二是农业中普遍使用大量的雇工劳力;三是农业区域化和专业化有了发展;四是农业集约化程度有所提高。

第一次世界大战前的半个世纪,正是美国基本实现工业化时期,19世纪80年代,美国钢铁产量超过英国居世界首位,美国农机具产值从1850年的684万美元猛增到1940年的17 060万美元,提高近25倍。

1910年用作动力的马、骡达到2 400万匹,基本实现了农业半机械化。1870年以后,随着大量南方黑人农民流向城市和英国移民大量涌入,美国开始了电力、钢铁等行业的工业革命,进一步吸引农村劳动力向城市流动,到1920年,城市人口已超过农村人口,初步实现了城市化。

1920年后发生农业危机,迫使农场主纷纷采用机器,以降低成本,增强竞争力。1920—1945年,拖拉机从24.6万台增加到235.4万台,谷物收割机从4 000台增加到37.5万台。1920—1930年,有600多万农村人口离开农业。

1910—1940年,美国农业基本上实现了机械化。

(三)法国

法国实行的是农业资本主义发展的普鲁士式道路。它是封建地主经济逐渐过渡到资产阶级-地主经济,逐渐适应资本主义的发展,并保存着封建残余的改良道路。列宁称之为农业中的资本主义发展的"普鲁士式道路"。具有几个特点:①由贵族地主阶级自上而下地实行一系列的农业改革;②在长达半个世纪的进程中,农奴地主庄园演变成资本主义农场;③地主土地所有制不是一下子被消灭掉,而是缓慢地适应资本主义,因此资本主义长时期保存着半封建的特征。

(四)德国

德国实行的是自上而下的资产阶级改革,没有彻底消灭封建的土地关系,农奴-地主经济是逐渐过渡到资产阶级-地主经济的。容克(地主)经营的庄园不但被保留,而且有所扩大。同时,在商品经济发展的推动下,从农民中也缓慢地分化出少数富农来。

(五)俄国

俄国1861年废除农奴制,基本上也是沿着保留封建残余的这条道路,发展起资本主义生产关系的。

(六)日本

日本1868年明治维新后,曾由政府颁布过地税改革条例,只是部分地废除了旧的封建关系,因而后来佃农日益增多,土地经营更加分散,影响了资本主义在农业中的发展。到了第二次世界大战结束之后,经过再次土地改革,才在农村中彻底废除了封建的土地占有关系,但小农经营仍然占绝对优势。

(七)中国

在封建社会,中国农业比西方国家领先1 000多年,到鸦片战争前,中国仍然是一个独立自主的封建制国家。我国一直将农业视为国家稳定的根本,自汉代起就实行重农抑商的政策,到了明清时代实行了更加严格的海禁政策,这就导致我国的农业一直都是自给自足的小农经济,这也是造成我国近代农业发展落后的原因。

二、近代农业生产

随着资本主义制度的确立,产业革命在各国相继开展,工业的发展有力地推动了农业生产工具的发明和改进,也促进了农业科学技术的变革。

(一)农业机械的发展

1. 人畜机械

19世纪以后,农业机械由以手工工具为主过渡到以各种农业机械为主。英国的杰罗斯·塔尔是农具改革的先驱,18世纪上半叶发明条播机和马拉锄,使英国粗放式农业变为精耕细作。1801年,英国的史密斯发明了收割机,1833年和1834年美国的胡瑟等试制成功马拉收割机;1836年,美国研制出了谷物联合收获机;1860—1910年,是美国农业的半机械化时期,由于战争导致农业劳动力缺乏,从而加速了从手工工具到畜力机械的改革,从翻耕、播种、施肥、收割、脱粒到装袋等生产过程,陆续发明了机器。

2. 动力机械

19 世纪初期，瓦特的蒸汽机被广泛使用。首先应用于带动脱粒机从事固定作业，继而用于移动作业。1800 年前后，美国西部大农场使用了以蒸汽为动力的拖拉机，到 19 世纪 90 年代，蒸汽拖拉机在美国广泛应用。但由于蒸汽拖拉机太笨重、速度慢、燃料体积庞大等限制了发展。1892 年，第一台实用的汽油拖拉机在美国问世；1931 年，柴油拖拉机诞生，从此，柴油机以其突出的经济性和强大的动力而逐渐取代汽油拖拉机，并为联合收割机等农业机器的广泛使用创造了条件，机械逐渐替代了畜力。

美国在 1910—1940 年，用了 30 年左右的时间，基本上实现了农业机械化，是全世界最早实现农业机械化的国家。德国、法国、英国和日本也相继实现了农业机械化。其中，美国以大型农业机械为主，德国、法国等以中型农业机械为主，日本以小型农业机械为主。

(二)农业科技的进步

近代农业阶段，也是科学技术得到迅速发展的时期。化学、生物学、物理学、地学的研究成果不断涌现，大量应用于农业领域，科学的农业生产技术体系开始形成。

1. 化学肥料

化学在近代农业技术发展过程中，产生了重大的作用。德国化学家李比希(1803—1873 年)是农业化学的创始人。他通过长期的研究提出了矿物质营养学说，指出无机物质是植物生长发育所需要的最原始、最基本的养分，植物通过不同的方式从土壤中吸收养分，使土壤肥力渐减，若不把消耗掉的养分还给土壤，土壤就会变得越来越贫瘠，为了保持土壤肥力就必须把植物取走的养分还给土壤，归还的办法就是施肥。李比希的理论导致了近代化学肥料工业的产生，人工施肥逐渐普及，开辟了提高产量的新途径。

2. 化学农药

1874 年，奥地利化学家齐德勒用化学合成的方法制成滴滴涕(DDT)，65 年后的 1939 年，瑞士化学家米勒发现滴滴涕的杀虫作用；1934 年法国人杜皮尔合成了六六六。这些化学制剂能有效杀死许多昆虫，在农业生产中得到了广泛应用。1895 年，德国、法国、美国同时发现硫酸铜的选择除草作用，成为农田化学除草的开端，1941 年，2,4-D 的研制成功和使用，开创了除草剂的新纪元。

3. 生物科学

1838 年，德国植物学家施莱登和动物学家施旺提出了细胞学说，指出所有生物都是由细胞构成的，生物的发育都是从一个单细胞开始的，一个细胞可以分裂而形成组织。1859 年，达尔文发表了《物种起源》，指出了生物进化的自然选择、适者生存的规律。1865 年奥地利遗传学家孟德尔根据豌豆杂交试验的结果,发表了名为《植物杂交的试验》的论文,用遗传学因子的组合分离来解释遗传现象。1910 年,美国遗传学家摩尔根进一步深化了孟德尔的研究,提出了基因的连锁交换律。正是由于细胞学说、进化论和遗传学理论的确立,近代农业的良种选育和技术进步形成,掀起了新品种培育和改良的浪潮。

三、近代农业的发展

经历了 1873 年,以及 20 世纪 20 年代末期至 30 年代初的几次大的世界经济危机,加上两次世界大战的破坏(第一次世界大战 1914 年 8 月至 1918 年 11 月,第二次世界大战 1939 年 9 月 1 日至 1945 年 9 月 2 日),给农业生产带来了极为严重的影响,西欧各国农业停滞、萎缩和衰退。从世界范围看,由于资本主义工业、交通运输业和国际贸易的发展,以及城市人口的迅速增长,推动了世界农业生产的发展,世界农业保持缓慢增长。

(一)农业专业化生产的发展

农业生产专业化、区域化是资本主义农业的重要特征之一。它是在资本主义经济高度发达,具备运用大机器装备农业,以及交通运输业取得迅速发展的条件下形成和发展的。有利于充分利用现有的自然条件和社会经济条件,挖掘生产潜力,从而获得较高的劳动生产率和经济效益。

19 世纪初,随着北美、南美及澳大利亚、新西兰等大规模移民和垦殖,世界农业格局发生了重大变化。新开垦的农业生产专业化发展较快,成为世界主要的粮食、棉花、油料及畜产品的生产和供应地。

1. 美国 9 个农业生产带

美国依据自然条件,形成了 9 个专业化的优势农业生产地带。

①乳酪带:分布在五大湖以南和东北部沿海地区;②玉米带:美国中部地区;③小麦带:大平原中部冬小麦和北部地区春小麦;④棉花带:北纬 35°以南地区;⑤混合农业区:在玉米带和棉花带之间;⑥山地放牧带:西部落基山地和高原;⑦西北部林木带:靠太平洋北纬 40°以北;⑧西南部水果蔬菜带:位于加利福尼亚州;⑨亚热带作物带:位于墨西哥湾沿岸和佛罗里达州。

2. 欧洲三大农业区

(1)欧洲西北部畜牧业、花卉区。

(2)欧洲东部半干旱农业区,以小麦、棉花生产为主。

(3)欧洲南部水果园艺种植区,多以柑橘、葡萄、橄榄等为主的木本经济作物区。

3. 澳大利亚三大农业带

澳大利亚自东向西形成了集约化的种植小麦带、养羊带和放牧带。

广大殖民地和半殖民地国家在独立后,农业也开始了专业化生产,如东南亚各国以亚热带经济作物为主的专业化生产区;非洲和拉美一些国家以棉花、油料、热带经济作物为主的农业专业化生产区,产品几乎全部为殖民者所掠夺,与本国经济发展联系很少。

(二)农产品贸易的迅速发展

随着世界范围农业生产专业化、区域化的发展,以及铁路、海运等运量大、运费较低的运输工具迅速发展,不仅世界农产品贸易的品种、数量有了很大的增长,而且其贸易地区也不断扩大。谷物占贸易量的80%,其次是棉花、羊毛、畜产品、蔗糖、咖啡、可可、茶叶等。

1. 主要进口国

以欧洲各国为主,其次是北非、中非和南亚一些国家也是谷物纯进口国。

2. 主要出口国

谷物及饲用玉米的主要出口国为美国、加拿大、澳大利亚和阿根廷;大豆主要是美国、巴西、阿根廷;肉类、乳制品及羊毛主要由阿根廷、新西兰、澳大利亚、南非、丹麦等国供应。

第四节　现代农业阶段

一、现代农业的内涵和特征

现代农业是在现代工业和现代科学技术基础上发展起来的农业,是萌发于资本主义工业化时期,而在第二次世界大战以后才形成的发达农业。

(一)现代农业的内涵

现代农业是更为先进的农业生产方式,是农业发展史上重要的阶段,是一个不断发展的动态过程,现代农业的生产环境更为优越、更为生态,生产条件更加先进,产业功能和组织模式更加完善,生产和经营活动的市场化程度更高,具有可持续发展能力,是一二三产业融合发展,更加符合现代经济发展的农业生产模式。

对于现代农业的概念,目前全世界尚未有一个统一的标准解释,综合学术界较为相对一致的观点如下：

现代农业是指用现代工业力量装备的、用现代科学技术武装的、以现代管理理论和方法经营的、生产效率达到现代世界先进水平的农业。现代农业的核心就是科学化、特征是商品化、方向是集约化、目标是产业化。

1. 现代农业是一个新的农业发展历史阶段

工业革命为农业带来了拖拉机、农用电力、化学物质等，提高了劳动生产率，带来了20世纪农业的高速发展；DNA双螺旋结构的发现和计算机信息技术的发展，掀起了新的农业科技革命浪潮，翻开了现代农业发展的新历程。

2. 现代农业是以先进科学技术为先导的产业

生物技术、信息技术和现代工程技术在农业上的应用，在分子和信息化上的重大技术突破，在未来较长一段时期，将使农业成为现代技术高度密集的产业。

3. 现代农业面向全球一体化经营

发达国家的农工商经营模式，我国摸索的农业产业化经营和公司加农户的模式，特别是现代农业快速发展的经营体系奠定了现代农业经营的基本框架。

4. 现代农业是一种多元化的新型产业

利用新的经营方式，推动现代农业由单一的初级农产品生产，向着以生物质产品生产为基础的农产品加工、医药、生物化工、能源、环保、观光休闲等领域拓展，实行一二三产业融合发展。

5. 现代农业是可持续的绿色发展产业

坚持资源节约、环境友好，可持续绿色发展理念，突出土、肥、水、药、动力等资源的节约投入，高效化利用，绿色标准化生产。

(二)现代农业的特征

1. 生产过程机械化

农业生产全过程，全面普及机械化，推广智能化的拖拉机、旋耕机、播种机、联合收割机、农业汽车、农用飞机以及林业、畜牧渔业中的各种机械，电子、原子能、激光、卫星遥感技术等也运用于农业。

2. 生产技术的高新化

农业生物太空育种、生物技术、模式栽培、科学肥水管理、植保综合防治、标准化生产技术、储藏保鲜、精深加工增值技术，使农业生产由经验传承转向科学技术。

3. 产、加、销一体化

农业生产规模化、专业化、商品化，并与加工、销售以及生产资料的制造供应紧密结合，形成农工商一体化产业链。

4. 经营管理科学化

在农业组织、农业经营、农业政策、农业法规、农业信息、农村建设等全面实行规范化、标准化的科学管理。

5. 农业主体知识化

从事农业的各类人员，具备使用先进科学技术的知识和技能及管理才能。

农业现代化与现代农业的关系见图 2-4。

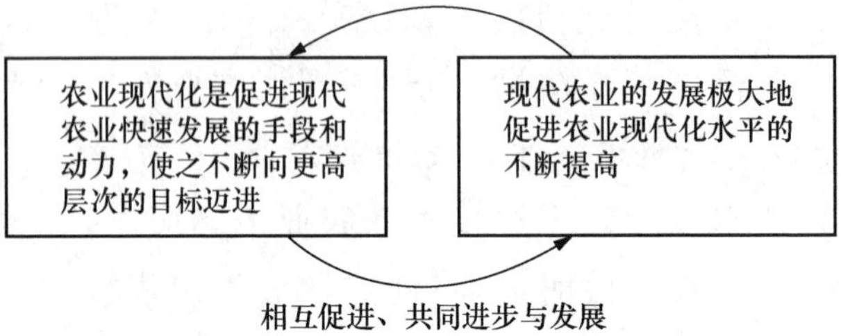

图 2-4　农业现代化与现代农业的关系

(三)现代农业发展阶段

一般把现代农业发展过程划分为 5 个阶段，每一个阶段之间相互联系，不是截然分开的。

1. 准备阶段

这是传统农业向现代农业发展的过渡阶段。

2. 起步阶段

农业投入快速增长，生产目标从物品需求转变为商品需求，现代农业技术对农业发展和农村进步已经有明显的推进作用，农业现代化的特征已经开始显露。①人均 GDP 达到 1 000 美元以上；②农业增加值的比重较小在 30%以下；③农业劳动力的比重较高在 30%以上；④农产品商品率低于 40%。

3. 较快发展阶段

现代农业物质投 入水平较高，农业产出水平，特别是农业劳动生产率水平得到了快速提升，是现代农业发展较快的时期。但是还存在农业生产和农村经济发展与环境等非经济因素不够协调的问题。

4. 基本实现阶段

现代物质投入处于较大规模、较高的程度；资金对劳动和土地的替代率达到较高的水平；农业发展已经逐步适应工业化、商品化和信息化的要求；农业生产组织与商品化程度，农业工业化和农村社会现代化已经处于较为协调的发展过程中。

5. 发达阶段

发达阶段是现代农业和农业农村现代化实现程度较高的发展阶段。现代农业水平、农村工业、城镇化和农民知识化建设水平较高，农业生产、农村经济与社会和环境的关系，进入到比较协调和可持续发展阶段，全面实现了现代化。

二、现代农业的主要形态

现代农业发展的形态或模式很多，每种形态都是在特定的条件下形成的，都有其特定含义和特殊的积极意义。但是，也都有其局限性、片面性，在农业生产实践中，要因地制宜，遵循自然规律、经济规律、生物生长规律，借鉴学习先进的现代农业科学发展模式。

(一)都市农业

都市农业于20世纪50年代在日本兴起，是在城市辐射区内，综合利用城市各类有效资源，依托城市，服务城市，建立起来的集高效农业、观光旅游、休闲体验于一身的新型现代农业。目标是生产性、生活性、生态性；特征是集约化、设施化、工业化和规模化。

都市农业有多种类型：农业公园、观光公园、市民公园、休闲农场、教育农园、高科技农园、森林公园、民俗民宿农庄、农业综合体。

(二)生态农业

生态农业是20世纪50年代美国土壤学家威廉姆·阿尔伯卫奇，从保护环境的角度提出的，是20世纪60年代末期继“石油农业”之后，在世界兴起的一种农业模式。保持精耕细作、施用有机肥、适量施用化肥和低毒高效农药、田间套种等，获得较高的经济效益、生态效益和社会效益。

(三)有机农业

有机农业始于20世纪30年代，英国植物病理学家艾尔伯特·霍华德在总结和研究中国传统农业的基础上，积极倡导有机农业，并在1940年写成了《农业圣典》一书，倡导发展有机农业。有机农业首先在英国和德国示范应用，后传入荷兰、瑞士及欧洲其他国家。目前有150多个国家示范推广有机农业。遵照一定的有机农业生产标准，在生产中完全或基本不使用化学合成的农药、化肥、调节剂，畜禽饲料添加剂等物质，也不使用转基因生物及其产物的生产体系，采用有机肥满足作物营养需求的种植业，有机饲料满足畜禽、鱼营养需求的养殖业等一系列可持续发展农业生产的一种方法。

(四)精准农业

精准农业是20世纪90年代初由美国明尼苏达大学的土壤学者倡导，开始探索的环保型农业。精准农业是将现代农业信息获取及处理技术、自控技术等与地理学、农学、生态学、植物生理学、土壤学等基础学科有机地结合，实现农业生产全过程对农作物、土地、土壤从宏观到微观的实施监测，利用全球定位系统(GPS)、地理信息系统(GIS)、连续数据采集传感器(CDS)、遥感(RS)、变量处理设备(VRT)和决策支持系统(DSS)等现代高新技术，获得对农作物生长发育状况、病虫害、水肥状况以及相应环境状况进行定期动态分析，通过诊断制定田间作业的信息化农业，从而使农业系统的优质、高产、低耗得到保证。

(五)可持续农业

可持续农业是以生物工程、工厂化为特点的“自由农业”，以开发海洋和内陆水域为特点的“蓝色农业”，以安全生产、营养、无污染、无公害产品为特点的“绿色农业”。特点是使农业资源可持续利用，农业生产效益持续提升，农业生态效益的持续提高。

(六)信息农业

信息农业是以信息为基础，以信息技术为支撑的农业，就是一个以数字化、自动化、网络化、智能化和可视化为特色的农业信息化过程。其重要特征：①能综合现代化信息技术使之应用到农业生产活动中；②能在农业生产活动中连续提供规模化信息服务；③建成农业生产局域网并形成网络化。

(七)绿色农业

绿色农业以绿色环境、绿色技术、绿色产品为主体，推行生产、加工、销售绿色食品为轴心的农业生产经营方式，将农业与环境协调起来，促进可持续发展，增加农户收入，保护环境，同时保证农产品安全性的农业。

(八)循环农业

循环农业是采用循环生产模式的农业，就是运用物质循环再生原理和物质多层次利用技术，实现较少废弃物的生产和提高资源利用效率的农业生产方式。可以实现“低开采、高利用、低排放、再利用”，最大限度地利用进入生产和消费系统的物质和能量，提高经济运行的质量和效益，达到经济发展与资源、环境保护相协调，并符合可持续发展战略的目标。具备循环经济三个特点：一是减量化，尽量减少进入生产和消费过程的物质量，节约资源使用，减少污染物的排放；二是再利用，提高产品和服务的利用效率，减少一次用品污染；三是再循环，物品完成使用功能后能够重新变成再生资源。

(九)工厂化农业

工厂化农业是综合运用现代高科技、新设备和管理方法，发展起来的一种全面机械化、自动化技术高度密集型生产，能够在人工创造的环境中进行全过程的连续作业,从而摆脱自然界的制约。工厂化农业是现代生物技术、现代信息技术、现代环境控制技术和现代材料,不断创新和在农业上广泛应用的结果,是设施农业的高级层次,具有稳定、高产、高效率等的生产特点。如在高度现代化的养猪场、养鸡场及蔬菜、花卉温室中,通过高度机械化、自动化装备,先进技术和科学管理方法与手段来调节和控制动植物生长、发育、繁殖过程中所需要的光照、温度、水分、营养物质等,实现现代化生产。

(十)特色农业

特色农业是将区域内独特的农业资源、地理、气候、资源、产业基础等充分利用,开发出特有的名优产品,并转化为特色商品的现代农业。特色农业的关键就在于"特":一是产品独特,物以稀为贵,人无我有,人有我优,才能特起来;二是环境独特,自然地理环境条件与其他地域不同,非常利于特色产品生产;三是生产技术独特,采用传统的生产方法或特定的技艺生产,尤其是先进的农业科技的应用。

(十一)立体农业

立体农业是在单位面积土地上(水域中)或在一定区域范围内,运用立体种植、立体养殖或立体种养,并人为地借助模式内人工的投入,提高能量的循环效率、物质转化率及第二性物质的生产量,建立多物种共栖、多层次配置、多时序交错、多级质能转化的立体农业模式。

(十二)订单农业

订单农业是近年来出现的一种新型农业生产经营模式。农户根据其本身所在的乡村组织同农产品购买者之间所签订的订单,组织安排农产品生产的一种农业产销模式。很好地适应了市场需要,避免了盲目生产。

订单农业具体形式:①农户与科研、种子生产单位签订合同,依托科研技术服务部门或种子企业发展订单农业;②农户与农业产业化龙头企业或加工企业签订农产品购销合同,依托龙头企业或加工企业发展订单农业;③农户与专业批发市场签订合同,依托大市场发展订单农业;④农户与专业合作经济组织、专业协会签订合同,发展订单农业;⑤农户通过销售公司、经济人、客商签订合同,依托流通组织发展订单农业。

(十三)物理农业

物理农业是物理技术和农业生产的有机结合,是利用具有生物效应的电、磁、声、光、热、核等物理因子操控动植物的生长发育及生活环境,如目前应用较为成功的植物声频控制技术,利用声频发生器对植物施加特定频率的声波,与植物发生共振,促进各种营养元素的吸收、传输和转化,从而增强植物的光合作用和吸收能力，达到增产、增收、优质、抗病等目的。物理农业属于高投入、高产出的设备型、设施型、工艺型的农业产业，是一个新的生产技术体系。

物理农业的核心是环境安全型农业，即环境安全型温室、环境安全型畜禽舍、环境安全型菇房、环境安全型育苗室、养殖水体介导鱼礁微电解实时消毒技术。

三、现代农业高新技术

农业高新技术：是指广泛应用于农业领域的，对区域农业经济发展和农业科技进步产生深刻影响和重大推动作用，并形成新型农业产业的农业技术。

现代农业高新技术包括生物技术、信息技术、工程技术、新材料技术、新型能源技术、空间技术、海洋技术等，在农业科学技术领域的全面渗透和广泛应用。

农业高技术与新技术的区别：

(1)高技术：是建立在综合科学研究基础上，处于当代科学技术前沿，对国家经济、社会等有重大影响，对促进社会文明、增强国家实力起先导作用的新技术群。

(2)新技术：是在一定的范围内初次出现的技术，或者是原来已经有过而现在经过革新，在性能上有新突破的技术，包括新型技术、创新成熟技术、专用技术和专利技术等。

(一)农业生物技术

生物技术，又称生物工程，是采用高科技手段对生物性状进行改良，或利用生物体生产有价值产品的技术，主要包括基因工程、细胞工程、酶工程、发酵工程、蛋白质工程等，应用农业生物技术可以不断为农业生产提供新品种、新方法、新资源。

1. 基因工程

是在分子水平上，在生物体外，用人工方法将两种生物的遗传物质重新组成一体，定向产生符合人类需要的新型生物物种、类型的技术。人为地进行遗传物质(DNA 或 RNA)的重组，这就是基因操作或 DNA 重组技术或分子水平杂交技术。

基因工程操作工序：分离或合成目的基因→体外 DNA 重组(载体 DNA 与目的基因链接)→基因转移(重组 DNA 杂合子转移至受体细胞，实现表达)→筛选(区分已转化或未转化受体细胞)。

什么是基因？基因是控制生物性状的遗传物质的功能和结构单位。主要指具有遗传信息的脱氧核糖核酸片段，脱氧核糖核酸又称 DNA，是生物体遗传信息的载体，形状像两股螺旋的楼梯；可以组成遗传指令，控制生物性状，引导生物的发育与生命机能的运作。在细胞内，DNA与蛋白质组成染色体，整组染色体又统称基因组。

什么是转基因技术？转基因技术是利用现代生物技术，将人们期望的目标基因，经过人工分离、重组后，导入并整合到另一个生物体的基因组中，从而改善生物原有的性状或赋予其新的优良性状。简单地说，转基因是利用现代基因工程手段，人为地使一种生物的一个或几个基因转移到另一种生物体内，安家落户并发挥功能。

什么是转基因生物？转基因生物是指通过转基因技术改变基因组构成的生物。包括转基因植物、转基因动物和转基因微生物。

(1)转基因植物：主要以抗病虫、耐除草剂、改善品质与改良农艺性状为目的。目前，全球批准商品化种植的转基因作物有玉米、大豆、油菜、棉花、番木瓜、番茄、甜椒、小麦、马铃薯、南瓜、甜菜、杨树、苜蓿等29种，据Agbio Investor的统计，2023年全球种植转基因作物面积30.94亿亩(2.062 6亿公顷)，(表2-2)。

表2-2　2023年全球主要转基因作物种植国及其面积变化

排名	国家	转基因作物种植面积	与上年同比	占全国转基因作物总比/%
1	美国	7 440万公顷(11.160亿亩)	−0.4	36.1
2	巴西	6 690万公顷(10.035亿亩)	5.9	32.4
3	阿根廷	2 310万公顷(3.465亿亩)	−1.4	11.2
4	印度	1 210万公顷(1.815亿亩)	−2.3	5.9
5	加拿大	1 150万公顷(1.725亿亩)	1.5	5.6
6	巴拉圭	430万公顷(0.645亿亩)	8.2	2.1
7	南非	330万公顷(0.495亿亩)	3.6	1.6
8	中国	280万公顷(0.420亿亩)	−7.9	1.3
9	巴基斯坦	230万公顷(0.345亿亩)	33.3	1.1
10	玻利维亚	150万公顷(0.225亿亩)	7.0	0.7
	其他国家	410万公顷(0.615亿亩)	−1.8	2.0

(2)转基因动物：包括转基因羊、牛、猪、鱼、猴等。

(3)转基因微生物：主要包括食用品、药用品、植物用、动物用、环境净化用等类型。

(4)转基因食品：以转基因生物为直接食品或原料加工生产的食品。

根据食品中转基因的功能不同可分为增产型、控熟型、保健型、加工型、高营养型、新品种型转基因食品。

2. 细胞工程

指在细胞和亚细胞水平上的遗传操作，即利用细胞融合、核质转移、染色体或基因转移，以及组织和细胞培养等方法，将一种生物细胞中携带的全套遗传信息的基因或染色体整个地转入另一种生物细胞中，快速繁殖和培育人们需要的新物种技术。

细胞工程技术主要有：细胞融合（体细胞杂交）；细胞组分移植（亚细胞水平上的操作）；组织培养（试管苗快繁、人工种子生产）；器官培养；胚胎工程。

3. 酶工程

指用人工的方法对酶进行分离、提纯、固化以及加工改造，使其能够充分发挥快速、高效、特异的催化功能，更好地为人类生产出各种有用的产品。①开发生产各种催化剂；②研究解决各种酶的分离、提纯技术，生物酶或含酶细胞（组织）的固定化技术，利用固定化酶或细胞进行生产、催化反应等应用技术；③根据化工生产，研究开发新型的生物反应器、生物传感器、生物芯片等现代生物电子器件；④改造酶结构，改变酶特性。

4. 发酵工程

采用现代工程技术手段，利用生物（主要是微生物）的某些生理功能，为人类生产有用的生物产品，或直接利用生物参与控制某些工业生产的一种新技术。

生产工艺过程：发酵原料预处理→发酵工程准备→发酵→产品的分离与纯化。

5. 蛋白质工程

在基因工程基础上，结合蛋白质结晶学、计算机辅助设计和蛋白质化学等多学科的基础知识，通过对基因的人工定向改造手段，从而达到对蛋白质进行修饰、改造、拼接，以产生能满足人类需要的新型蛋白质。

工艺流程：蛋白质中氨基酸的测序→建立蛋白质的空间结构模型→提出对蛋白质的加工和改造设想→获得需要的新蛋白质的基因→蛋白质合成。

（二）信息技术

现代农业信息技术：是指利用信息技术对农业生产、经营管理、战略决策过程中的自然、经济和社会信息进行的信息采集、数据处理、判断分析、存储传输和应用为一体的集成农业技术。计算机技术、遥感技术和通信技术是农业信息技术应用的基础。

1. 农业信息技术研究的对象

农业信息技术研究的对象是一切可能产生信息效应的农业系统。

2. 农业信息技术研究的目标

农业信息技术研究的目标是充分利用农业系统内部和外部环境中静态的和

动态的、定性的和定量的、确定的和模糊的各类信息，使农业系统里能量转化和物质循环过程能够得到合理而有效的控制。

3. 农业信息技术研究的内容

农业系统内部和外部环境信息的相互关联；数据的采集、储存、加工，信息的传递、转化、提供的方法和步骤；农业系统知识的获取、表达、组织和使用以及系统的优化决策和控制等问题。应用领域已遍及农业财会、经济管理、作物生产管理、病虫害诊断、病虫害预测预报、农作物种质资源保护、农业气象、畜禽生产、农业机械、农产品加工、生物环境监测与控制、农业信息预测、农业信息服务、农学专业研究等各方面。

4. 农业信息技术发展的历程

世界农业信息技术发展大致经历了 3 个阶段：20 世纪 50—60 年代的广播、电话、电视通信信息化和计算机科学，传播农业科技，利用计算机研究饲料配合；20 世纪 70—80 年代的数据处理和知识处理，开始农业数据库建设、作物生长模型、农业专家系统和自动控制技术研究；20 世纪 90 年代以来，精准农业技术产生与发展，是地理信息系统、遥感技术、全球定位系统、智能化农业控制机械技术的系统集成与实践应用。美国、日本、欧洲等发达国家和地区在农业信息化方面发展很快，应用范围很广，应用成效显著，大幅度提高了农业生产率。

美国农业信息技术：研究早、发展快、应用普及率高，农业专家系统、作物模拟模型、作物生产管理系统、病虫害管理系统、智能信息系统的研究处于世界领先水平，以“3S”为主要支撑技术的精准农业技术已在全国推广应用。

日本农业信息技术：依靠计算机为主的信息处理技术和通信技术，广泛应用于耕作、作物育种、农作物与森林保护、蚕业与昆虫利用、农业气象、农业经营、农产品加工等方面。

5. 现代农业信息技术的应用

(1)农业信息网。国际互联网是在 20 世纪 90 年代初期形成的。目前世界上最大的农业中心网络系统在美国，有 50% 的家庭农场、奶牛场都装备有电子计算机，并进入各种农业网络。欧洲的农业网络已进入实用阶段。我国 1994 年 4 月开始正式与国际互联网连接，1996 年农业部建立了第一个国家级的中国农业信息网，1997 年中国农业科学院建成了我国第一个国家级的农业科技信息网，到目前国内有关农业信息网站达到 4 万多家。

(2)农业数据库系统。世界上早期形成了 4 个大型农业数据库：联合国粮食与农业组织的农业系统数据库（AGRIS）、国际食物信息数据库（IFIS）、美国农业部农业联机存取数据库（AGRICOLA）、国际农业生物中心数据库（CABI）。为全球农业工作者及时了解世界农业科学技术和生产动态，提供了大量的国际农业信息资源,推动了各国农业数据库技术的进步。

(3)管理信息系统。美国于1958年首先提出的,是收集和加工系统管理过程中有关的信息,为管理决策过程提供支持的一种信息处理系统。输入的是数据和信息要求,输出的是信息报告和事物处理,反馈的是效率和效益。

(4)决策支持系统。是利用系统知识和数学模型,通过计算机分析或模拟,协助解决多样性和不确定性的问题以进行辅助决策的软件系统,是一种人机对话式的计算机系统。在制定各种发展战略和发展规划时,发挥了计算机辅助决策系统的作用,大幅度提高了决策的效率和效益。

(5)农业专家系统。是以知识为基础,在一定问题领域内模拟人类专家解决复杂实际问题的计算机系统。它是以软件作为载体,应用了人工智能研究开发的成果。在20世纪70年代后期,首先在美国开始将专家系统技术应用于农业领域,80年代中期出现了一个迅速的发展时期,许多国家研制开发了农作物生产管理、畜禽饲养、森林保护、市场管理、农业经济分析等多个领域的农业专家系统,并得到了广泛应用。中国在20世纪80年代中期,中国科学院合肥智能研究所推出了施肥专家系统,中国农业科学院计算机中心、作物所、植保所、土肥所、气象所等单位研发出了小麦、玉米、虫害防治、施肥、农业气象等专家系统。

6."3S"技术

指遥感技术(RS)、地理信息技术(GIS)、全球定位系统(GPS)的统称,是空间技术、传感技术、卫星定位与导航技术和计算机技术、通信技术相结合,多学科高度集成的对空间信息进行采集、处理、管理、分析、表达、传播和应用的现代信息技术。1966年,美国地质调查局建立了地球资源观测系统,在全球进行遥感资源普查和环境保护监测,受到了各国的重视,很快在农业、林业、海洋、气象等相关领域广泛应用。1971年,加拿大建成了世界上第一个国家地理信息系统。1986年,我国在北京建成了遥感卫星地面站,1997年,气象部门根据卫星的遥测报道了我国北方土地干旱面积及旱情分布,20世纪90年代开始利用全球定位系统与遥感技术结合,开展农田、森林、渔业的资源测量、病虫害预测预报和水旱灾害预测预报。

7. 信息化自动控制技术

农业自动控制技术的发展是农业信息化的基本特征,是信息农业的核心技术。在发达国家,一直致力于把信息化自动控制技术应用于农作物的耕种、施肥、灌溉、病虫害防治、收获的全过程,畜禽水产品等饲养全过程,农产品加工、储藏、保鲜的全过程,农产品销售市场设施等各个领域。美国最早在沙漠地带安装了世界上最大的计算机控制的灌溉系统和喷灌设施,节省了50%以上的灌溉水量和能源,增加产量1倍以上。荷兰的大量温室,采用信息化自动控制技术,进行花卉、蔬菜等作物栽培管理,提高了产品的质量和效益。

8. 多媒体技术

利用计算机把文字、声音、图形、图像等综合一体化,并能进行加工处理的技术。可以迅速、生动地传播农业信息和农业技术。为农业技术的推广和普及、农民文化素质和科学素质的提升提供了强有力的工具。

9. 生物信息学

以计算机为工具,对生物信息进行存储、检索和分析的科学。研究范围分3类:数据库的建立与优化;软件研制和系列的排序比较研究;对新系列的认识与预测。欧洲分子生物学网络组织是目前国际上最大的生物信息研究开发机构。

10. 数字化图书馆

大量图书文献已经转变成为数字电子版本,出现了数字化图书馆建设的大趋势。随着我国科技图书文献中心的建立,加快了走向农业数字图书馆的步伐。

第三章

世界发达国家现代农业发展模式

教学课件

世界发达国家现代农业的发展，基本上都遵循“农业基础，工业优先，互为支撑，协调发展”的路径与模式，农业基本实现了市场化、集约化、专业化、机械化、化学化、良种化、标准化，发达国家现代农业呈现信息化、精准化和国际化等趋势，由工业化农业逐步向知识化农业发展，农业综合效益、农产品质量和农民生活质量显著提高。

学习了解世界发达国家现代农业发展模式，是为了“洋为中用”，借鉴别国先进的现代农业发展经验，遵循农业自然规律、农业生物生育规律，出台系列的扶持农业发展的政策体系，不断提高劳动生产率、土地产出率、资源利用率。

纵观世界发达国家现代农业发展的历程，由于资源禀赋、社会制度、文化传统和重大历史事件影响的差异，不同国家现代农业发展有着不同的道路与模式。这其中最为重要的影响因素就是人地关系，从这个角度考虑，可将世界发达国家现代农业发展模式分为四类：①以美国、澳大利亚为代表，人少地多，农业资源禀赋较好的大规模农业类型；②以英国、法国、德国为代表，人地关系相对适中，以中等规模经营为主的农业类型；③以日本、韩国为代表，人多地少，以小规模家庭经营为主的农业类型；④以荷兰、以色列为代表，具有较为明显的特色的设施农业类型。

第一节　美国、澳大利亚现代农业发展模式

美国、澳大利亚等都是世界上典型的地广人稀的国家，具有“以农立国”的传统，也是发达的农业大国，农业土地资源非常丰富，农业人口较少，人均耕地面积

占有量庞大。这种农业资源禀赋条件造就了大规模农场实行集约化经营,专业化生产,高度机械化的耕作,农业技术、物质装备的高投入和农业生产的高效率,以及农产品的强大市场竞争力。对于我国东北、西北以及湖北的江汉平原、鄂北岗地等地区发展大规模农业经营,具有借鉴作用。

一、美国现代农业发展模式

美国是世界上最大的农业国家,位于北美洲中部,属于温带大陆性气候。富饶的土地资源和优越的自然气候条件是美国农业发展的先天优势。

(一)现代农业发展的自然基础条件

1. 人口数量

美国 2023 年全国人口约 3.33 亿,其中农村人口 5 773 万人,从事农业人口占 1.8%,从业农民平均年龄 55 岁以上。

2. 土地面积

美国国土面积 937 万平方公里,土地资源总量 137.25 亿亩(联合国粮农组织数据库 2015.8),按主要用途分为耕地 23.19 亿亩,林地 46.51 亿亩,草地 37.26 亿亩。人均占有耕地面积达 7.2 亩,是世界平均值的 3 倍。土地肥沃,海拔在 500 米以下的平原占国土面积的 55%,有利于农业机械化耕作和规模经营,发展农业有着得天独厚的条件。

3. 气候特点

全国大部分地区雨量充沛而且分布比较均匀,年平均降水量 760 毫米,依据气候、地形、土壤、水源、人口等多种因素,全国分为五大区域 9 个农业带。

(二)现代农业发展的成效

2022 年,美国国内生产总值(GDP)25.5 万亿美元,居世界第一位。人均 GDP 7.64 万美元,居大国的第一位。

美国作为移民国家,虽然只有 200 多年的历史,但由于有着“农业立国”的传统,历来各届政府都注重农业科技的应用,农业一直是国家的重要经济支柱。仅占全国总人口 3.1%的农业生产者,生产了可以供给全国人口消费的优质廉价食物,农产品产量和出口量均居世界领先地位。见表 3-1 至表 3-3。

(三)现代农业发展的历程

美国于 1860 年开始发展现代农业,发展历程大致分为四个时期。

表 3-1　2018 年全球及美国主要粮油作物生产与贸易数量　　万吨

		谷物合计	小麦	玉米	大米	大豆
全球	生产数量	266 480	76 807	110 824	49 786	34 183
	贸易数量	43 401	18 263	16 990	4 664	14 917
美国	生产数量	46 795	5 389	35 309	6 523	10 016
	贸易数量	8 182	2 654	5 207	321	4 831

表 3-2　2018 年、2019 年美国谷物、棉花种植面积　　万亩

年份	农作物合计	玉米	稻谷	小麦	高粱	大麦	燕麦	大豆	棉花
2018 年	200 050	55 029	1 790	29 015	3 418	1 949	1 656	54 138	8 551
2019 年	187 750	55 660	1 675	27 680	3 108	1 736	1 548	48 560	8 320

注：2019 年为播种面积。

表 3-3　美国农场基本情况

年份	农场数/个	面积/万英亩	平均面积/英亩	平均销售值/美元	土地价值/美元	
					农场平均	亩均
1992	1 925 300	94 553	491	84 459	357 056	727
1997	2 215 876	95 475	431	90 880	416 007	967
2002	2 128 982	93 827	441	94 245	537 833	1 213
2007	2 204 792	92 209	418	134 807	791 138	1 892
2012	2 109 363	91 460	434	187 093	1 075 491	2 481
2014	2 076 300	93 312	449	202 406	1 225 770	2 730

注：资料来源：Census of Agriculture，NASS，USDA. 1 英亩等于 6. 075 亩。

1. 农业半机械化时期

19 世纪 60 年代至 20 世纪 20 年代，农业机械革命时期。工业化发展带动农业开启转型之路，政府成立专门部门统筹指导农业生产，立法引导生产要素的农业领域聚集，保障农业发展。畜力作为主要动力的农业半机械化。农业部门及各种相关机构组织化。

2. 农业现代化初期

20 世纪 20 年代至 50 年代，生物和化学革命时期。大范围普及使用农业机械生产，使农业实现了跨越式的发展，出现了大量的规模化农场和农业合作社，现代农业生物技术开始崛起。①完全机械化推动农业实现质的飞跃。②农业合作社的出现与发展完善。③农业化学和生物等新兴技术作用的日益完善。

3. 全面农业现代化时期

20 世纪 50 年代至 80 年代，管理革命时期。农业改革法案为现代农业发展提供保障，将工业部门的管理手段和方法适用于农场，并建立现代农业服务体系。农业机械化向纵深发展，农业产业化完全形成。①《联邦农业改进和改革

法》的颁布是美国农业政策史上最重要的一次改革。②农业机械化向大型化、多功能化纵深发展。③农业产业形成一体化经营体系。

4. 后农业现代化时期

20 世纪 80 年代至今，在信息化技术、智能化技术的驱动下，农业向着精准化的方向发展，自主创新农业生物技术领跑全球。①信息化、智能化发展造就“精准农业”。②现代化农业生物技术推动农业领跑全球。

美国 2014 年约有 207.6 万个农场，每个农场平均面积 449 英亩，一个农场 2 个人，耕种管收都是大型农业机械，全程机械化。在美国的农民，大多数都是大学本科毕业，既要具备农学知识、气象知识，还要懂高科技应用，能开拓市场，农闲时从事第二职业。

(四)现代农业发展的主要特征

①农业生产呈现高度专业化。②农业生产高度机械化。③农业社会化服务形成严密网络。④农业批发市场逐步规模化。⑤农业信息化系统完善。⑥农业科技贯穿到各个环节。⑦农业生产以家庭经营为基础。⑧科研机构服务链完善。

(五)发展现代农业的主要做法

①制定完备的农业法规体系。②建立健全市场机制。③完善以科研、教学为后盾的农技推广体系。④成立农产品协会。⑤建立农业合作社。⑥提供农业补贴与信贷支持。⑦实行农产品保护政策，大力扩大农产品的出口。

二、澳大利亚现代农业发展模式

澳大利亚属于大洋洲，四面环海，位于太平洋西南部与印度洋之间，依靠农业创业发展壮大，是全球第四大农产品出口国，农业是国民经济的主要支柱产业，农牧业发达，自然资源丰富，盛产羊、牛、奶、小麦和蔗糖。

(一)现代农业发展的自然基础条件

1. 地广人稀

澳大利亚国土面积 768.82 万平方公里，2023 年全国总人口 2 682 万人，农村人口只有 349.6 万人，其中从事农业人口约 121 万人，占总人口的 4.8%，直接从事农业、林业、渔业相关产业的人数 31.3 万人。

2. 地大物博

澳大利亚地形很有特点，东部山地，中部平原，西部高原，70%属于干旱或半干旱地带，有 11 个大沙漠，约占国土陆地面积的 20%，是世界上最平坦、最干燥的大陆，中部的艾尔湖是最低点，湖面低于海平面 16 米。国土面积中有 400 万平方公里为农业用地，可耕地面积 7.2 亿亩，牧场面积 65.8 亿亩，林地 15.9 亿亩。

3. 地带明显

全国依据自然资源条件划分为 3 大农业带：①牧业带，该地带气候干燥，植被稀少，年降水量不足 400 毫米，有的地区甚至不足 200 毫米，主要为养牛带。②小麦与养羊、养牛带，该地带为半干旱半湿润气候，年降水量 400～600 毫米，大多数农场经营小麦、养羊和肉牛业。③集约农业带，主要分布在东南沿海，降水量比较充沛，主要发展种植业和奶牛业。

（二）现代农业发展的成效

2023 年国内生产总值 1.69 万亿美元，人均国内生产总值约 63 500 美元。年进出口总额 10 397 亿澳元，其中出口 5 938 亿澳元，进口 4 459 亿澳元，贸易顺差 1 419 亿澳元。2021 至 2022 财年农牧业产值 637 亿美元，占国内生产总值（GDP）的 3.8%。

谷物播种面积 24 075 万亩，主要是小麦、大麦、高粱、水稻等，油料作物为向日葵、油菜、花生；经济作物有棉花、甘蔗、蔬菜、水果、坚果、观赏植物等。

畜牧业产品，主要有牛肉、牛奶、羊肉、羊毛、家禽等。澳大利亚素有“骑在羊背上的国家”之称，是世界上最大的羊毛和牛肉出口国。

（三）现代农业发展历程

澳大利亚现代农业快速发展，主要是实行了农业改革、农业机械化和信息化。发展历程大致可分为 3 个阶段。

1. 现代农业起步阶段

19 世纪 60 年代至 19 世纪末，土地改革政策的实施，促进土地的流转和集中，同时推动了农业新技术的发明与应用，为农业从传统农业向现代农业转型奠定了基础。①土地改革激活农业发展动力。19 世纪 60 年代，“淘金热”导致大量移民前往澳大利亚，各殖民区出台土地改革法案，将土地出售给个人，以解决无地可种的局面，以满足农业人口数量激增的需要。土地法案规定无论性别、年龄，任何人都可以在定居区挑选和购买 300～2 260 亩的土地。经过近 30 年的土地改革，澳大利亚西部和南部的耕地面积从 1860 年前后的 6.3 万亩，增加到 1890 年的 1 994 万亩，农作物种植面积发展到 1 306 万亩。②新进技术应用加快了传统农业向现代农业的转型。研发推广了农业联合收割机、跳跃式的树桩耕作技术，引进美国灌溉技术、大自流井盆地地下水资源的开发利用技术等。

2. 现代农业发展阶段

20 世纪初至 20 世纪 60 年代，农业机械化的应用，农业优惠政策的支持，农业人口的增加，促进了拓荒垦殖，小型农场开始大量出现，进入现代农业发展的初级阶段。①制定支持农业发展的优惠政策。政府为促进农业发展，出台了肉类出口补贴、小麦价格担保、特定葡萄酒出口奖励、水稻进口关税，对棉花、咖啡、烟草、干果等农产品的生产实行奖励，促进了种植、养殖业的快速发展。②推广应用农业机械。不断引进农业机械如耕整拖拉机、作物播种机、蒸汽为动力的干草打捆机、谷物的脱粒与去皮机等。③增加农业劳动力。吸收英国大量移民，动员本国士兵、城市居民到农村开办农场，促进农业生产的发展，从而使小麦生产跨入世界大国行列，产量居世界第 8 位，出口量跃居第 2 位。

3. 农业现代化成型阶段

20 世纪 60 年代至今，大规模农场占据农业经营的主体地位，农业政策和法规的调整，为农业科技和产业的发展提供了保障，农业机械化和信息化的全面普及应用促进规模化的农业快速发展。

(1)农业资源向大型农场聚集，推动规模化农业快速发展。通过财政补贴、减免税收及贷款优惠等；鼓励经济效益低、前景不佳的小农场主放弃土地，逐渐减少小型农场数量，实现农场大规模集中化。表 3-4 为澳大利亚不同年代农场数量及经营土地面积情况。

表 3-4 澳大利亚不同年代农场数量及经营土地面积情况

年份	1959/1960 年	1969/1970 年	1979/1980 年	1989/1990 年	2012/2013 年
农场数量/万个	21.1	19.3	17.9	16.3	12.9
农场平均占地面积/万亩			4.15	4.27	4.61

(2)调整农业政府部门。将初级产业和能源部调为农渔林业部，统一对农牧渔林业的综合管理，强化农产品加工、食品安全、农产品质量标准、动植物检疫、农产品贸易及资源保护可持续发展的管理。

(3)加强产学研协同创新。建立科研机构共同享用的联合研究中心，科研人员依托中心设施和现代化仪器、设备、密切联合、协作攻关，人、财、物优势集成、功能互补和高效利用。

(4)农业机械化和信息化普及应用。进入 21 世纪以来，计算机技术在农业领域得到迅速发展和推广，自动控制技术在农业机械装备和乳业生产等方面得到广泛应用，农用航空技术和保护性耕作技术也得到普及。计算机和互联网普及率达到 90%以上。信息技术的应用，使澳大利亚土壤肥力改进了 26%，生产监测改进了 19%，健康监测改进了 13%，促进农业生产效率提升。

第二节　英国、法国、德国现代农业发展模式

英国、法国、德国是欧洲现代农业发展居领先水平的国家，土地资源适中，人地关系比较协调，属于中度资源禀赋的农业发展模式。以中小规模农场经营为主，平均农场经营面积300亩左右，农业发展以提升土地生产率和劳动生产率并重为主要目标，农业机械化、组织化、科技化和产业化程度较高，农业产业链条相对完整，产业融合度高，加上欧盟共同农业政策的影响，区域一体化程度较高，农业农村现代化水平较高，对我国发展农业适度规模经营、促进农业三产业融合具有借鉴意义。

一、英国现代农业发展模式

英国在欧洲大陆西北方向的不列颠群岛上，由英格兰、威尔士、苏格兰、北爱尔兰及一系列附属岛屿共同组成，四周被北海、英吉利海峡、凯尔特海、爱尔兰海和大西洋环绕。

(一)现代农业发展的自然基础条件

1. 人口数量

2021年，英国总人口6 702.6万人，农村人口大约1 067万人，其中从事农业经营活动的有45万人，占全国从业人员的1.4%。

2. 土地面积

国土面积24.41万平方公里，农用土地占国土面积的70%，其中多数为草场和牧场，仅1/4用于耕种。

3. 气候特点

气候条件相对较好，属于海洋性温带阔叶林气候，雨量充沛，北部和西部地区年降水量超过1 100毫米，中部地区为700～800毫米，东部、东南部地区为550毫米，全年气候温和湿润，适宜农作物生长。

(二)现代农业发展的成效

2022年，国内生产总值(GDP)2.2亿英镑，居世界第5位，其中农业产值只占1.4%，人均GDP 4.56万美元。英国农业素来以“高效”而闻名于世。农业生产经营主体为农场，2022年全国有21.2万个农场，农场平均面积1 215亩。

种植的主要谷物农作物有小麦、大麦、燕麦、玉米；薯类有马铃薯；油料作物

有油菜籽、亚麻;糖料作物有甜菜;园艺作物有蔬菜、果树、花卉;还有饲料作物。英国是全世界第六大谷物生产国。

畜牧业具有经营规模大,机械化水平高,集约经营与专业化和社会化程度高,饲料报酬高,畜禽个体产品率高,生产周期短等特点。英国是世界上第一大产羊国和第三大产牛国,畜牧业产值占农业生产总产值的2/3。

(三)现代农业发展的历程

英国现代农业发展大致分为以下三个阶段。

1. 现代农业的萌芽阶段

18世纪末期至20世纪初期,圈地运动推动农业组织革新和农业技术改良,为英国现代农业发展提供了动力。

2. 现代农业加速发展阶段

20世纪初期至20世纪70年代,两次世界大战之后,政府出台法律保护和支持农业政策,1947年出台第一个农业法,以后连续颁布了促进农业发展的法令;实施系列农产品价格保护政策,对谷物、马铃薯、甜菜等农产品限定最低保护价格。

3. 现代农业深化发展阶段

20世纪70年代至今,充分利用国外市场促进本国农业发展,稳定增加农民收入;政府制定法令促进农业土地规模经营,产业化生产,对资源合并和愿意转让给大农场的小农场经营主体给予一定的补贴和养老金,对大农场基础设施建设给予适当比例的补贴;广泛应用现代农业信息技术,发展农业自动化、智能化生产方式,提高农业生产效率,改善了农产品质量,将农业生产与市场销售紧密结合,提高农业经济效益和农民收入。

二、法国现代农业发展模式

法国位于欧洲大陆西部、西濒大西洋的比斯开湾,西北拉芒什海峡(英吉利海峡)与英国相望,东南靠近地中海,东部和东北部与意大利、瑞士、德国等相接,西部是西班牙,呈六边形。

(一)现代农业发展的自然基础条件

1. 人口数量

截至2024年1月,法国全国总人口6 837万人,其中农业人口75.8万人。

2. 土地面积

法国地势东南高西北低,地形以平原为主,占国土面积的60%左右,丘陵和山地各占20%,南部和东部边境为山。国土面积55万平方公里(不含海外领地），农业用地面积 2 670 万公顷。

3. 气候特点

自然气候条件比较好，西部属于温带海洋性气候，有利于牧草生产，南部属于地中海气候，热量充足，光照强烈，水分足够，适宜葡萄和油橄榄生产；中部为温带大陆性气候，全国 90%的地区年平均降水量在 700～800 毫米，降水多在 10—11 月，有利于小麦等粮食作物的生产。海岸线全长 3 115 公里，渔业资源丰富。

（二）现代农业发展的成效

2018 年，国内生产总值（GDP）2.9 万亿美元，其中农业产值占 4%，畜牧业占农业总产值 70%，全国人均 GDP 44 403 美元。法国农业高度发达，是世界主要农业生产国和农产品出口国。

种植的主要粮食作物是冬小麦 7 300 万亩，平均亩产量 453 千克，比美国、加拿大、澳大利亚小麦产量高一倍多。玉米和大麦年产量各 1 300 万吨左右，油菜籽 500 万吨、葵花籽 150 万吨、甜菜 3 400 万吨、马铃薯 520 万吨、葡萄 200 万吨、马铃薯 230 万吨、番茄 88 万吨、花椰菜 65 万吨。

畜牧业主要有猪、牛、羊，养牛 2 500 万头，养猪 2 420 万头，养羊 2 600 万只，养鸡 2.2 亿只，年生产牛奶 2 500 多万吨，奶酪 200 万吨。

（三）现代农业发展历程

法国农业经历了一个从弱到强的过程，生产力和农业生产水平不断提高，逐步成为全世界农产品生产大国和农副产品出口大国。现代农业发展大致可分为四个阶段。

1. 现代农业发展初期阶段

18 世纪 90 年代至 19 世纪 50 年代，是以小土地占有和小规模土地经营为基础的现代农业发展初期。1789 年之前，法国农业属于封建土地制度。1789 年爆发资产阶级革命，称为法国大革命，废除了封建土地制度，使法国农业向资本主义制度过渡。到 1950 年之前，法国农业依然是小农经济占主导地位，农业整体发展缓慢。

2. 发展现代农业阶段

19 世纪 50 年代至 20 世纪初，以工促农为主要特点。19 世纪末已经初步实现工业化，农业结构变革和专业化生产萌芽，加快了农业生产和农业技术专业化进程，农业生产效率提高了。

3. 基本实现农业现代化阶段

20 世纪初至 20 世纪 90 年代，政府采取成立农业公司，依托银行、收购、租赁土地，对于购进土地的大农场主给予减免税收、无息或低息贷款的优惠政策，限制地租水平，以最小投入吸引农场主扩大经营规模，积极调整产出结构，种植业和养殖业协调发展。

成立各种农业发展指导机构，对农民实行技术教育，建立培训的制度，对青年农民严格规范义务教育，并且定期去农业学校培训，最后颁发合格证书，从而促进农业科学发展，加快农业技术改造，提高了农民生产效率。

4. 现代农业可持续发展阶段

20 世纪 90 年代至今，坚持走农业可持续发展道路，1999 年提出加强生态农业转换补助的发展规划，农业开发土地契约(CTE)项目是核心内容，对农民在自然资源管理与保护方面的付出，缺乏市场回报的，由政府提供财政补助，从而使农村环境保护和食品安全、农业现代化走向了可持续发展之路。

三、德国现代农业发展模式

德国处于欧洲内陆地区，是欧洲大陆的“心脏地带”，疆域开阔、边境绵长，农业发达，机械化程度很高，是世界上最大的农机出口国。

(一)现代农业发展的自然基础条件

1. 人口数量

德国全国总人口约 8 470 万人，其中农村人口 1 879 万人，从事农业劳动人员 93.8 万人，约占国内就业人口的 1.5%，平均每个农业劳动力养活 124 人，80%以上的农产品能自给，农民年均收入 4.8 万美元。

2. 土地面积

德国国土总面积 35.8 万平方公里，农业用地 28 500 万亩，其中农田面积 1.79 亿亩，地形地势呈现出北低南高，北部是一望无际的大平原，南部为崎岖不平的阿尔卑斯山麓地带，自北向南依次是平原、丘陵、山地、裂谷和高原，海拔高度在 50～2 962 米范围内变化。

3. 气候特点

北部地势平坦，土壤贫瘠，是温带海洋性气候向温带大陆性气候过渡的区域，冬季寒冷阴湿，日照少，适宜多季牧草生长，以畜牧业生产为主，种植马铃薯、甜菜等；南部属于巴伐利亚高原，气温较高。

农业经营规模以中小家庭农场为主，90%农户经营养殖业和普通种植业，10%农户种植葡萄、啤酒花、小米、水果、蔬菜及烟草等。

(二)现代农业发展的成效

2023 年全国 GDP 4.12 万亿欧元，居全球第三位，人均 GDP 4.88 万欧元。

其中农业 GDP 占全国 GDP 的 0.7%。德国农业高度发达，表现为“六高”：①高农业生产效率；②高农产品自给率；③高农业组织化程度；④高农业科技含量；⑤高农业机械化程度；⑥高农民收入。

现代农业发展最突出的特征是农户种植业与畜牧养殖业相结合，种植的主要农作物是小麦、玉米、土豆、大麦等，其中玉米种植面积最大，主要为饲养的大量牛羊等牲畜提供饲料，产生的粪便等施到地里做肥料肥田。2023 年全国粮食产量约 4 090 万吨。

（三）现代农业发展历程

1. 现代农业起步阶段

20 世纪 50 年代至 20 世纪 70 年代是德国现代农业起步阶段。20 世纪 50 年代，德国正式进入工业化阶段，通过颁布《德国农业经济法》等相关法律，保障农业发展；实施“双元教育”，培育农业人才，一是以中小家庭农场主为培养对象，开展全日制的农业知识学习，1935 年统一称为农业职业教育。二是颁布《联邦职教法》，统筹各领域的职业教育。中等职业教育采取职业学校和农业企业双向合作的“双元制”模式，培养高素质、有技能的农业人才。

2. 现代农业加速发展阶段

20 世纪 70 年代中期至 20 世纪 90 年代，以农业机械化带动农业技术发展为主要特点的农业现代化。开展农业技术革命，普遍实现了机械化、电气化和化学化，使农业生产率提高；制定农业保护政策，提高农产品的市场竞争力，政府鼓励农民生产，减少农产品进口，制定国产农产品价格超出同类市场价格，从农民根本利益出发，提升本国农产品竞争力，保护农民利益。

3. 现代农业深入发展阶段

20 世纪 90 年代至今，以“数字农业”造就“精准农业”。将地理信息系统、全球定位系统、卫星遥感、数字监控等高新技术结合在一起，运用到农业领域，造就了“精准农业”，大量的工业技术运用到农业领域。在提高农业生产率的同时，也对环境造成一定的损害，政府颁布了一系列保护生态环境法规政策，如生态农产品补贴、生态农产品市场认证标识等，推动和保障生态农业健康有序发展。

第三节　日本、韩国现代农业发展模式

日本、韩国是典型的人多地少国家，农业资源禀赋非常稀缺。农业以小规模的家庭农场经营为主，普遍经营耕地规模在 60 亩以下，农业生产面临老龄化的

困扰，提升农业劳动生产率、土地产出率和资源利用率都是农业发展的重要目标，提出实施的“六次产业”（第一产业×第二产业×第三产业＝六次产业）发展较好，精品农业较为发达，在强大的综合农协系统和相关政策的支持下，实现了农业农村现代化，探索出人多地少国家发展农业农村现代化的模式。

一、日本现代农业发展模式

日本是世界上人口密度最大的国家之一，位于亚欧大陆东部，太平洋西北部，环太平洋火山地震带，东部和南部为太平洋，西临日本海、东海，海岸线约3万公里。作为岛国，国土面积狭小，资源有限，依靠科学的政策和规划，将现代农业发展至世界闻名。

（一）现代农业发展的自然基础条件

1. 人口数量

截至2024年1月，日本全国总人口1亿2 339万人，其中农村人口2 381万人。2009年以来连续负增长，人口密度为347.8人/平方公里，位居世界30位。人口年龄结构0～14岁占13.7％，16～64岁占64.7％，65岁以上占21.6％。

2023年农业就业人口不到200万人，平均年龄66.4岁。

2. 土地面积

日本领土由北海道、本州、四国、九州4个大岛和7 200多个小岛屿组成，国土面积37.8万平方公里，80％的面积是丘陵和山地，脊状山地将日本平分为靠日本海一侧和靠太平洋一侧，多数山为火山，占全球火山的10％。在河流下游近海一带为冲积平原，关东平原最大，沿海平原小而分散。土壤贫瘠，主要为黑土、泥炭土及泛碱土，大部分冲积土开垦为水田，形成水田土壤。日本耕地面积不断减少，1998年耕地面积7 305万亩，2015年减少为6 750万亩。海岸线33 889公里。

3. 气候特点

日本以温带和亚热带季风气候为主，夏季炎热多雨，冬季寒冷干燥，四季分明。6月份多梅雨，1月份平均气温北部6℃，南部16℃，7月份平均气温北部17℃，南部28℃，最高气温40.9℃，最低气温－41℃；年降水量700～3 500毫米及以上，最高达到4 000毫米以上。

（二）现代农业发展成效

日本是世界经济发达国家之一，2023年，全国GDP 4.2万亿美元，居世界第四位，人均GDP 3.38万美元。农业在国民经济中比重较低，但是农业占有非常重要的基础地位，种植业与畜牧业并列为农业生产的两大支柱产业。

2023年日本水稻种植面积148万公顷，总产量745万吨，粮食自给率为38%。

农业总产值中占比最大的是肉类，其次是蔬菜和大米，主要的大宗作物的产量和产值几乎都是在1985年达到高峰后开始减少。

(三)现代农业发展历程

1. 现代农业起步阶段

日本在明治维新(1868年1月3日)至第二次世界大战前(1939年9月1日)，深度废除封建制度，促进农业发展来支持工业，1870—1912年通过税制改革，财政加大对农业投入力度，通过深耕技术、品种改良和化肥普及等，农业走出了停滞状态。1910年，因爆发战争，农业产值逐渐下降；1920年，政府开始采用租田调解农村建设和保护稻米价格的农业发展战略，保障农民利益，政府制定《稻米法》稳定市场价格。通过《租佃调解法》《自耕创设维持法》，减免佃农地租，通过《开垦帮助法》《新农协法》等为农民提供各种生产保障。1938年，出台了《农地调整法》开始了农业改革，创设自耕农，实行农地私有。

2. 现代农业发展的探索阶段

1945年至20世纪50年代是日本农业现代化的开始阶段，大体上存在着"三利三不足"。"三利"，即政府大力发展农业，农业态势良好；农民科技意识提高，广泛使用化肥；多数地区气候条件适宜，利于作物生长。"三不足"，即"二战"损失惨重，大量年轻劳动力减少使农业停滞；耕地面积狭小且地块分散；小农户生产耕地规模难以集中。采取的主要措施：一是开展土地改良运动，提升地力和土地利用率。二是通过组建农协提升农民的组织化程度，1947年，发布《农协组织法》，无偿为农业生产经营者提供各种服务和指导，帮助降低农业生产成本，提升生产力水平，搞活农产品流通，增加农业生产收入，参加农协的农户数量比例达到90%以上。

3. 现代农业快速发展阶段

20世纪60年代至20世纪末，通过以工哺农，推进工业化与农业现代化同步快速发展，农业良种化、化学化、机械化推进了现代化的进程。

20世纪80年代，利用各地优势资源，普及"一村一品"运动，发展区域特色经济，培育了上百种特色农产品，极大地提高了国内外市场的知名度，增加了农业收入。

4. 现代农业不断提升阶段

进入21世纪，大力推进生态效益农业、有机农业、绿色农业等模式，广泛应用农业物联网技术，有60%以上农户将互联网技术应用于农业生产，极大地提高了农业生产效率和农产品流通效率。完善农业市场信息服务，全国建立8个农产品中央批发市场，564个地区批发市场，每天实时发布农产品的销售及进口数量信息，农协发布农产品市场数量和价格预测信息，可向农户和销售商等展示全国 1 800 个“综合农业组合”的农产品生产行情，弥补小农户与大市场信息不对等的现象。

二、韩国现代农业发展模式

韩国地处亚洲大陆东北部朝鲜半岛南端，三面环海，是一个半岛国家。

（一）现代农业发展的自然基础条件

1. 人口数量

韩国统计厅 2017 年 4 月 14 日公布，全国总人口 5 124.57 万人，其中农户 106.8 万户，农业人口 249.6 万人，占总人口的比重为 4.9%，农户年龄：70 岁以上的人口 42.4 万人，60～69 岁的 33.9 万人。

2. 土地面积

韩国是一个多山国家，山地占国土面积的 2/3，太白山脉纵贯东海岸、西部和南部山势平缓，形成西海岸和南海岸的平原和近海岛屿与海湾。国土面积 100 284 平方公里，其中 18 平方公里是填海造陆，其中耕地面积 2 753.4 万亩，18.4%是农用耕地。

3. 气候特点

气候属大陆性季风气候，四季分明，冬季受西伯利亚干冷气团影响，寒冷干燥，夏季受东南季风影响，温暖湿润，春秋两季较短，降水集中在 6—9 月的雨季。

（二）现代农业发展成效

2022 年 GDP 总量 1.66 万亿美元，人均 GDP3.3 万美元。农业生产结构中，种植业以水稻生产为主，种植面积 1 200 万亩左右，谷物产量 546 万吨，粮食自给率仅为 48.4%，水稻产品自给率 51%，饲料用粮 97%以上依赖进口，牛肉自给率 37.7%，近年来开始发展高附加值的蔬菜、水果、高丽参、芝麻等。韩国农产品比国际市场价格高 2.85 倍，农民坚持宣传“身土不二”理念，劝诫国人要吃本国大米、水果、肉类等，以抵制进口外国农产品。

（三）现代农业发展历程

1. 现代农业发展初期阶段

20 世纪 60 年代的“增产农政”，一是采取价格政策，高于市场价收购农民的粮食；二是加大财政投入，大搞农田基本建设；三是借贷政策；四是土地政策，第二次世界大战后，政府接受日本所占土地分配给本国农民，颁布《土地改革法》，以低廉价格收购了超过 45 亩以上农户的土地，以更低的价格卖给佃民，基本实现了均田制目标。1962 年颁布了《土地规划法》，规范了工业建设征用土地合法化。

2. 现代农业加速发展阶段

20 世纪 70 年代，为在全国 3.3 万个行政村开展“新村运动”，政府无偿地提供大量的水泥，用于修房、修路等农村基础设施建设；加大农业科技投入，成功推进了绿色革命，采用粳型与籼型水稻杂交，培育出 IR667 增产 30%左右的水稻品种，提高粮食自给能力；加大力度促进农村工业发展，指导帮助农民逐步将以家庭农场为单位的自给自足的生产方式，向农商兼业转变，建立各种商品化及专业化的生产基地、流通设施，把“一户一作物”的生产方式，转化为“一村一乡一品”生产，将生产、加工及销售有机结合。

3. 现代农业发展完善阶段

20 世纪 80 年代至今，开放农政及推广农业机械化、农村工业规模投资、农业工业化的实现，增加农民收入，缩小城乡差距，推动现代化的发展和完善。

第四节　荷兰、以色列现代农业发展模式

荷兰、以色列国土面积狭小、农业资源禀赋较差，却创造了世界上农业发展的奇迹，成为农业农村现代化的一张“靓丽名片”，为我国沿海地区，西北干旱地区发展现代农业生产提供了实践经验。

一、荷兰现代农业发展模式

荷兰在人口稠密、资源贫瘠的土地上，创造了极强的农业国际竞争力，成为科技型农业发展典范。在花卉、农产品加工等农业领域取得了辉煌的成就，乳品、蛋品和肉品等出口位居世界前列。

(一)现代农业发展的自然基础条件

1. 人口数量

截至 2024 年 4 月，全国总人口 1 797 万人，从事农业的劳动力比重在 3%以下。

2. 土地面积

荷兰位于欧洲西部，西部和北部濒临北海，地处莱茵河、马斯河和凯尔德河三角洲。全国地形低平，1/4 的土地海拔不到 1 米，1/4 的土地低于海平面，被誉为“低地之国”。国土面积 4.15 万平方公里，有 18%是人工填海造出来的。其中

耕地面积仅 1.054 万平方公里(1 581 万亩),草地及牧场 1 239 万亩,属于世界上最小的国家之一。

3. 气候特点

属于温带海洋性气候,冬暖夏凉,全年平均气温在 8.5～10.9℃,年降水量大致为 834 毫米,适宜大多数农作物生长。但是由于纬度较高,光照不足,年平均日照 1 484 小时,不利于大田作物生长。

(二)现代农业发展成效

荷兰 2023 年 GDP 1.03 万亿欧元,居世界第 18 位,人均 GDP 超 5.3 万欧元,居欧盟第 4 位。

农业选择的是种植业和畜牧业并重的发展模式,是世界上除美国之后的第二大农业出口国,每年净出口 300 多亿美元,人们常用“小国大业”形象地描述荷兰的经济特征。农牧业产品以优质、高产闻名,鲜花和种子的出口量连续多年居世界第一,是世界上最大的马铃薯出口国,种薯输出占国际市场的 60%以上,销往 80 多个国家和地区,蔬菜出口居世界第一,鲜花占全球市场的 60%。

种植业方面,1/3 左右的耕地用于大田作物,种植玉米、马铃薯、小麦等,产值占农牧业生产值的 10.4%;园艺业占耕地面积的 5.7%,分为露地生产和温室生产,主要产品有球根类花卉、蔬菜、果树、观赏用灌木和一些盆栽植物,产值占农牧业总产值 39.5%;畜牧业分为放牧型的养牛、养羊业和集约型的养猪、养鸡业。

(三)现代农业发展历程

荷兰政府针对自然资源稀缺的实际情况,通过政策调整、科技创新,加速了现代农业发展。

1. 现代农业发展的探索阶段

19 世纪后半期至 20 世纪 40 年代,政府加强农业干预和保护力度,发展农业合作组织,多元化的农业推广服务体系,利用自由贸易政策改善农业生产要素的投入效率和质量,推动了现代农业的发展。

2. 现代农业产业结构调整阶段

20 世纪 50 年代至 20 世纪 80 年代,调整农业结构和生产布局,以畜牧业和园艺业为主的农业结构,促进主导产业初步形成;实行土地集约利用,提高土地面积上的劳动生产率,促使农业更加集约化、产业化和机械化,通过设施化、工厂化、科技化发展高效农业。

3. 现代农业深化发展阶段

20 世纪 80 年代以来,农场为适应大零售商的市场营销需要而不断合并,扩大规模,提升增加规模效益;改革农业知识创新体系,将应用研究、战略研究和基础研究合并,即“三螺旋模式”,集结了政府、企业与高等院校三方力量,形成完备的农业创新体系。建设了世界领先的玻璃温室,面积约 16.5 万亩,占全球 1/4,每天可出口 170 万盆鲜花和 1 700 万束鲜切花,一株普通番茄在玻璃温室中可产 30～40 千克果实。

二、以色列现代农业发展模式

以色列位于地中海东南角,是亚非欧三洲的重要陆地交通枢纽。在地理形状上就是一个南北狭长的国家,北半部是海岸平原、西部山区和约旦河谷,南半部为沙漠地带。以色列在干旱贫瘠的土地上创造了世界资源节约型农业发展的典范,节水农业等技术闻名世界。

(一)现代农业发展的自然基础条件

1. 人口数量

截至 2023 年 12 月,全国总人口 984 万人,其中农业劳动力占总人口的 2%左右。

2. 国土面积

根据 1947 年联合国关于巴勒斯坦分治决议的规定,以色列国的面积为 1.52 万平方公里。1948 年至 1973 年间,以色列在四次中东战争中占领了大片阿拉伯国家领土,20 世纪 80 年代后陆续部分撤出。目前实际控制面积约 2.5 万平方公里。(以上数据来源于中华人民共和国外交部网站)

3. 气候特点

气候区域性明显,光照充足,年日照时数 3 200～3 300 小时,昼夜温差大,气候干燥,雨水稀少,年降水量 400～500 毫米,降雨出现在冬季,无雨期长达 7 个多月,降水量由北向南显著降低。农业用水量的 1/3 来自约旦河,2/3 是抽地下水,且多为咸水,水成为制约以色列农业发展最核心的因素。

(二)现代农业发展的成效

2023 年全国 GDP 5 188.9 亿美元,人均 GDP 5.32 万美元,居世界第 21 位。

以色列把科学用水作为基本国策,通过发展滴灌技术,将不毛之地改造成肥田沃土,使土地灌溉面积占可耕地面积的 49.5%,农业种植区由 400 个增加到 750 个。主要农作物有小麦、玉米、棉花、柑橘、葡萄、蔬菜、花卉等,玉米亩产超过 1 000 千克。

畜牧业主要饲养猪、牛、羊、鹅、鸭、火鸡、蛋鸡等,主要畜产品养殖技术,均已达到世界先进水平。

农业组织有并驾齐驱的三种形式:公有制集体农庄(基布兹)、合作社(莫沙夫)、个体农户(莫沙瓦),分别创造着以色列农业总产值的32%、46%和22%,政府对三种组织一视同仁,三者共同创造了以色列的高效农业。

(三)现代农业发展历程

以色列农业奇迹得益于正确的发展战略。农业是推动经济发展的杠杆,农业和整个经济的发展相辅相成。农业发展大致经历了3个阶段。

1. 农业起步阶段

从20世纪50年代开始,全国垦荒、兴建定居点,粮食和农副产品自给自足。1952年引种棉花,用10年时间解决穿衣问题,棉花单产世界第一,棉花出口创汇仅次于柑橘,1953年开始建设北水南调输水工程,开发沙漠,1965年粮食基本上可以自给自足。

2. 滴灌推动农业革命阶段

从20世纪60年代开始,在60年代初,土地开垦饱和,农业单产徘徊,开始探索科技发展农业的出路,60年代中期发明滴灌后,国家立即大力扶持,滴灌技术推动农业革命。沙漠改造突飞猛进,可耕地持续增加,坚持土地所有权归国家的土地租赁制,每个农户75亩为起步单位,可随着经营规模增加进行扩大。农业革命找到突破口,农产品产值直线上升,农业面积发生根本改变,同时建立高效的市场机制。

3. 农业实现产业化阶段

从20世纪70年代起改变农业生产结构,根据国际农产品市场需求变化,发展订单生产经营模式,从以粮食生产为主,转向发展高质量花卉、蔬菜、水果、畜牧业等出口创汇的农产品和技术,用高科技、高产出、高效益,建成一整套符合国情的节水灌溉农业科技和工厂化现代管理体系。

第四章

教学课件

中国现代农业发展道路

我国已经处于并将长期处于社会主义初级阶段，这是从社会性质和社会发展阶段上对中国国情作出的总体性、根本性判断。建设和发展中国特色社会主义要从实际出发。我国社会生产力水平还比较低，科学技术水平、民族文化素质还不够高，人口基数大，人均资源占有量少，是统一的多民族国家。概括起来讲，我国的国情是人口多，人均资源相对不足，经济社会发展不够平衡。

第一节　现代农业发展的基础条件与成效

一、农业资源条件

农业资源是农业自然资源和农业经济资源的总称。

（一）农业自然资源

农业自然资源是能被利用产生使用价值并影响劳动生产率的自然诸要素。自然资源具有可用性、整体性、变化性、空间分布不均匀性和区域性等特点，是人类生存和发展的物质基础和社会物质财富的源泉，是可持续发展的。自然资源分为国土资源、生物资源、农业资源、森林资源、矿产资源、海洋资源、气候资源、水资源等。分为可更新的资源、不可更新的资源和用之不尽的资源三种类型。

联合国环境规划署定义的农业自然资源：在一定的时间、地点条件下，能够产生经济价值，以提高人类当前和未来福利的自然环境因素和条件。农业自然资源与人类社会有着密切联系，既是人类赖以生存的重要基础，又是社会生产的原料、燃料，生产的必要条件与场所。自然资源为相对概念，随社会生产力水平的提高与科学技术进步，部分自然条件可转化为自然资源。

（二）农业经济资源

农业经济资源是指直接或间接地对农业生产发挥作用的社会经济因素和社会生产成果，如农业人口、农业劳动力的数量和质量、农业技术装备、交通运输、信息通信、文化教育、卫生医疗、农业基础设施等。

1. 人口数量

国家统计局数据显示，2022 年全国总人口 14.12 亿人，占世界总人口的 18.67%，人口密度每平方公里 150 人，16～59 周岁的劳动年龄人口为 86 556 万人，占总人口的 62.0%，60 周岁及以上人口 2.80 亿人，占总人口 19.8%，城镇常住人口 9.21 亿人，占总人口的 69.22%，乡村常住人口 49 104 万人。

2. 国土面积

中国国土陆地面积约 960 万平方公里（144 亿亩），其中耕地 19.18 亿亩，约占全国总面积 13.9%；林地 18.7 亿亩，占 12.9%；草地 43 亿亩，占 29.9%；城市、工矿、交通用地 12 亿亩，占 8.3%；内陆水域 4.3 亿亩，占 2.9%；宜农宜林荒地 19.3 亿亩，占 13.4%；陆地边界 2.28 万公里。黄海、渤海、东海和南海水域面积 300 多万平方公里，海岸线 1.8 万多公里，海岛 7 600 多个。地势东低西高，分为三大阶梯：第一阶梯为青藏高原，海拔多在 4 000 米以上；第二阶梯主要由山地、高原和盆地组成，海拔一般在 1 000～2 000 米；第三阶梯是东部平原和丘陵。地形复杂多样，各类地形占全国陆地面积的比例是：山地 33.3%，高原 26%，盆地 18.8%，平原 12%，丘陵 9.9%。

中国土地资源特点：①土地总量大，人均占有量少；②山地多，平原少；③土地资源适宜性和地域差别大；④农用地比重偏低，人均占有耕地少；⑤未利用土地资源数量有限，难开发的土地比重大。

3. 气候特点

气候复杂多样，有温带季风气候、亚热带季风气候、热带季风气候、热带雨林气候、温带大陆性气候和高原山地气候等气候类型，从南到北跨热带、亚热带、暖温带、中温带、寒温带气候带。其中亚热带、暖温带、温带合计约占全国土地面积的 71.7%。从东到西湿润地区占国土面积的 32.2%，半湿润地区占 17.8%，半干旱地区占 19.2%，干旱地区占 30.8%。

（1）太阳辐射量。太阳辐射量最大在西藏，达到每平方米 2 330 千瓦·时（1 千瓦·时＝3.6×10^6 焦耳）；最低值在四川盆地和贵州一带，每平方米只有 1 050 千瓦·时，平均值约每平方米 1 500 千瓦·时。＞10℃积温在黑龙江北部 2 000℃左右，海南岛达 9 000℃；陆地共有降水 6.2 万亿吨，占世界陆地降水量 119 万亿吨的 5.2%，低于平均值 2 成。降水资源分布极不均匀，西北沙漠地区降水量不到 50 毫米，东南多雨地区最多超过 2 000 毫米。如果以 400 毫米等雨量线为界，在其西北约占全国一半的国土，人口与产值不到全国的 10%，在该线东南一半的国土，人口与产值均超过全国的 90%，南方山区降水资源丰富，有良好的发展经济的潜力，降水资源不足在北方已成为限制经济发展的重要因素。

(2)降水数量。我国年平均降水量 628 毫米，小于全球陆面平均的 834 毫米，也小于亚洲陆面平均的 740 毫米。这些降水量中有 56%为土壤和地表水体蒸发和植物蒸腾作用所消耗，剩余的 44%形成径流。东南沿海地区年降水量为 1 500～2 000 毫米；长江中下游地区年降水量为 1 000～1 600 毫米；淮河、秦岭一带和辽东半岛年降水量为 800～1 000 毫米；黄河下游、渭河、海河流域及东北大兴安岭以东地区年降水量为 500～750 毫米；黄河上、中游及东北大兴安岭以西地区年降水量为 200～400 毫米；新疆盆地年降水量不足 50 毫米。

全年四季降水量分配：春季降水量占 35%～40%；夏秋季降水量占 50%左右；冬季降水量占 10%～15%。

(3)风能是一种重要的气候资源。据估计，在近地层中全球可以提取的风能的极限值约为 130 万亿瓦，相当全球能量需求的 10%～20%，我国风能资源估计约为 2.5 万亿瓦，其中 10%左右可供开发利用。我国风能资源最丰富区在内蒙古与沿海地区以及各地风口。

二、现代农业发展成效

1949 年，中华人民共和国成立，中国人民从此站起来了。随着土地改革力度加强，我国加快了生产关系的变革，加强了农田基本建设，我国用占世界 7%的耕地，生产出了养活世界 22%人口的食物。

20 世纪 80 年代，通过持续增加农业资金扶持，增强农业科学技术的研发与应用，增大农业生产机械、化肥等物质装备的投入，从而促进了现代农业的快速发展，农业生产效率快速提高，我国目前基本赶上了世界农业先进国家的生产力水平。

(一) 农业生产条件不断改善

全国耕地面积基本稳定，20 世纪 70 年代，通过平整土地，丘陵山区建设梯地，耕地质量大为提高，灌溉面积不断增多，抗御自然灾害的能力逐步增强；进入 21 世纪，开展高标准农田建设，农业机械化、测土配方施肥技术等普及推广，生产条件得到了极大的改善（表 4-1）。

(二)农产品生产数量持续增加

2021 年，全国粮食产量达到 68 285 万吨，棉花 573 万吨，油料 3 613 万吨，水果 29 970 万吨，肉类 8 990 万吨，禽蛋 3 409 万吨，水产品 6 690 万吨(表 4-2)。

表 4-1　中国农业生产条件

年份	农业机械总动力/万千瓦	大中型拖拉机数量/万台	耕地灌溉面积/千公顷	农用化肥施用量/万吨	氮肥/万吨	磷肥/万吨	钾肥/万吨	复合肥/万吨	耕地面积/万亩	人均耕地/亩
1949	—	—	—	1.3	0.6	—	0.004	—	146 822	2.71
1958	—	2.6	—	61	19.4	4.2	0.1	—	—	2.59
1965	10 900	7.3	33 055	173	104	69	0.1	—	155 391	2.14
1978	11 750	55.7	44 965	884	869	135	23.4	—	149 084	1.55
1980	14 746	74.5	44 888	1 269	934	274	48	27	148 958	1.51
1985	20 913	85.2	44 036	1 776	1 205	311	80	180	145 269	1.39
1990	28 708	81.4	47 403	2 590	1 638	462	148	342	143 511	1.27
1995	36 118	67.2	49 281	3 594	2 022	632	269	671	142 461	1.20
2000	52 574	97.5	53 820	4 146	2 162	691	377	918	—	—
2005	68 398	139.6	55 029	4 766	2 229	744	490	1 303	—	—
2010	92 781	392.2	60 348	5 562	2 354	806	586	1 799	—	—
2015	111 728	607.3	65 873	6 023	2 362	843	642	2 176	202 485	1.47
2018	100 372	422.0	68 272	5 623	2 065	729	590	2 269	202 350	1.45
2019	102 768	443.9	—	5 404	1 930	682	561	2 231	—	—
2020	105 622.1	477.3	691	5 250.7	1 834	654	542	2 221	—	—
2021	107 764.3	498.1	—	5 191.3	1 745	627	523	2 294	—	—

资料来源：1949 年、1958 年、1965 年、1978 年、1980 年数据来源《世界经济统计摘要 1985》，其他数据来源《中国农村统计年鉴 2022》。

表 4-2　中国主要农产品生产数量　　万吨

年份	粮食	稻谷	小麦	玉米	棉花	油料	水果	肉类	禽蛋	水产品
1949	11 320	4 865	1 380		44.4	256	120	220	—	45
1958	20 000	8 185	2 290	2 145	196.4	478	390	398	—	281
1965	19 455	8 770	2 520	2 365	210	363	324	551	—	271
1978	30 475	13 695	5 385	5 595	267	522	657	856	—	465
1980	32 056	13 991	5 521	6 260	271	769	679	1 205	257	450
1985	37 911	16 856	8 581	6 383	415	1 578	1 164	1 927	535	705
1990	44 624	18 933	9 823	9 682	451	1 613	1 874	2 857	795	1 237
1995	46 662	18 523	10 221	11 199	477	2 250	4 215	5 260	1 677	2 517
2000	46 218	18 791	9 964	10 600	442	2 955	6 225	6 014	2 182	3 706
2005	48 402	18 059	9 745	13 937	571	3 077	16 120	6 939	2 438	4 420
2010	55 911	19 723	11 614	19 075	577	3 157	20 095	7 994	2 777	5 373
2015	66 060	21 214	13 264	26 499	591	3391	24 525	8 750	3 046	6 211
2018	65 789	21 213	13 144	25 717	610	3 433	25 688	8 625	3 128	6 458
2019	66 384	20 961	13 360	26 078	589	3 493	27 401	7 759	3 309	6 480
2020	66 949	21 186	13 425	26 067	591	3 586	28 692	7 748	3 468	6 549
2021	68 285	21 284	13 694	27 255	573	3 613	29 970	8 990	3 409	6 690

资料来源：1949 年、1958 年、1956 年数据来源《中国农村统计大全 1949—1986》，其他数据来自《中国农村统计年鉴 2022》。

(三)人民生活水平快步提高

新中国成立初期的粮、棉、油、肉、蛋、奶十分短缺,通过70多年的努力,我国逐步解决了温饱问题,进而实现脱贫致富,过上了小康生活。2021年全国人均粮食483千克,棉花4.1千克、油料25.6千克、猪牛羊肉46.1千克,水产品47.7千克、牛奶26.1千克(表4-3)。

表4-3　人均主要农产品产量　　万人、千克

年份	总人口	粮食	谷物	棉花	油料	猪牛羊肉	水产品	牛奶
1949	54 167	209	—	0.8	4.5	—	—	—
1960	66 207	148	—	1.5	1.3	—	—	—
1970	82 992	203	—	3.5	1.8	—	—	—
1978	96 259	319	—	2.3	5.5	9.1	4.9	—
1980	98 705	327	—	2.8	7.8	12.3	4.6	1.2
1985	105 851	361	—	3.9	15.0	16.8	6.7	2.4
1990	114 333	393	—	4.0	14.2	22.1	10.9	3.7
1995	121 121	378	345	4.0	18.7	27.4	20.9	4.8
2000	126 743	366	321	3.5	23.4	37.6	29.4	6.6
2005	130 756	371	328	4.4	23.6	42.0	33.9	21.1
2010	134 091	418	383	4.3	23.6	46.2	40.2	22.7
2015	137 462	482	451	4.3	24.7	48.9	45.1	23.0
2020	141 212	474	437	4.2	25.4	37.4	46.4	24.4
2021	141 260	483	448	4.1	25.6	46.1	46.7	26.1

资料来源:《中国统计年鉴2019》《中国农村统计年鉴2022》。

(四)人均国民收入逐渐增多

我国从一个农业大国,逐步通过农业稳定发展,积累社会财富,支持工业发展,带动商业活跃,促进国民经济增长,人民生活水平快速提高。人均国民收入从1949年的66元,上升到20世纪60年代的100元,70年代300元,80年代800元,90年代5 000元以上,进入21世纪实现快速增长,2021年达到80 237元(表4-4)。

表4-4　国内生产总值数量

年份	国内生产总值/亿元	第一产业/亿元	第二产业/亿元	第三产业/亿元	人均国民收入/元
1949	557	326	140	91	66
1960	2 679	457	1 637	585	160
1970	3 800	1 058	2 080	662	235
1978	3 679	1 019	1 755	905	385
1980	4 588	1 360	2 205	1 023	468
1985	9 099	2 542	3 887	2 671	868

续表 4-4

年份	国内生产总值/亿元	第一产业/亿元	第二产业/亿元	第三产业/亿元	人均国民收入/元
1990	18 873	5 017	7 744	6 111	1 667
1995	61 340	12 021	28 678	20 642	5 009
2000	100 280	14 717	45 665	39 898	7 846
2005	187 319	21 807	88 084	77 428	14 267
2010	412 119	38 431	191 630	182 059	30 676
2015	685 993	57 775	282 040	346 178	49 876
2019	986 515	70 474	380 671	535 371	69 881
2021	1 143 670	83 086	450 905	609 680	80 237

资料来源：1949 年、1960 年、1970 年数据来源《中国农村经济大全 1949—1986》，其他数据来源《中国统计年鉴 2022》。

第二节 我国农村经营体制改革发展阶段

我国现代农业发展从 1949 年中华人民共和国成立以后开始。前 30 年主要是土地改革、社会主义改造、人民公社化，不断探索现代农业发展模式，建立发展现代农业的组织体系，打好农业生产基础条件，推广农业“八字宪法”等农业科技，通过发展农业生产，促进工业发展和城市建设。1979 年以后，通过改革开放，建立家庭联产承包责任制，探索土地适度规模经营。

一、农村经营体制改革起步阶段

1949—1978 年，经历了土地改革、农业合作社、人民公社，不断探索农村经营体制，改革生产关系，促进生产力发展。

(一)土地改革

1. 土地改革必要性

中华人民共和国成立前后，为了促进生产力变革，提高生产力，促使在中国共产党领导下以贫下中农为主体的农民群众消灭封建剥削土地所有制，建立以农民土地所有制为基础的农村基本经济制度。土地改革是一种强制性的制度改变。

2. 土地改革的简要历程

1947 年 9 月中共中央召开了全国土地会议，制定了以没收地主土地、废除封建土地所有制为主要内容的《中国土地法大纲》,在 1.5 亿人口的解放区开始了大规模的土地改革运动。

中华人民共和国成立后,1950 年 6 月 28 日中央人民政府委员会通过了《中华人民共和国土地改革法》,在解放区开展了大规模的土地改革运动。到 1952 年冬,除台湾地区和一些少数民族地区外,全国其他地区基本完成土地改革,3 亿多无地、少地的农民分得了 7 亿亩土地和大批耕畜、农具等生产资料,摆脱了每年向地主缴纳 350 亿千克粮食地租的重负,彻底摧毁了在中国延续 2 000 多年的封建土地所有制度,全面建立了新的农村土地所有制度。

3. 土地改革的主要内容

土地改革的基本目的,是废除地主阶级封建剥削的土地所有制,实行农民的土地所有制,使耕者有其田,解放农村生产力,发展农业生产,为新中国的工业化开辟道路。土地改革使广大农民群众的生产积极性空前提高,改良土壤、应用和推广新技术,以提高土地产出率,组织劳动互助以最大限度提高农业劳动生产率。农业发展和农村进步也为工业发展提供了更多的原料,开拓了国内工业品市场,从而创造了中国工业化的必要前提条件。

(二)农业合作社

《中国共产党第七届中央委员会第二次全体会议决议》和《共同纲领》均对新中国的基本农业经济制度的非私有化发展方向做了明确的规定,合作社经济是半社会主义性质的经济,为整个国民经济的一个重要组成部分,人民政府应当扶持。

1. 农业合作社运动的进程

农业合作社的形式,循序渐进发展为互助组、初级合作社到高级合作社。

(1)农业生产互助组阶段。1949 年 10 月至 1953 年,以办互助组为主,同时试办初级形式的农业合作社。1951 年 9 月,中共中央召开了第一次互助合作社会议,讨论通过了《关于农业生产互助合作社的决议》发给各地试行,各地党委加强了领导,使农业互助合作运动取得了较大发展。到 1952 年年底,全国农业互助合作社发展到 830 余万个,参加的农户达到全国总农户的 40%,其中各地还试办了 3 600 余个初级社。农业合作社是农民在个体经济的基础上,为了解决劳动力、耕畜、农具缺乏的困难,按照自愿互利原则组织的劳动互助组织。

(2)初级农业合作社阶段。1954 年至 1955 年上半年,初级社在全国普遍建立和发展。农业初级合作社是社会主义性质的集体经济组织。社员以私有的土地作股入社,实行统一经营,取得土地报酬。耕畜、大型农具等主要生产资料入社统一使用,由合作社给予适当报酬,或按自愿互利原则,采取作价入社,由社分期付给价款的办法,逐步转为合作社集体所有。合作社成员集体劳动,按照社员的劳动付出和入社土地的多少分配劳动成果。与互助组相比，入社农民尽管享有入股土地分红，但具体耕地的产出情况与其所有者之间已没有直接的经济联系，因此入社农户已经失去了对其所有土地的大部分产权。这使初级农业合作社与互助组有深刻的不同之处。1954 年春，全国农业合作社发展到 9.5 万个，参加农户达 170 万户，为了吸引更多的农民入社，国家从各个方面大力支援农业生产合作社，到 1954 年秋天，全国农业生产合作社达到 22.5 万多个。1955 年 7 月，全国经过整顿、巩固下来的合作社有 65 万个。

(3)高级农业合作社阶段。1955 年下半年至 1956 年年底，农业合作社运动迅猛发展。入社农民自愿放弃其土地所有权，其土地无偿转为合作社集体所有，分配劳动成果时不计土地报酬。耕畜、大型农具等主要生产资料，按照自愿互利原则，采取折价入社，由社分期付给价款的办法，逐步转化为集体所有制，社员集体劳动，实行按劳分配。高级农业合作社改变了土地所有权性质，将农民土地所有制转变为农村土地集体所有制，因此高级农业生产合作社的普遍建立，是中国农村集体化农业基本经营制度形成的标志。

到 1956 年年底，全国参加初级社的农户占总农户的 96.3%，参加高级社的农户达到了总农户的 87.8%，基本上实现了完全的社会主义改造，完成了由个体所有制到社会主义集体所有制的转变。

2. 农业合作化运动的意义和效果

中国共产党领导的农业合作化运动，使 5 亿多农民从沿袭几千年的家庭生产经营模式转变为农村集体经济生产经营模式，将独立、分散和细小规模的千千万万农户家庭组织成为农村集体经济组织。这在中国历史上和人类历史上都是前无古人的巨大规模的制度创新，是中国和世界农业史上的一场伟大而深刻的制度革命，避免了刚刚获得胜利果实的绝大多数农民重新走上两极分化、破产流亡的历史老路，也极大地促进了农业生产力的发展。

农业合作化运动的背景。在 1952 年 7 月至 1953 年 6 月，国家收购的粮食比供应的商品粮少 20 亿千克。1953 年夏季，因自然灾害，夏粮减产 35 亿千克，收购难以完成任务，粮食形势更加紧张。这些问题充分说明分散独立经营的农户无法满足为国家现代化建设提供足够的农产品要求。因此，选择一种生产效率更高，抗风险能力更强，更能适应国家现代化建设对农业生产需要的新型农业基本经营制度和新型农业生产经营组织就成为历史的必然。

1956 年是农业合作化运动的高潮期，当年在遭受到严重自然灾害的情况下，农业总产值仍然增长 4.98%；1957 年再次遭受严重的自然灾害，粮食产量仍然比上年增产 25 亿千克(表 4-5)；1958 年开始的“大跃进”，对国民经济发展产生了一定的消极影响，但当年农业生产还是获得了大幅度增产。

表 4-5 1949—1958 年全国粮食、棉花、油料生产情况

年份	总人口/万人	粮食			棉花			油料		
		面积/万亩	单产/（千克/亩）	总产/万吨	面积/万亩	单产/（千克/亩）	总产/万吨	面积/万亩	单产/（千克/亩）	总产/万吨
1949	56 167	164 938	69	11 320	4 155.0	11	44.4	6 341.8	41	256.4
1950	55 196	171 609	77	13 215	5 678.9	12	69.2	6 265.0	48	297.2
1951	56 300	176 653	82	14 370	8 226.9	13	103.1	7 718.0	47	362.0
1952	57 482	185 968	88	16 390	8 363.6	16	130.4	8 570.9	49	419.3
1953	58 796	189 955	88	16 685	7 770.0	15	117.5	8 042.0	43	385.6
1954	60 266	193 492	88	16 950	8 193.0	13	106.5	8 649.0	50	430.5
1955	61 465	194 759	95	18 395	8 659.1	18	151.8	10 256.0	47	482.7
1956	62 828	204 509	94	19 275	9 383.4	16	144.5	10 240.0	50	508.6
1957	64 653	200 450	98	19 505	8 662.9	19	164.0	10 398.4	42	419.6
1958	65 994	191 420	105	20 000	8 333.6	24	196.4	9 535.0	50	477.6

数据来源：农业部计划司．中国农村经济统计大全：1949—1986．北京：农业出版社，1989．

（三）人民公社

1．人民公社的建立

人民公社运动是 1958 年 7 月 1 日开始的，到 1983 年 10 月 12 日结束。人民公社是农业合作社发展到一定阶段，为适应生产发展的需要，在高级农业生产合作社的基础上，联合组成具有社会主义性质的互助互利的政社合一的集体经济组织，实行各尽所能，按劳分配、多劳多得的分配原则。政社合一是指人民公社既是社会主义农村的经济主体，又是社会主义政权在农村中的基层单位。特点是“一大二公”，“大”是公社的规模比原农业生产合作社大；“公”表现在 3 个方面：一是政社合一，包括工、农、商、学、兵在内的社会基层行政组织。在生产组织上，全社统一生产、集中劳动、统一核算、统一分配，后改为较成熟的“三级所有，队为基础”；二是公有制成分增加，社员私有财产比例减少，公有财产比例和公共积累增加，社员不凭借入社资产分红，而是按劳取酬；三是文化、教育、卫生、养老等公益事业和公共福利增加。人民公社是新中国农村经济建设需要的产物，随着农业合作社和农村生产力的发展，1957 年冬到 1958 年春，全国农村开展了大规模的农田水利基本设施建设。兴修水库和治理小流域，一个公社统一规划，集中动员组织和指挥整个区域的力量实施。1958 年 4 月 8 日，《中共中央关于把小型的农业合作社适当地合并为大社的意见》正式发布，提出当前农业正在实现水利化，几年内还将逐步实现耕作机械化。1958 年 9 月 10 日《中共中央关于在农村建立人民公社问题的决议》正式发布，提出人民公社是形势发展的必然产物，建立人民公社是指导农民加快社会主义建设，提前建成社会主义并逐步

过渡到共产主义所必须采取的方针。对人民公社的规模标准、性质、组织管理制度、所有制形式、分配制度和经济政策等问题进行了规定。到 1958 年 9 月底,全国已基本实现了人民公社化,全国共建立人民公社 23 384 个,加入农户 11 217 万户,占农户总数的 90.4%,每社平均 4 797 户。

1983 年 10 月 12 日,中共中央、国务院发出《关于实行政社分开,建立乡政府的通知》,明确规定在农村建立乡政府,政社必须相应分开。到 1984 年底,已有 99%以上的农村人民公社完成了政社分开工作。

2. 人民公社的成效

1957—1978 年的 21 年间,在耕地面积总量下降 11.12%和播种面积下降 4.54%的情况下,全国粮食总产量增长了 58.1%,年均增长 2.2%;棉花总产量增长了 50%,年均增长 1.95%;油料总产量增长了 2.6%,年均增长 0.12%(表 4-6),农产品的增长主要依靠农业生产力水平的提高。

表 4-6 1957—1978 年全国粮食、棉花、油料生产情况

年份	粮食			棉花			油料		
	播种面积/万亩	单产/(千克/亩)	总产/万吨	播种面积/万亩	单产/(千克/亩)	总产/万吨	播种面积/万亩	单产/(千克/亩)	总产/万吨
1957	200 450	98	19 505	8 662.9	19	164	10 398.4	42	419.6
1958	191 420	105	20 000	8 333.6	24	196.4	9 535.0	50	477.6
1959	174 034	98	1 700	8 267.9	21	170.9	9 224.0	45	410.4
1960	183 644	78	14 350	7 837.3	14	106.3	8 690.0	23	194.1
1961	182 165	81	14 750	5 805.4	14	80.0	6 346.0	29	181.4
1962	182 431	88	16 000	5 246.2	15	75.0	6 230.1	32	200.3
1963	181 112	94	17 000	6 614.2	18	120.0	6 819.7	36	245.8
1964	183 155	105	18 750	7 403.0	23	166.3	7 908.6	43	336.8
1965	179 441	109	19 455	7 504.8	28	209.8	7 749.5	47	362.5
1966	181 482	118	21 400	7 388.3	32	233.7	—	—	—
1967	178 845	122	21 780	7 646.6	31	235.4	—	—	—
1968	174 236	120	20 905	7 478.6	32	235.4	—	—	—
1969	176 406	120	21 095	7 243.7	29	207.9	—	—	—
1970	178 901	134	23 995	7 495.0	31	227.7	6 782.9	56	377.2
1971	181 269	138	25 015	7 385.3	29	210.5	7 186.5	57	411.3
1972	181 814	132	24 050	7 344.2	27	195.8	7 944.9	52	411.8
1973	181 734	146	26 495	7 413.2	35	256.2	7 986.5	53	418.6
1974	181 464	152	27 525	7 520.4	33	246.1	7 989.3	55	441.4
1975	181 593	157	28 450	7 433.3	32	238.1	8 477.5	54	452.1
1976	181 115	158	28 630	7 393.8	28	205.5	8 681.5	46	400.8
1977	180 600	157	28 275	7 267.0	28	204.9	8 459.2	47	401.7
1978	180 881	169	30 475	7 299.6	30	216.7	9 333.3	56	521.8

数据来源:农业部计划司. 中国农村经济统计大全:1949—1986. 北京:农业出版社,1989.

农田水利建设成就很大，全国建成了8万多座大、中型水库，有效灌溉面积从1957年的4.1亿亩，增加到1978年的6.7亿亩，增长了63.5%；农业机械总动力，从1962年的757万千瓦增加到1978年的11 749.9万千瓦，增长了1 452.1%；化肥用量从1957年的37.3万吨，增加到1978年的884万吨，增长了2370%；农村用电从1957年的1.4亿千瓦·时增加到1978年的253.1亿千瓦·时，增长了17 979%（表4-7）。

表4-7 1957—1978年农业物质条件情况

年份	农田灌溉面积/亿亩	农机总动力/亿瓦	大中型拖拉机/万台	化肥折纯用量/万吨	每亩播种用量/千克	农村用电量/亿千瓦·时
1957	4.10	12.1	1.45	37.3	0.15	1.4
1958	—	—	2.64	54.6	0.25	2.4
1959	—	—	3.33	53.8	0.25	3.8
1960	—	—	4.55	66.2	0.30	6.9
1961	—	—	5.22	44.8	0.20	10.3
1962	4.58	—	5.49	63.0	0.30	16.1
1963	—	—	5.92	104.3	0.50	24.3
1964	—	—	6.59	129.0	0.60	27.8
1965	4.96	109.9	7.26	194.2	0.90	37.1
1966	—	—	—	265.5	1.20	54.5
1967	—	—	—	266.1	1.20	—
1968	—	—	—	199.5	0.95	—
1969	—	—	—	273.1	1.30	83.7
1970	5.40	216.5	12.55	351.2	1.65	95.7
1971	5.47	—	15.02	364.7	1.65	104.5
1972	5.70	—	—	420.7	1.90	132.8
1973	5.88	478.5	23.41	511.1	2.30	139.9
1974	6.19	593.3	28.07	485.8	2.20	156.1
1975	6.49	747.9	34.45	536.9	2.40	183.1
1976	6.75	863.0	39.7	582.8	2.60	204.8
1977	6.75	1 026.2	46.7	648.0	2.80	221.9
1978	6.75	1 175.0	55.7	884.0	3.95	253.1

数据来源：农业部计划司．中国农村经济统计大全：1949—1986．北京：农业出版社，1989．

（四）以提高生产力为核心的现代农业探索阶段

1949—1978年，是我国改革农业经营体制，大搞农田基本建设，提高农业生产力，解决粮食等产品短缺，保障供给的阶段。

1949年，我国粮食播种面积16.5亿亩，单位面积产量68.62千克/亩，粮食总产量1.13亿吨，而全国人口总数为5.4亿人，人均粮食占有量为208.9千克，比联合国粮农组织公布的温饱线 280 千克低了 70 多千克。提高粮食产量,成为当时的必然选择。

1. 增加耕地

增加耕地是提高粮食产量的首要条件。有研究认为,粮食播种面积对粮食产量的产出弹性达 0.8,即粮食播种面积每增加 1%,粮食产量将增加 0.8%。新中国成立初期掀起的大规模垦荒运动,使得 1949—1956 年间,共增加耕地 3.96 亿亩,增幅达 24%,粮食总产量增加 7 957.2 万吨,增幅达 70.3%。

2. 兴修水利

水利是农业的命脉。1953—1957 年,群众性的小型水利建设效果明显,灌溉面积不断扩大,1957 年有效灌溉面积达 4.1 亿亩,比 1949 年增加 1.71 亿亩。此后,虽然社会主义建设遇到曲折,但水利建设规模大、力度强,到 1978 年共修建水库 8.5 万座,其中大型水库 338 座,有效灌溉面积提高至 6.75 亿亩。

3. 发展农机

农业机械化是提高劳动生产率的关键。1952 年,我国开始试办国营拖拉机站,到 1978 年,全国农业机械总动力达 1 175 亿瓦,排灌动力在抗旱防涝中基本替代了人畜力提水,粮、棉、油、饲料等农副产品加工也基本实现了机械化(表 4-8)。

表 4-8 1952—1978 年全国农业机械化发展情况

年份	农业机械总动力/万马力	大中型拖拉机/万台	小型拖拉机/万台	联合收割机/万台	机动脱粒机/万台	排灌动力		渔业机动船	
						万台	万马力	万艘	万马力
1952	—	0.130	—	0.03	—	—	12.8	—	—
1957	165	1.47	—	0.35	—	—	56.4	0.50	10.3
1960	—	—	—	—	—	—	481.4	0.38	28.3
1965	1 494	7.26	0.395	0.67	11.4	—	907.4	0.78	64.0
1970	2 944	12.55	0.78	0.80	45.5	1824.9	1.42	99.2	—
1975	10 168	34.15	9.90	1.26	155.3	389.1	4 866.6	3.37	213.6
1978	15 975	55.74	13.73	1.90	210.6	502.6	6 557.5	4.120	290.6

注:1 马力约为 0.735 千瓦。

4. 增施化肥

化肥是粮食增产的重要物资。新中国成立初期,我国化肥产量不足 3 万吨。20 世纪 50 年代和 70 年代,我国先后从苏联和西方国家引进大型化肥化纤设备,同期又自行设计了几十个中型氮肥厂。1984 年,我国农用化肥产量达 1 482 万吨,比 1950 年的 7 万吨增加了 210 倍。化肥对农作物增产的效能试验结果显示,粮食增产 40%来自化肥。

5. 推广良种

种子是粮食增产的重要因素。种子行业经历了家家种田、户户留种的“四自一辅”，即主要依靠群众自繁、自选、自留、自用，辅之以必要的调剂；到“四化一供”，即种子生产专业化、加工机械化、质量标准化、品种布局区域化，以县为单位，组织统一供种等阶段，为良种研发、繁育、推广提供了体制保障。1957 年，我国学者李竞雄和郑长庚主持育成了高产的玉米双交种农大 7 号；1974 年，袁隆平育成中国杂交水稻强优组合南优 2 号；1978 年，全国主要农作物良种覆盖率达到 70%～80%。

通过增强生产要素投入，我国农业生产力得到了较大发展。1978 年粮食总产量为 30 475 万吨，比 1949 年增加了 19 155 万吨；亩产量 169 千克，比 1949 年增加了 100 千克。

二、改革开放快速发展阶段

(一)逐步建立家庭联产承包责任制

1978 年 12 月召开的党的十一届三中全会，开启了农村改革的进程。1978 年 11 月 24 日，安徽省滁州市凤阳县小岗村村民严宏昌，带领生产队的 18 位农民，以“托孤”的方式，冒着坐牢的风险，把队里的土地分到了户，在土地承包责任书上按下了红手印，首创了“大包干”联产承包责任制，拉开了中国农村改革开放的序幕。此后在中央的许可下，这一做法逐渐在全国范围内推广，使中国农村经济改革率先从基本经营制度方面取得了突破，从人民公社体制下的统一经营制度演变为统一经营和分散经营相结合的家庭联产承包责任制。

1. 从理论上肯定家庭联产承包责任制的社会主义性质

1980 年 9 月，中共中央颁布《关于进一步加强和完善农业生产责任制的几个问题》，指出凡有利于鼓励生产者最大限度地关心集体生产，有利于增加生产、增加收入、增加商品的责任制形式，如包产到户等，都应予以支持。1982 年中央 1 号文件《全国农村工作会议纪要》指出，包产到户或大包干都是社会主义生产责任制。1983 年中央 1 号文件《当前农村经济政策的若干问题》认为，联产承包责任制具有广泛的适应性，是在党的领导下，中国农民的伟大创造，是马克思主义农村合作社理论在我国实践中的新发展。

2. 初步建立家庭联产承包责任制

据统计，到 1980 年秋季，全国实行双包到户的生产队已占总数的 20%，1981 年底发展到 50%，1982 年夏季发展到 78.2%，1983 年春季发展到 95%以上。至此，以土地承包经营为核心的家庭联产承包责任制取代了人民公社体制下的统一经营制度，成为中国农村的基本经营制度。家庭联产承包责任制赋予了农民充分的生产经营自主权，重新构造了农村经济组织的微观基础，由此引发了中国农村经济社会的一场历史性大变革。

(二)稳定家庭联产承包责任制

1984 年中央 1 号文件《关于一九八四年农村工作的通知》要求继续稳定和完善家庭联产承包责任制，规定土地承包期一般在 15 年以上；生产周期长的和开发性的项目，承包期应当更长，从而保证了土地承包经营在较长时间内的稳定。

1991 年 11 月 29 日《中共中央关于进一步加强农业和农村工作的决定》要求把以家庭联产承包为主的责任制、统分结合的双层经营体制，作为我国乡村集体经济组织的一项基本制度稳定下来，并不断完善。1993 年 11 月 5 日，中共中央、国务院《关于当前农业和农村经济发展的若干政策措施》指出，以家庭联产承包为主的责任制和统分结合的双层经营体制是我国农村经济的一项基本制度，要长期稳定并不断完善，在原来的耕地承包期到期后，再延长 30 年不变。

(三)农村基本经营制度建设法制化

1993 年 7 月 2 日，第八届全国人民代表大会常务委员会第二次会议通过的《中华人民共和国农业法》，第一章第六条规定了“国家稳定农村以家庭联产承包为主的责任制，完善统分结合的双层经营体制”，在第二章又规定了“集体所有的或者国家所有，由农业集体经济组织使用的土地资源可以由个人或者集体承包从事农业生产，个人或者集体的承包经营权受法律保护”。此后《农业法》在 2002 年和 2012 年经过两次修订，在农业基本经济制度方面的变化是：“国家长期稳定农村家庭联产承包为主的责任制，完善统分结合的双层经营体制。”

1998 年 8 月 29 日，颁布实施的《中华人民共和国土地管理法》规定，土地承包期为 30 年，农民的土地承包经营权受法律保护。1998 年 10 月 14 日，党的十五届三中全会通过的《中共中央关于农业和农村工作若干重大问题的决定》发布，要求坚定不移地贯彻土地承包期再延长 30 年的政策，抓紧制定确保农村土地承包关系长期稳定的法律法规。

1999 年 3 月 15 日，九届全国人大二次会议通过《中华人民共和国宪法修正案》规定，农村集体经济组织实行家庭承包经营为基础，统分结合的双层经营体制，从而将家庭联产承包责任制纳入国家根本大法。

(四)探索土地适度规模经营的实现方式

2005 年以来，国家在明确实行农村基本经营制度长期不变的条件下，探索土地适度规模经营的实现方式，以克服小规模农户分散生产经营造成的市场竞争力低下的弊端，为进一步提高农业生产力创造有利条件。

2005年12月31日，中共中央、国务院《关于推进社会主义新农村建设的若干意见》指出：要稳定和完善以家庭承包经营为基础，统分结合的双层经营体制，健全在依法、自愿、有偿基础上的土地承包经营权流转机制，有条件的地方可发展多种形式的适度规模经营。

2007年1月29日，中共中央、国务院《关于积极发展现代农业 扎实推进社会主义新农村建设的若干意见》要求：坚持农村基本经营制度，稳定土地承包关系，规范土地承包经营权流转。

2007年3月16日，第十届全国人民代表大会第五次会议，通过《中华人民共和国物权法》，将土地承包权界定为用益物权，标志着中国农地物权制度正式确定。

2011年12月31日，中共中央、国务院《关于加快推进农业科技创新持续增强农产品供给保障能力的若干意见》要求：2012年基本完成覆盖农村集体各类土地的所有权确权登记颁证，推进包括农户宅基地在内的农村集体建设用地使用权登记颁证工作。

2017年10月18日，中国共产党第十九次全国代表大会通过《决胜全面建成小康社会 夺取新时代中国特色社会主义伟大胜利》，实施乡村振兴战略，要求巩固和完善农村基本经营制度，深化农村土地制度改革，完善承包地“三权”分置制度，保持土地承包关系稳定并长久不变，第二轮土地承包到期后(2027年)，再延长30年。深化农村集体产权制度改革，保障农民财产权益，壮大集体经济。

第三节 我国现代农业发展的状况

2007年，中共中央、国务院印发了《关于积极发展现代农业扎实推进社会主义新农村建设的意见》，明确提出了“用现代物质条件装备农业，用现代科学技术改造农业，用现代产业体系提升农业，用现代经营形式推进农业，用培养新型农民发展农业，提高农业水利化、机械化和信息化水平，提高土地产出率、资源利用率和农业劳动生产率，提高农业素质、效益和竞争力。建设现代农业的过程，就是改造传统农业，不断发展农村生产力的过程，就是转变农业增长方式、促进农业又快又好发展的过程”。

一、我国现代农业发展取得的成效

中华人民共和国成立70多年来，农业发生了翻天覆地的变化。

(一)粮食生产能力不断提高和巩固

为夯实粮食生产能力，2017 年 3 月，国务院《关于建立粮食生产功能区和重要农产品生产保护区的指导意见》决定划定 9 亿亩粮食生产功能区和 2.38 亿亩重要农产品生产保护区。截至 2018 年 7 月底，全国已划定粮食生产功能区 1.77 亿亩和重要农产品生产保护区 0.34 亿亩。同时在"两区"基础上创建集中连片、生态良好的高标准农田。据农业农村部数据，截至 2022 年底，全国已累计建成高标准农田 10 亿亩。2022 年，我国粮食总产量达到了 6.86 亿吨，是 1949 年的 6.1 倍，连续 10 年稳定在 6 亿吨以上；粮食播种面积连续 10 年稳定在 17 亿亩以上；单位面积粮食产量连续 10 年保持在 350 千克以上。

整体来看，中国粮食综合生产能力不断增强，具体表现为粮食产量连年丰收，人均粮食占有量远高于国际粮食安全标准线，库存消费比远高于联合国粮农组织提出的警戒线，稻谷、小麦库存量能满足中国居民一年以上的消费需求，在粮食总量和数量上得到了充分保障。

2022 年，中国粮食作物播种面积为 118 332 千公顷(177 498 万亩)，同比增长 0.59%；与 2012 年的 114 368 千公顷相比，中国粮食作物播种面积增长了 3 963.96 千公顷，增幅约为 3.47%。2012—2022 年，中国粮食作物播种面积保持在 117 000 千公顷附近波动，历年同比增长率维持在内 2%以内。其中，粮食作物播种面积最高的年份为 2016 年(119 230.1 千公顷)，最低的年份为 2012 年，极差为 4 862.02 千公顷，在 2012 年全国粮食作物播种面积中所占的比重为 4.25%。见图 4-1。

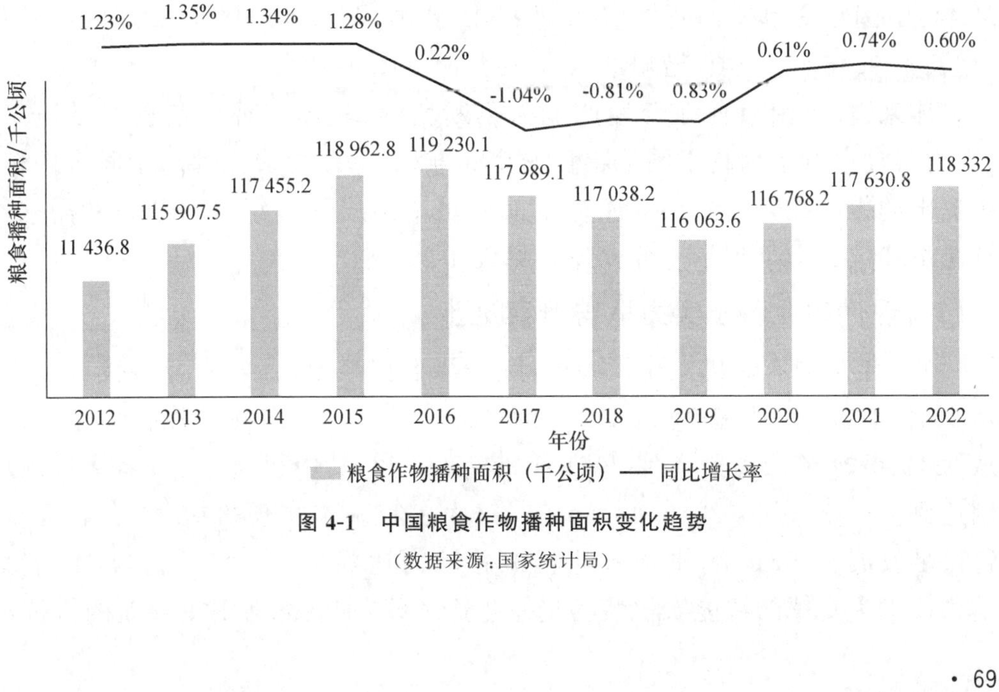

图 4-1　中国粮食作物播种面积变化趋势

(数据来源：国家统计局)

在播种面积增长的带动下，中国粮食产量同样呈波动增长趋势，2012 年—2022 年，中国粮食产量从 61 222.62 万吨波动增长至 68 653 万吨，增长了 7 430.38 万吨，增幅约为 12.14%。由于农业供给侧结构性改革对粮食生产结构进行了主动调减，部分地区玉米播种面积下调，增加了大豆、马铃薯以及优质饲草料的生产，2016 年、2018 年，全国粮食产量同比下降，但下降幅度不足 1%。长期来看，中国粮食产量维持稳定增长的态势，增长幅度及稳定性均明显强于播种面积。见图 4-2。

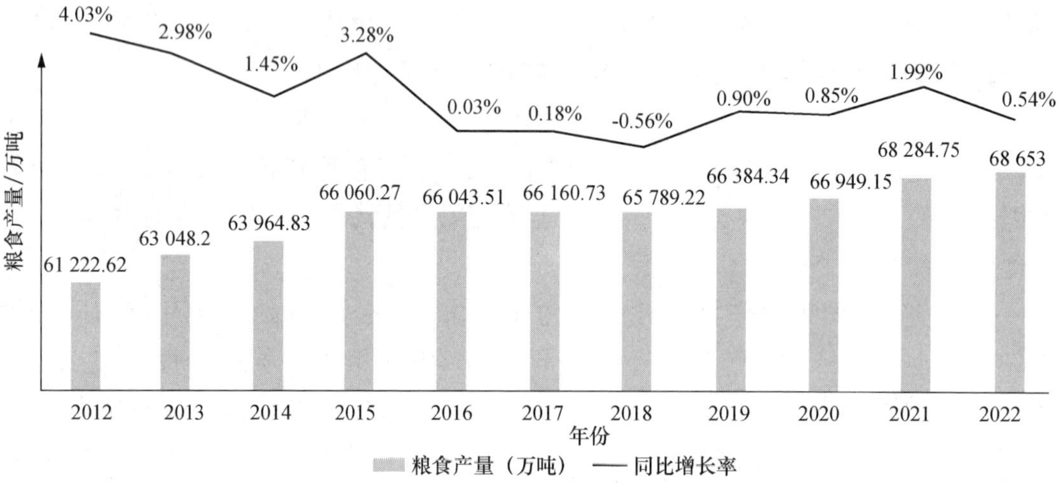

图 4-2　中国粮食产量变化趋势

（数据来源：国家统计局）

粮食产量的稳定增长也得益于技术进步对单位面积产量增长的促进作用。2022 年，中国粮食单位面积产量为 5.8 吨/公顷，与 2012 年的 5.35 吨/公顷相比，增长了 0.45 吨/公顷，增幅约为 8.38%。见图 4-3。

整体来看，中国粮食综合生产能力不断增强，具体表现为粮食产量连年丰收，人均粮食占有量远高于国际粮食安全标准线，库存消费比远高于联合国粮农组织提出的警戒线，稻谷、小麦库存量能满足中国居民一年以上的消费需求，在粮食总量和数量上得到了充分保障。见表 4-9。

(二)现代农业科技实力取得可喜进步

《2021 年全国农业机械化发展统计公报》数据显示，我国农业科技进步贡献率从 2012 年的 54.5%提高到 2021 年的 61%以上。农作物耕种收综合机械化率从 2012 年的 57.2%提高到 2021 年的 72.03%，其中机耕率、机播率、机收率分别达到 86.42%、60.22%、64.66%。三大主粮基本实现机械化，农业机械化取得长足发展。2021 年，中国农业机械总动力达到 10.78 亿千瓦，以北斗、5G 等信息技术为支撑的智能农机装备进军生产一线，加装北斗卫星导航的拖拉机、

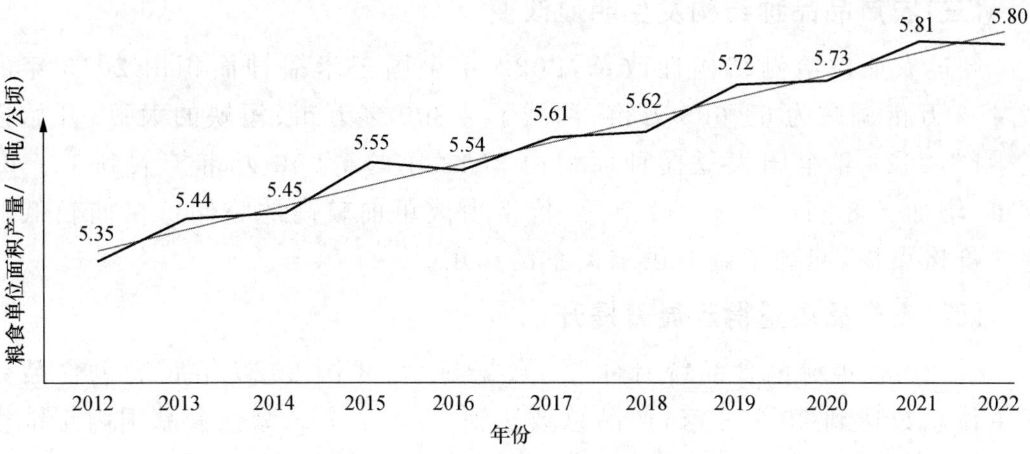

图 4-3　中国粮食单位面积产量变化趋势

（数据来源：国家统计局）

表 4-9　全国 1979—2021 年粮棉油生产情况　　万吨

年份	粮食总产	棉花总产	油料总产	年份	粮食总产	棉花总产	油料总产
1979	33 210	220.7	643.5	2001	45 264	532.4	2 864.8
1980	32 055	270.7	769.1	2002	45 706	491.7	2 897.2
1981	32 500	296.8	1 020.5	2003	43 070	486.0	2 811.0
1982	35 450	359.8	1 181.7	2004	46 947	632.4	3 065.9
1983	38 730	463.7	1 055.0	2005	48 402	571.4	3 077.1
1984	40 730	625.8	1 191.0	2006	49 804	753.3	2 640.3
1985	37 911	414.7	1 578.4	2007	50 414	759.7	2 787.0
1986	39 151	354.0	1 473.8	2008	53 434	723.2	3 036.8
1987	40 298	424.5	1 527.8	2009	53 941	623.6	3 139.4
1988	39 408	414.9	1 320.3	2010	55 911	577.0	3 156.8
1989	40 755	378.8	1 295.2	2011	58 849	651.9	3 212.5
1990	44 624	450.8	1 613.2	2012	61 223	660.8	3 285.6
1991	43 529	567.5	1 638.3	2013	63 048	628.2	3 287.4
1992	44 266	450.8	1 641.2	2014	63 965	629.9	3 371.9
1993	45 649	373.9	1 803.9	2015	66 060	590.7	3 390.5
1994	44 510	434.1	1 989.6	2016	66 044	534.3	3 400.0
1995	46 662	476.8	2 250.0	2017	66 161	565.3	3 475.2
1996	50 453	420.3	2 211.5	2018	65 789	610.3	3 343.4
1997	49 418	460.3	2 157.3	2019	66 384	588.9	3 493.0
1998	51 229	450.1	2 313.9	2020	66 949	591.0	3 586.4
1999	50 839	382.9	2 601.2	2021	68 284	571.1	3 613.2
2000	46 218	441.7	2 954.8				

联合收割机超过 60 万台，植保无人机保有量 97 931 架，同比增长 39.22%。2021 年我国良种覆盖率超过 96%，良种对农作物增产的贡献率达到 45%。

(三)农产品品种结构发生明显改变

经过农业供给侧结构性改革,2022 年全国玉米播种面积由 2015 年的 67 453 万亩调减为 64 605 万亩,调减了 2 800 多万亩;短缺的大豆,开始恢复生产,2022 年全国大豆播种面积由 2013 年的 7 050 万亩扩大到 15 360 万亩,增加了 8 310 万亩。改革后,价格由改革前较高的临储价格向较低的进口价格靠拢,起到了调节供求关系的作用。

(四)农产品质量得到显著提升

据《2022 年绿色食品统计年报》数据显示,我国 2020 年底绿色食品获证主体总数达到 25 928 家,产品总数达到 55 482 个。绿色食品国内年销售额 5 397.57 亿元,出口额 31.41 亿美元,产地环境监测面积为 1.56 亿亩。

(五)农民持续增收,城乡差距缩小

在宏观经济趋缓和农产品价格下降的双重背景下,农民增收速度由两位数缩减为个位数,但仍然保持在 8% 以上,高于 GDP 增速两个百分点左右。此外,城乡居民收入倍差降至 2.69,为 18 年来的最低点。

(六)农业生态环境向好发展

据生态环境部数据,2017 年净减少耕地面积降至 89 万亩;2018 年化肥、农膜施用量连续两年下降,农药施用量连续三年下降。另据水利部数据,2018 年全国水土流失面积比 2011 年减少 3.18 亿亩;农业用水量占全社会用水总量的 61.4%,比 1997 年下降了 9 个百分点;农田灌溉水有效利用系数为 0.536。农业农村部数据显示,2018 年水稻、玉米和小麦三大粮食作物化肥、农药利用率分别达 37.8%和 38.8%,比 2014 年提高 2.6 个和 2.2 个百分点;秸秆综合利用率达 82%;禽畜粪污综合利用率达 64%。

二、我国现代农业发展面临的挑战

随着国内经济形势的变化和国际局势的复杂化,我国现代农业也面临着严峻的挑战。

(一)农业资源约束将更加凸显

专家预测,2035 年我国总人口仍将在 14 亿以上,而耕地资源则因建设占用、灾毁、生态退耕、农业结构调整等原因日益减少。保证粮食安全的主要手段是粮食单位面积产量的提高。2015 年至今,袁隆平、李登海、李振声、王连铮等专家团队陆续创造了水稻、玉米、小麦、大豆的单产纪录,分别为亩产 1 203.36 千克、1 500 千克、974 千克、423.77 千克。但是由于政策支持、科技推广、农民素

质等因素，这些小面积的试验数据并未迅速地扩大为农民的实际种植成果。提高种业的科技转化率，成为现代化农业发展的重要任务。

（二）农产品市场供求矛盾长期存在

（1）安全保障充实，风险要警钟长鸣。全球粮食供求相对过剩，国际粮食市场价格总体低位波动；国内粮食价格总体平稳，稻谷等价格有所下跌；粮食总量充足，结构性矛盾明显；口粮比较充足，超期储备稻谷和小麦的转化十分关键；饲料粮总体偏紧，产需缺口大，波动风险高，饲料粮的波动对粗粮影响较大。

未来相当长时期内农产品生产能力提高速度，将赶不上需求增长速度。长期看，稻米等粮食价格上涨幅度会低于收入增长速度和物价总水平上涨幅度，粮价对种粮农民产生影响。未来的风险主要有供给风险、价格风险和物流风险。

（2）粮食生产稳定，结构性矛盾突出。稻谷和小麦作为口粮，党和政府十分重视，生产能力比较强，短期内出现较大风险的可能性小。在 2013 年 12 月中央经济工作会议上习近平总书记强调：粮食问题要坚持以我为主、确保产能、适度进口、科技支撑的国家粮食安全战略，中国人的饭碗任何时候都要牢牢端在自己的手上。我们的饭碗应该主要装中国粮，一个国家只有立足粮食基本自给，才能掌握粮食安全主动权，进而才能掌控经济社会发展这个大局。要进一步明确粮食安全的工作重点，合理配置资源，集中力量首先把最基本最重要的保住，确保谷物基本自给、口粮绝对安全。玉米和其他粗粮将进入波动期；大豆供不应求长期存在。

三、我国发展现代农业的未来方向

（一）建立高效优质、节约友好的品种研发体系

由于人口压力和资源约束，我国农产品品种的研发和推广始终建立在高产的基础上。无论政府、农民还是消费者，都以增产作为衡量种子优良与否的主要标准。但是，当粮食安全、农民增收、质量安全、环境友好这四个方面的诉求被统一到一个内涵之后，建立一个高效优质、节约友好的品种研发体系，显得重要且急迫。

1. 攻高产

高产仍然是高效的重要内涵之一。目前，我国主要农作物亩产量仍然有较大上升空间。以玉米为例，2017 年全国玉米平均亩产量为 407.33 千克，而同期美国玉米亩产量达 590.95 千克，比我国高出 183.62 千克。再以大豆为例，2017 年我国大豆平均亩产量为 123.5 千克，而同期美国大豆亩产量达 220.01 千克，比我国高出 96.51 千克。

2. 提品质

随着城市居民消费升级，消费者对农产品品质提出了营养和口感等方面的需求，这就要求品种研发人员能够将营养甚至口感列入研发标准中去。2018 年农业农村部提出增加供给优质稻、强筋弱筋小麦、优质食用大豆、“双低”油菜、高品质棉花、高产高糖甘蔗和优质饲草，并为此颁布了国家质量标准。但是在以往的品种审定标准中却较少顾及这些标准。2017 年 7 月，国家农作物品种审定委员会将审定标准分为高产稳产、绿色优质、特殊类型三类来进行管理。其中，绿色优质分类里，对节水、节肥、节药品种，对有利于优质、适宜机械作业品种审定进行了明确规定。如小麦品种节水节肥品种与对照产量相当、水稻品种米质达到 2 级优质米标准、棉花品种适合机械采收等。在特殊类型分项中，出现了如糯稻、鲜食甜糯玉米、菜用大豆等改善膳食、调剂生活的品种，以及耐盐碱稻、多年生稻等新的水稻类型。特殊类型允许申请者根据消费者的特殊要求提出相应的审定标准。

品种审定标准的修改，不仅从政策上解决了品种审定与市场脱节、审定标准滞后于生产需求等问题，而且将从根本上改变科研人员的“唯高产论”思想，使高效、优质、节约、友好的理念从“根部”植入现代化农业这棵大树。

(二)鼓励支持新型经营主体品牌化经营

保障农产品质量安全，是实现农业现代化的重要目标之一。但由于生产者和消费者之间的信息不对称，容易导致消费者逆向选择，造成价格信号失灵，消费者出价低于生产者成本，从而迫使生产者放弃绿色食品供给。这种“优质不优价”的现象成为现代化农业不可回避的问题之一。

根据西方经济学原理，价格机制使得高质量产品维持较高的价格，低质量产品获得与其相匹配的较低价格。但这一机制发挥作用的前提是消费者有能力区分产品质量的不同。美国经济学家尼尔逊将商品分为消费者在购买之前就可以判断其质量(如品牌、包装、颜色、大小、形状等)的搜寻品、只有在购买后才可以判断其质量(如口感、味道等)的经验品、购买前后都无法判断其质量(如激素、抗生素、农药残留、营养成分等)的信用品。符合高效优质、节约友好要求的绿色食品和有机食品均属于信用品，无法自动获得市场溢价。

面对市场失灵的情况，我国政府推出了农业区域品牌战略。据国家知识产权局商标局数据，截至 2021 年 3 月，我国累计批准地理标志产品 2 473 个，地理标志作为集体商标和证明商标注册 6 209 件。但是，由于农业区域品牌主要由政府出资打造，使用者不用投入成本，使用也不具有唯一性，因此维护品牌的动力也并不强。“五常大米事件”就是典型的例子——年产只有百万吨的五常大米，在全国销售却超过千万吨。

政府鼓励和支持新型经营主体的企业品牌及其产品品牌的打造。企业品牌及其产品品牌不仅是新型经营主体获取差别利润和价值的战略性选择，而且是国家推动农产品市场优质优价的必由之路。因为品牌的核心是真实，在企业品牌及其产品品牌上的投入，意味着以真金白银的方式树立企业在消费者心中的信用度。站在消费者的角度，如果生产者愿意投入品牌建设，就会在生产环节努力保证其品牌所塑造的产品质量，而不会以破坏其产品品质的代价来获取短期收益，损害消费者利益。

此外，中国广告作品年鉴的统计分析表明，优秀广告作品中初级农产品广告数量极少。与农业相关的广告作品仅有乳品、食用油等农产品加工品牌。出现这种现象的原因在于，我国农业经营主体资金短缺，没有实力聘请专业广告公司为其设计制作。因此，在培育农业区域品牌的同时，政府应鼓励、支持新型经营主体的企业品牌及其产品品牌打造，并在广告费用支出等方面给予一定程度的补贴。这将会帮助新型经营主体打破“优质不优价”的僵局，从而有力地促进农业现代化发展。

（三）引导建立“四位一体”农业经济体系

面对来自粮食安全、农民增收、食品安全、环境友好四个方面的目标诉求，如何在发挥好政府作用的同时，让市场在资源配置中起决定性作用，成为农业现代化的重要课题。

截至 2023 年 10 月底，全国登记在册的合作社数量为 221.6 万家，组建农民专业合作社联合社（以下简称“联合社”）1.5 万家。全国超过 107 万个组织开展农业社会化服务，服务面积超过 19.7 亿亩次，服务小农户 9 100 多万户。新型农业经营主体保持良好发展势头，质量效益稳步提高，服务带动效应持续增强。截至 2022 年，我国还有国有农场 1 787 个。

在农户基础上形成的农村集体经济组织是 20 世纪 50 年代农业合作化运动通过组织变革而出现的历史产物，在空间地理和农村资产方面都具有无可比拟的覆盖力。农民专业合作社是农民自愿结合的合作组织。按照经营服务内容划分为产加销一体化服务合作社、生产服务为主的合作社、购买服务为主的合作社、仓储服务为主的合作社等多种类型的合作社。这些合作社无论在不同的细分行业中还是在产业链条的不同环节上都已经形成了一定的规模效应。国有农场是我国在特殊历史时期为保障实现粮食供应等政策目标而建立起来的农业国家队。这些企业在农业机械化、有效灌溉、化肥农药使用、单位面积产量、高新技术研发、小城镇环境治理等方面均发挥着示范带动作用。

2016 年中央农村工作会议指出，要形成由农户家庭经济、农民合作经济、农村集体经济、国有农业经济共同构成的中国特色社会主义农业经济体系。应借鉴系统论的原理，对以上四种经营主体统筹兼顾，引导其以股份合作的形式分工协作，坚持家庭农户经济在管理方面的成本优势、示范合作社在规模化生产方面的作用，突出集体经济的财产性收益和其在环境治理方面的便利，推广国有农场在国家粮食安全方面的作用以及在产业链建设方面的引领作用，以此化解高效、优质、节约、友好等目标诉求中的内在矛盾，形成"四位一体"农业经济体系，从而走出农业现代化的新局面。

第四节 我国现代农业发展的强农惠农政策

2022年，农业农村部、财政部实施的重点强农惠农政策如下。

一、粮食生产支持

1. 实际种粮农民一次性补贴

补贴对象为实际承担农资价格上涨成本的实际种粮者，包括利用自有承包地种粮的农民，流转土地种粮的大户、家庭农场、农民合作社、农业企业等新型农业经营主体，以及开展粮食耕种收全程社会化服务的个人和组织，确保补贴资金落实到实际种粮的生产者手中，提升补贴政策的精准性。补贴标准由各地区结合有关情况综合确定，原则上县域内补贴标准应统一。

2. 农机购置与应用补贴

开展农机购置与应用补贴试点，开展常态化作业信息化监测，优化补贴兑付方式，把作业量作为农机购置与应用补贴分步兑付的前置条件，为全面实施农机购置与应用补贴政策夯实基础。推进补贴机具有进有出、优机优补，推进北斗智能终端在农业生产领域应用。支持开展农机研发制造推广应用一体化试点。

3. 重点作物绿色高质高效行动

聚焦围绕粮食和大豆油料作物，集成推广新技术、新品种、新机具，打造一批优质强筋弱筋专用小麦、优质食味稻和专用加工早稻、高产优质玉米的粮食示范基地，同时集成示范推广高油高蛋白大豆、"双低"油菜等优质品种和区域化、标准化高产栽培技术模式，打造一批大豆油料高产攻关田，示范带动大范围均衡增产。适当兼顾蔬菜等经济作物，建设绿色高质高效示范田和品质提升基地。

4. 农业生产社会化服务

聚焦粮食和大豆油料生产，支持符合条件的农民合作社、农村集体经济组织、专业服务公司和供销合作社等主体开展社会化服务，推动服务带动型规模经营发展。支持各类服务主体集中连片开展单环节、多环节、全程托管等服务，提高技术到位率、服务覆盖面和补贴精准性，推动节本增效和农民增收。

5. 基层农技推广体系改革与建设

聚焦粮食稳产增产、大豆油料扩种、农产品有效供给等重点，根据不同区域自然条件和生产方式，示范推广重大引领性技术和农业主推技术，推动农业科技在县域层面转化应用。继续实施农业重大技术协同推广，激发各类推广主体活力，建立联动示范推广机制。继续实施农技推广特聘计划，通过政府购买服务等方式，从乡土专家、新型农业经营主体、种养能手中招募特聘农技（动物防疫）员。

6. 玉米大豆生产者补贴、稻谷补贴和产粮大县奖励

国家继续实施玉米和大豆生产者补贴、稻谷补贴和产粮大县奖励等政策，巩固农业供给侧结构性改革成效，保障国家粮食安全。

二、耕地保护与质量提升

1. 耕地地力保护补贴

补贴对象原则上为拥有耕地承包权的种地农民，补贴资金通过“一卡（折）通”等形式直接兑现到户，严禁任何方式统筹集中使用，严防“跑冒滴漏”，确保补贴资金不折不扣发放到种地农民手中。按照《财政部办公厅 农业农村部办公厅关于进一步做好耕地地力保护补贴工作的通知》（财办农〔2021〕11 号）要求，探索耕地地力保护补贴发放与耕地地力保护行为相挂钩的有效机制，加大耕地使用情况的核实力度，做到享受补贴农民的耕地不撂荒、地力不下降，切实推动落实“藏粮于地”战略部署，遏制耕地“非农化”。

2. 高标准农田建设

按照“统一规划布局、统一建设标准、统一组织实施、统一验收考核、统一上图入库”五个统一的要求，2022 年在全国建设高标准农田 1 亿亩，重点加大对粮食主产省支持。按照《全国高标准农田建设规划（2021—2030 年）》，因地制宜实施田块整治、土壤改良、灌溉和排水、田间道路、农田输配电等建设内容，加强农业基础设施建设，提高农业综合生产能力。

3. 东北黑土地保护

继续聚焦黑土地保护重点县，集中连片开展东北黑土地保护利用，重点推广秸秆还田与“深翻＋有机肥还田”等综合技术模式，推进国家黑土地保护工程标准化示范。坚持“稳步扩面、质量为先”，针对玉米、大豆、小麦等旱作作物，支持推广应用秸秆覆盖免（少）耕播种等关键技术，持续优化定型技术模式，稳步扩大实施面积，鼓励整乡整村整建制推进，加快高标准示范应用基地建设。

4. 耕地质量保护与提升

在部分耕地酸化、盐碱化较严重区域，试点集成推广施用土壤调理剂、绿肥还田、耕作压盐、增施有机肥等治理措施。在西南、华南等地区，因地制宜采取品种替代、水肥调控、农业废弃物回收利用等环境友好型农业生产技术，加强生产障碍耕地治理，克服农产品产地环境障碍，提升农产品质量安全水平。支持做好第三次全国土壤普查试点、补充耕地质量评价试点、肥料田间试验、施肥情况调查、肥料利用率测算等工作。加大施肥新产品新技术新机具集成推广力度，优化测土配方施肥技术推广机制，扩大推广应用面积、提高覆盖率。通过施用草木灰、叶面喷施、绿肥种植、增施有机肥等替代部分化肥投入，降低农民用肥成本。

5. 耕地轮作休耕

立足资源禀赋、突出生态保护、实行综合治理，进一步探索科学有效轮作模式。在东北、黄淮海等地区实施粮豆轮作，在西北、黄淮海、西南和长江中下游等适宜地区推广玉米大豆带状复合种植，在长江流域实施一季稻＋油菜、一季稻＋再生稻＋油菜轮作，在双季稻区实施稻稻油轮作，在北方农牧交错区和新疆次宜棉区推广棉花、玉米等与花生轮作或间套作。继续在河北地下水漏斗区、新疆塔里木河流域地下水超采区实施休耕试点，休耕期间重点采取土壤改良、地力培肥等措施。

6. 耕地深松

以提高土壤蓄水保墒能力为目标，支持在适宜地区开展深松（深耕）整地作业，促进耕地质量改善和农业综合生产能力提升。深松（深耕）作业深度一般要求达到或超过25厘米，具体技术模式、补助标准和作业周期由各地因地制宜确定。充分利用信息化监测手段保证作业质量，提高监管工作效率，鼓励扩大作业监测范围。

三、种业创新发展

1. 种质资源保护

继续支持符合条件的国家畜禽遗传资源保种场、保护区和基因库等国家级畜禽遗传资源保护品种保护单位开展畜禽遗传资源保护，支持符合条件的国家畜禽核心育种场、种公畜站、奶牛生产性能测定中心等开展种畜禽和奶牛生产性能测定工作。

2. 畜牧良种推广

在主要草原牧区省份对项目区内符合条件的养殖场（户）给予适当补助，支持牧区畜牧良种推广。在生猪大县对符合条件的生猪养殖场（户）给予适当补助，加快生猪品种改良。支持开展蜜蜂遗传资源保护利用，完善蜜蜂良种繁育体系，改善养殖设施装备水平，开展农作物高效蜜蜂授粉试点。

3. 制种大县奖励

扩大水稻、小麦、玉米、大豆、油菜制种大县支持范围，将九省棉区棉花制种大县纳入奖励范围，提高农作物良种覆盖面，提升核心种源保障能力，促进种业转型升级，实现高质量发展。

四、畜牧业健康发展

1. 奶业振兴行动

择优支持奶业大县发展奶牛标准化规模养殖，推广应用先进智能设施装备，推进奶牛养殖和饲草料种植配套衔接，选择有条件的奶农、农民合作社依靠自有奶源开展养加一体化试点，示范带动奶业高质量发展。实施苜蓿发展行动，支持苜蓿种植、收获、运输、加工、储存等基础设施建设和装备提升，增强苜蓿等优质饲草料供给能力。

2. 粮改饲

以农牧交错带和黄淮海地区为重点，支持规模化草食家畜养殖场（户）、企业或农民合作社以及专业化饲草收储服务组织等主体，收储使用青贮玉米、苜蓿、饲用燕麦、黑麦草、饲用黑麦、饲用高粱等优质饲草，通过以养带种的方式加快推动种植结构调整和现代饲草产业发展。各地可根据当地养殖传统和资源情况，因地制宜将有饲用需求的区域特色饲草品种纳入范围。

3. 肉牛肉羊增量提质行动

进一步扩大项目实施范围，在吉林、山东、河南、云南等 19 个省（自治区），选择产业基础相对较好的牛（羊）养殖大县，支持开展基础母牛扩群提质和种草养牛养羊全产业链发展。

4. 生猪（牛羊）调出大县奖励

包括生猪调出大县奖励、牛羊调出大县奖励和省级统筹奖励资金。生猪调出大县奖励资金和牛羊调出大县奖励资金由县级人民政府统筹安排用于支持本县生猪（牛羊）生产流通和产业发展，省级统筹奖励资金由省级人民政府统筹安排用于支持本省（自治区、直辖市）生猪（牛羊）生产流通和产业发展。

五、农业全产业链提升

1. 农业产业融合发展

统筹布局建设一批国家现代农业产业园、优势特色产业集群和农业产业强镇。重点围绕保障国家粮食安全和重要农产品有效供给，聚焦稻谷、小麦、玉米、大豆、油菜、花生、牛羊、生猪、淡水养殖、天然橡胶、棉花、食糖、奶业、种业、设施蔬菜等重要农产品，适当兼顾其他特色农产品，构建以产业强镇为基础、产业园为引擎、产业集群为骨干，省县乡梯次布局、点线面协同推进的现代乡村产业体系，整体提升产业发展质量效益和竞争力。

2. 农产品产地冷藏保鲜设施建设

重点围绕蔬菜、水果等鲜活农产品，兼顾地方优势特色品种，合理布局建设农产品产地冷藏保鲜设施，采取“先建后补、以奖代补”方式，择优支持蔬菜、水果等产业重点县开展整县推进。依托县级及以上示范家庭农场和农民合作社示范社、已登记的农村集体经济组织实施，重点支持建设通风贮藏设施、机械冷藏库、气调冷藏库，以及预冷设施设备和其他配套设施设备。

3. 农产品地理标志保护工程

围绕生产标准化、产品特色化、身份标识化和全程数字化，完善相关标准和技术规范，支持开展地理标志农产品特色种质保存、特色品质保持和特征品质评价，推进全产业链生产标准化，挖掘农耕文化，加强宣传推介，强化质量安全监管和品牌打造，推动地理标志农产品产业发展。

六、新型经营主体培育

1. 高素质农民培育

统筹推进新型农业经营服务主体能力提升、种养加能手技能培训、农村创新创业者培养、乡村治理及社会事业发展带头人培育。继续开展农村实用人才带头人和到村任职选调生培训。启动实施乡村产业振兴带头人培育“头雁”项目，打造一支与农业农村现代化相适应，能够引领一方、带动一片的乡村产业振兴带头人“头雁”队伍。

2. 新型农业经营主体高质量发展

支持县级及以上农民合作社示范社和示范家庭农场改善生产经营条件，规范财务核算，应用先进技术，推进社企对接，提升规模化、集约化、信息化生产能力。着力加大对从事粮食和大豆油料种植的家庭农场和农民合作社、联合社支持力度。鼓励各地加强新型农业经营主体辅导员队伍和服务中心建设，可通过政府购买服务方式，委托其为家庭农场和农民合作社提供技术指导、产业发展、财务管理、市场营销等服务。鼓励各地开展农民合作社质量提升整县推进。

3. 农业信贷担保服务

重点服务家庭农场、农民合作社、农业社会化服务组织、小微农业企业等农业适度规模经营主体。服务范围限定为农业生产及与其直接相关的产业融合项目，加大对粮食和大豆油料生产、乡村产业发展等重点领域的信贷担保支持力度，助力农业经营主体信贷直通车常态化服务，提升数字化、信息化服务水平。在有效防范风险的前提下，加快发展首担业务。中央财政对省级农担公司开展的符合“双控”要求的政策性农担业务予以奖补，支持其降低担保费用和应对代偿风险。

七、农业资源保护利用

1. 草原生态保护补助奖励

在河北、山西、内蒙古、辽宁、吉林、黑龙江、四川、云南、西藏、甘肃、青海、宁夏、新疆等 13 省（自治区）及新疆生产建设兵团、北大荒农垦集团有限公司实施草原生态保护补助奖励政策，补奖资金用于支持实施草原禁牧、推动草畜平衡，有条件的地方可用于推动生产转型，提高草原畜牧业现代化水平。对农牧民的补助奖励资金，要通过“一卡（折）通”等方式及时足额发放给农牧民。

2. 渔业发展补助

聚焦渔业资源养护、纳入国家规划的重点项目以及促进渔业安全生产等方面，重点支持建设国家级海洋牧场、现代渔业装备设施，以及国家级沿海渔港经济区、远洋渔业基地等公益性基础设施更新改造和整治维护，开展集中连片内陆养殖池塘标准化改造和尾水治理，实施渔业资源调查养护和国际履约能力提升奖补等。支持实施渔业资源养护，继续在流域性大江大湖、界江界河、资源退化严重海域等重点水域开展渔业增殖放流，促进恢复或增加渔业种群的数量，改善和优化水域的渔业种群结构。

3. 绿色种养循环农业试点

继续在符合条件的试点县整县开展绿色种养循环农业试点，支持企业、专业化服务组织等市场主体提供粪肥收集、处理、施用服务，带动县域内畜禽粪污基本还田，打通种养循环堵点，推动化肥减量化，促进畜禽粪污资源化利用和农业绿色发展。

4. 农作物秸秆综合利用

以秸秆资源量较大的县（市、区）为重点实施区域，培育壮大秸秆利用市场主体，完善收储运体系，加强资源台账建设，健全监测评价体系，强化科技服务保障，培育推介一批秸秆产业化利用典型模式，形成可推广、可持续的产业发展模式和高效利用机制，提升秸秆综合利用水平。

5. 地膜科学使用回收

在河北、内蒙古、辽宁、山东、河南、四川、云南、甘肃、新疆等 9 省（自治区）及新疆生产建设兵团、北大荒农垦集团有限公司，支持引导农户、种植大户、合作社及地膜生产回收企业等实施主体，科学推进加厚高强度地膜使用，有序推广全生物降解地膜。推广地膜高效科学覆盖技术，降低使用强度。严格补贴地膜准入条件，禁止使用不达标地膜。加快构建废旧地膜污染治理长效机制，有效提高地膜科学使用回收水平。

八、农业防灾减灾

1. 农业生产救灾

中央财政对各地农业重大自然灾害及农业生物灾害的预防控制和灾后恢复生产工作给予适当补助。支持范围包括农业重大自然灾害预防及农业生物灾害防控所需的物资材料补助,恢复农业生产措施所需的物资材料补助,牧区抗灾保畜所需的储草棚(库)、牲畜暖棚和应急调运饲草料补助等。支持小麦由促弱转壮,支持实施小麦"一喷三防"。

2. 动物疫病防控

中央财政对动物疫病强制免疫、强制扑杀和销毁、养殖环节无害化处理工作给予补助。强制免疫补助经费主要用于开展口蹄疫、高致病性禽流感、小反刍兽疫、布病、棘球蚴病等动物强制免疫疫苗(驱虫药物)采购、储存、注射(投喂)以及免疫效果监测评价、人员防护等相关防控工作,以及对实施和购买动物防疫服务等予以补助;继续对符合条件的养殖场户实施强制免疫"先打后补"。国家对在动物疫病预防、控制、净化、消灭过程中强制扑杀的动物、销毁的动物产品和相关物品的所有者给予补偿,补助经费由中央财政和地方财政共同承担。国家对养殖环节病死猪无害化处理予以支持,由各地根据有关要求,结合当地实际,完善无害化处理补助政策,切实做好养殖环节无害化处理工作。

3. 农业保险保费补贴

在地方财政自主开展、自愿承担一定补贴比例基础上,中央财政对稻谷、小麦、玉米、棉花、马铃薯、油料作物、糖料作物、天然橡胶、能繁母猪、育肥猪、奶牛、森林、青稞、牦牛、藏系羊,以及三大粮食作物制种保险给予保费补贴支持。加大农业保险保费补贴支持力度,中央财政对中西部和东北地区的种植业保险保费补贴比例由35%或40%统一提高至45%,实现三大粮食作物完全成本保险和种植收入保险主产省产粮大县全覆盖。将中央财政对地方优势特色农产品保险奖补政策扩大至全国。继续开展"保险+期货"试点。

九、农村人居环境整治

因地制宜推进农村改厕

支持实施农村厕所革命整村推进财政奖补政策,分类有序推进农村厕所革命。充分发挥农民群众主体作用,加强农村改厕和农村生活污水治理统筹衔接,着力建立健全运行管护机制,切实提高农村改厕质量,务求长效管用。

第五章

教学课件

湖北现代农业发展概况

湖北省地处华中地区，位于长江中游，洞庭湖以北，故名湖北，简称“鄂”。公元 589 年，江夏郡曾一度改称鄂州、治江夏，后来鄂州已成为治所，今湖北省简称鄂即源于此。宋代 960—1279 年称荆湖北路（湖北之名始于此），明代 1368—1644 年，湖北属湖广行省，元朝时湖北先是叫荆湖省，后来又叫湖广省，省会都设鄂州（现武汉市武昌）。清代 1664 年湖广分治，以洞庭湖为界，北为湖北布政使司，定为湖北省，是为湖北省建省之始，省名从此确定并沿用至今，这就是湖北省地名的由来。

第一节　现代农业发展的自然基础条件

一、行政区划与人口

(一)行政区划

截至 2022 年 12 月 31 日，湖北省下辖 12 个地级市，包括武汉市副省级市，黄石、十堰、宜昌、襄阳、鄂州、荆门、孝感、荆州、黄冈、咸宁、随州；1 个自治州，为恩施土家族苗族自治州；1 个林区，为神农架林区；26 个县级市（其中 3 个直管市，分别为潜江市、仙桃市及天门市）；37 个县（其中 2 个自治县）；335 个街道、761 个镇、161 个乡。湖北省人民政府驻武汉市武昌区洪山路 7 号。

(二)人口数量

2022 年末全省常住人口 5 844 万人，其中，城镇 3 779 万人，乡村 2 065 万人。城镇化率达到 64.67%。全年出生人口 35.5 万人，出生率为 0.608%；死亡人口47.2万人，死亡率为8.09‰，人口自然增长率为－2.01‰。

［数据来源：湖北省2022年国民经济和社会发展统计公报-湖北省人民政府门户网站（hubei.gov.cn）］

二、自然条件

（一）地理位置与面积

湖北省位于中华人民共和国的中部，简称鄂。地跨北纬29°05′～33°20′、东经108°21′42″～116°07′50″之间。东临安徽、西连重庆，西北与陕西接壤，南接江西、湖南，北与河南毗邻。东西长约740千米，南北宽约470千米。全省土地总面积18.59万平方公里，占全国土地总面积的1.94％。最东端是黄梅县，最西端是利川市，最南端是来凤县，最北端是郧西县。

（二）地势地貌

全省地势大致为东、西、北三面环山，中间低平，略呈向南敞开的不完整盆地。在全省总面积中，山地约占56％，丘陵约占24％，平原湖区占20％。

1. 山地

全省山地大致分为四大块。西北山地为秦岭东延部分和大巴山的东段。秦岭东延部分称武当山脉，呈北西—南东走向，群山叠嶂，岭脊海拔一般在1 000米以上，最高处为武当山天柱峰，海拔1 612.1米。大巴山东段由神农架、荆山、巫山组成，森林茂密，河谷幽深。神农架最高峰为神农顶，海拔3 106.2米，素有“华中第一峰”之称。荆山呈北西—南东走向，其地势向南趋降为海拔250～500米的丘陵地带。巫山地质复杂，水流侵蚀作用强烈，一般相对高度在700～1 500米，局部达2 000余米。长江自西向东横贯其间，形成雄奇壮美的长江三峡，水利资源极其丰富。西南山地为云贵高原的东北延伸部分，主要有大娄山和武陵山，呈北东—南西走向，一般海拔高度700～1 000米，最高处狮子垴海拔2 152米。东北山地为绵亘于豫、鄂、皖边境的桐柏—大别山脉，呈北西—南东走向。桐柏山主峰太白顶海拔1 140米，大别山主峰天堂寨海拔1 729.13米。东南山地为蜿蜒于湘、鄂、赣边境的幕阜山脉，略呈西南—东北走向，主峰老鸦尖海拔1 656.7米。

2. 丘陵

全省丘陵主要分布在两大区域：一为鄂中丘陵，一为鄂东北丘陵。鄂中丘陵包括荆山与大别山之间的江汉河谷丘陵，大洪山与桐柏山之间的涢水流域丘陵。鄂东北丘陵以低丘为主，地势起伏较小，丘间沟谷开阔，土层较厚，宜农宜林。

3. 平原

湖北省内主要平原为江汉平原和鄂东沿江平原。江汉平原由长江及其支流汉江冲积而成，是比较典型的河积湖积平原，面积4万余平方千米，整个地势由西北微向东南倾斜，地面平坦，湖泊密布，河网交织。大部分地面海拔20～100米。鄂东沿江平原也是江湖冲积平原，主要分布在嘉鱼至黄梅沿长江一带，为长江中游平原的组成部分。这一带注入长江的支流短小，河口三角洲面积狭窄，加之河间地带河湖交错，夹有残山低丘，因而平原面积收缩，远不及江汉平原平坦宽阔。

(三)土地资源

湖北省以林地和耕地占主导，城乡建设用地和水域也有较大分布，呈现“五分林地三分田，一分城乡一分水”格局。根据湖北省第三次国土调查数据显示，全省耕地7 152.88万亩，主要分布在平原湖区和低丘岗地区，荆州市、襄阳市、荆门市、黄冈市和孝感市等地耕地面积较大。种植园用地730.50万亩，主要分布在宜昌市、黄冈市、恩施土家族苗族自治州等地。林地13 920.20万亩，主要分布在十堰市、恩施土家族苗族自治州、宜昌市、襄阳市和黄冈市等地。草地134.08万亩，主要分布在咸宁市、随州市、黄冈市、孝感市、襄阳市等地。湿地91.86万亩，主要分布在荆州市、武汉市、黄冈市、襄阳市等地。城镇村及工矿用地2 117.29万亩，城镇村及工矿用地面积较大的是武汉市、黄冈市、荆州市、襄阳市、宜昌市等地。交通运输用地494.90万亩，交通运输用地面积较大的是襄阳市、黄冈市、恩施土家族苗族自治州、宜昌市、荆州市等地。水域及水利设施用地2 975.54万亩，主要分布在荆州市、武汉市、黄冈市、孝感市、荆门市等地。

(四)河流与湖泊

湖北省境内除长江、汉江干流外，省内各级河流河长5千米以上的有4 229条，河流总长6.1万千米，其中，流域面积50平方千米以上河流1 232条，长约4万千米。长江自西向东，流贯省内8个市(州)、41个县(市、区)，西起巴东县鳊鱼溪河口入境，东至黄梅滨江出境，流程1 061千米。境内的长江支流有汉水、沮水、漳水、清江、东荆河、陆水、滠水、倒水、举水、巴水、浠水、富水等。其中，汉水为长江中游最大支流，在湖北省境内由西北趋东南，流经省内8个市、20个县(市、区)，由陕西白河县将军河进入湖北省郧西县，至武汉汇入长江，流程858千米。

湖北素有“千湖之省”之称。境内湖泊主要分布在江汉平原上。有纳入全省湖泊保护名录的湖泊755个，湖泊水面面积合计2 706.851平方千米。水面面积100平方千米以上的湖泊有洪湖、长湖、梁子湖、斧头湖。水面面积1平方千米以上的湖泊有231个。

(五)植物及动物资源

全省天然分布维管植物292科1 571属6 292种。其中,苔藓植物51科114属216种,蕨类植物41科102属426种,裸子植物9科29属100种,被子植物191科1 326属5 550种。其中,天然分布的国家重点保护野生植物162种(国家Ⅰ级保护的11种,Ⅱ级保护的151种),如水杉、银杏、红豆杉、南方红豆杉、大别山五针松、珙桐、花榈木等。列入全国优先保护极小种群野生植物的有大别山五针松、水杉、峨眉含笑、扣树、小勾儿茶、喜树、长果安息香、庙台槭、黄梅秤锤树、霍山石斛、大黄花虾脊兰等11种,占全国极小种群野生植物总种数的9.17%。湖北省是"活化石"水杉的原产地,闻名世界的"水杉王"就生长在恩施州的利川市。国家Ⅰ级保护植物珙桐在神农架国家公园、五峰后河、宣恩七姊妹山国家级自然保护区等地成群落分布。利川市、罗田县、保康县被中国野生动物保护协会分别命名为"中国水杉之乡""中国野生兰花之乡""中国紫薇之乡"。

湖北省在动物地理区划系统中属东洋界、华中区。全省有陆生野生脊椎动物875种,其中,兽类128种,鸟类577种,爬行类82种,两栖类88种。其中,属于国家重点保护陆生野生动物有186种(其中,国家Ⅰ级保护的44种,Ⅱ级保护的142种)。如川金丝猴、麋鹿、白鹤、白头鹤、中华秋沙鸭、东方白鹳等都是闻名世界的珍稀保护动物。旗舰物种川金丝猴种群数量由1998年800多只增加到2021年的1 400多只。麋鹿种群数量由当初重引入的94头增加到2021年的2 300多头。黄梅县、石首市、襄阳市、南漳县被中国野生动物保护协会分别命名为"中国白头鹤之乡""中国麋鹿之乡""中国红嘴相思鸟之乡"和"中国鸳鸯之乡"。

(六)地质矿产

全省共有14个土类,32个亚类,138个土属,455个土种。

全省已发现150个矿种(不含亚矿种,下同),其中已查明资源储量矿种91个,分别占全国已发现173个矿种和已查明162个矿种的86.7%和56.2%。已发现但尚未查明资源储量的矿种有59种。在查明资源储量的非油气类矿产中,钛矿(金红石)、磷矿、溴、碘、白云岩(建筑用白云岩)、石榴子石、泥灰岩、累托石黏土等8种矿产保有资源储量居全国之首,铌、锂(LiCl)、锶、硒及盐矿等22种矿产的资源储量居全国的第2～5位,熔剂用灰岩、重晶石、长石、石膏及饰面用石材等26种矿产的保有资源储量居全国的第6～10位。湖北省铁、铜资源较为丰富,磷矿、岩盐、石膏、水泥用石灰岩、饰面用石材为优势矿产。高磷铁矿、钒、钛(金红石)、累托石黏土为潜在优势矿产,硅质原料、饰面石材等前景较好,绿松石、百鹤玉、菊花石等颇具地方特色。全省共发现非油气类固体矿产上表矿区 2 103 处。其中,大型 196 处,中型 369 处,小型及小矿 1 538 处,主要以小型及小矿规模为主。主要矿产资源集中度较高,铁、铜、岩金、银、石墨、磷、硫、芒硝、石膏、水泥用灰岩、岩盐、天然卤水等主要矿产 80%以上资源储量分布在大中型矿区(矿床)。

[数据来源:湖北省第三次国土调查主要数据公报,自然条件(2022 年)-湖北省人民政府门户网站 (hubei. gov. cn)]

三、气候特点

湖北省地处亚热带,位于典型的季风区内。全省除高山地区外,大部分为亚热带季风性湿润气候,光能充足,热量丰富,无霜期长,降水充沛,雨热同季,农作物全年均能种植生长。

(一)气温

全省年平均气温 15～17℃,大部分地区冬冷,春季气温多变,夏热,秋季气温下降迅速。一年之中,1 月最冷,大部分地区平均气温 2～4℃;7 月最热,除高山地区外,平均气温 27～29℃,极端最高气温可达 40℃以上。全省无霜期在 230～300 天。

(二)降水

全省年平均降水量在 800～1 600 毫米,降水地域分布呈由南向北递减趋势,鄂西南较多,达 1 400～1 600 毫米,鄂西北较少,为 800～1 000 毫米。降水量分布有明显的季节变化,一般是夏季多,雨量在 300～700 毫米;冬季少,雨量在 30～190 毫米,6 月中旬至 7 月中旬梅雨期间雨量最多,强度大。汛期 4—9 月的降水量占全年的 67.7%～80.8%。

(三)日照

全省大部分地区太阳年辐射总量为 85～114 千卡/厘米^2,多年平均日照时数为 1 100～2 150 小时。其地域分布是鄂东北向鄂西南递减,鄂北、鄂东北较多,为 2 000～2 150 小时;鄂西最少,为 1 100～1 400 小时,其季节分布是夏季较多,春、秋两季次之,冬季较少(表 5-1)。

表 5-1 湖北省常年平均气温、降水、日照资料

月份	要素	全省平均	武汉	黄冈	荆州	襄阳	宜昌	恩施
1	气温/℃	4.0	4.0	4.5	4.3	3.1	5.0	5.2
	降水量/毫米	42.2	51.1	55.6	37.3	21.0	26.7	32.8
	日照/小时	89.6	101.2	108.7	86.7	111.8	69.0	41.8

续表 5-1

月份	要素	全省平均	武汉	黄冈	荆州	襄阳	宜昌	恩施
2	气温/℃	6.5	6.7	7.0	6.7	5.7	7.2	7.2
	降水量/毫米	52.5	68.9	74.6	51.2	28.4	39.6	42.6
	日照/小时	88.8	99.7	104.6	82.8	112.7	73.9	44.9
3	气温/℃	10.7	11.0	11.0	10.8	10.2	11.4	11.0
	降水量/毫米	77.7	89.4	106.2	70.2	46.9	56.7	61.9
	日照/小时	113.4	126.2	123.4	111.0	141.4	103.9	72.7
4	气温/℃	16.7	17.4	17.3	17.0	16.6	17.4	16.4
	降水量/毫米	111.1	133.5	142.6	114.0	59.0	88.6	131.2
	日照/小时	141.1	154.6	157.2	138.4	170.6	131.0	106.4
5	气温/℃	21.7	22.6	22.6	22.1	21.8	22.1	20.8
	降水量/毫米	145.8	165.6	165.7	129.1	93.8	124.3	182.9
	日照/小时	159.8	180.2	185.7	153.1	189.0	143.6	127.4
6	气温/℃	25.2	26.2	26.0	25.6	25.4	25.4	24.0
	降水量/毫米	190.1	226.4	224.5	156.6	108.5	154.9	215.0
	日照/小时	150.6	168.3	172.7	150.4	181.5	135.7	124.1
7	气温/℃	27.5	29.0	29.1	28.0	27.3	27.6	26.5
	降水量/毫米	221.2	233.6	228.1	183.2	146.6	228.0	269.5
	日照/小时	176.1	214.4	219.4	191.0	179.1	155.4	157.8
8	气温/℃	27.1	28.4	28.6	27.6	26.7	27.3	26.5
	降水量/毫米	148.2	117.4	141.7	117.9	136.2	194.3	161.4
	日照/小时	192.7	226.4	239.7	200.1	184.5	174.4	192.1
9	气温/℃	23.0	24.1	24.4	23.4	22.5	23.5	22.6
	降水量/毫米	86.6	74.3	68.2	66.9	77.1	115.6	131.9
	日照/小时	149.7	175.8	192.6	154.5	153.7	130.7	124.4
10	气温/℃	17.4	18.2	18.7	17.9	17.1	18.1	17.0
	降水量/毫米	80.5	81.3	83.1	79.2	66.0	82.0	113.3
	日照/小时	130.1	152.1	165.2	128.4	144.7	116.5	87.3
11	气温/℃	11.5	11.9	12.4	12.0	10.9	12.6	11.9
	降水量/毫米	53.0	59.1	60.1	57.5	38.4	47.3	66.7
	日照/小时	120.9	139.5	148.4	120.2	137.0	105.0	68.2
12	气温/℃	6.1	6.2	6.7	6.5	5.2	7.3	6.7
	降水量/毫米	25.2	29.7	35.1	25.0	17.0	18.6	29.0
	日照/小时	109.6	126.5	138.8	104.8	121.4	86.5	44.6

第二节　湖北现代农业发展成效

新中国成立以来，在党中央坚强领导下，湖北省委、省政府带领全省人民不忘初心、牢记使命，抢抓机遇，砥砺前行，与共和国同奋进、共成长，“三农”发展不断开创新局面，实现了历史性变革，取得了历史性成就。

一、发展成就

湖北省农业结构不断调整，深刻变革，农民面貌焕然一新，农业农村发展取得了显著成就，农业强省建设迈出了坚定步伐。2022 年，全省农林牧渔业增加值 5 321.87 亿元，比上年增长 4.3%。为全省经济社会发展提供了重要支撑，作出了重大贡献。（数据来源：湖北省 2022 年国民经济和社会发展统计公报）

（一）农业生产能力大幅提高

1. 农业基础设施建设

新中国成立初期，湖北省农业生产基础单薄，“靠天吃饭”现象明显，粮食产量较低。20 世纪 60 年代，在十分困难的条件下推进了农田水利设施建设。改革开放以来，随着农村改革的深化，农业综合生产能力不断提升，农业经济快速发展。截至 2021 年底，全省有效灌溉面积 4 629 万亩，比 1949 年增长了 4.8 倍，截至 2022 年 10 月底，全省已累计建成高标准农田 4 333 万亩，占永久基本农田的 74%，占耕地的 61%。基本改变了农业“靠天吃饭”的局面。

2. 主要农产品产量

2022 年，湖北省粮食总产量 2 741.15 万吨，比 1949 年增长 3.7 倍，连续 5 年保持在 2 500 万吨以上；人均占有量 469 千克，以占全国 3.7%的耕地养活了占全国 4.1%的人口，为保障国家粮食安全作出了重要贡献。棉花 10.33 万吨、油料 374.19 万吨、茶叶 41.99 万吨、园林水果（不含果用瓜）773.00 万吨、生猪出栏 4 286.15 万头、淡水产品产量 500.42 万吨（表 5-2），分别比 1949 年增长 0.8 倍、27.0 倍、232.4 倍、34.5 倍、36.8 倍、94.7 倍，重要农产品供应丰富，为市场稳定和城乡居民生活水平提高奠定了基础，人民群众正在由吃得饱向吃得好、吃得健康转变。

表 5-2　2022 年全国、湖北省主要农产品人均数量　千克

	粮食	谷物	棉花	油料	肉类	水产品	禽蛋
全国	486	448	4.2	25.9	65.4	48.7	24.5
湖北	469	443	1.8	64.0	75.4	85.6	35.6

资料来源：国家统计局、湖北省统计局。

3. 农业科技发展

农业科技进步日新月异，新品种、新技术不断涌现，2022 年农业科技进步贡献率超过 63%，比十年前提高近 8 个百分点。农业机械化突飞猛进，截至 2022 年底，全省各类农业机械农机总动力达到 4 878 万千瓦，全省农作物耕种收综合机械化率达 73.5%，主要粮食作物耕种收综合机械化率超过 84%，其中小麦耕种收综合机械化率达到 91%，油菜耕种收综合机械化率达到 74%，位居全国前列。农业规模化、集约化经营快速发展，适度规模经营面积占比 30%，形成家庭农场、农民合作社带动小农户发展的格局。

(二)农业经济结构不断优化

1. 从内部结构看

农业、林业占农林牧渔业总产值比重明显下降，畜牧业和渔业比重显著上升，已由单一的种植业为主向种养相结合结构发展。2021 年，农业、林业、畜牧业、渔业分别为 51.0%、3.9%、26.0%、19.0%，与 1978 年相比，农业、林业所占比重下降了 20.3 个和 4.1 个百分点，畜牧业和渔业分别上升 7.0 个和 17.3 个百分点。

2. 从产业产品结构看

农产品逐步向优势产区集中，江汉平原、鄂东南等 10 个粮食主产市粮食产量占全省的 72%以上。全省水稻和小麦品种优质率均达到 75%，“双低”油菜籽的优质率占到 95%以上。近年来，农产品加工业、休闲农业、乡村旅游、农村电商竞相发展，农村一二三产业深度融合，农业产业链不断延伸、价值链不断提升、供应链不断完善。规模以上农产品加工企业 4 972 家，主营收入 1.1 万亿元，居全国前 5 位，成为全省规模最大、发展最快、就业最多、效益最好、农民获利最多的“五最”产业。休闲农业和乡村旅游从无到有、迅猛发展，2018 年，综合收入达到 377 亿元。新型经营主体不断发展壮大，农民合作社、家庭农场分别达 9.6 万家和 3.5 万个，多年保持两位数的增幅。

(三)农业发展方式深刻转变

统筹推进山水林田湖草系统治理，推动农业农村绿色发展。农业污染得到有效治理，持续推进“一控两减三基本”行动，全面开展测土配方施肥、有机肥替

代化肥、绿色防控、专业化统防统治和稻田综合种养等绿色生产行动。全省已建成100个专业化统防统治与病虫害绿色植保综合示范区，统防统治覆盖率和绿色防控面积分别达到42%和2 800万亩次，沼肥施用面积达1 000万亩，化肥、农药施用量已经连续五年下降，累计减幅分别为7.8%、7.4%。畜禽养殖污染问题得到有效控制，到2018年底，全省已划定畜禽禁养区2 141个，禁养区内关停搬迁畜禽养殖场(户)12 784家，养殖废弃物综合利用率达到70.78%，农作物秸秆综合利用率达到90%。水产健康养殖稳步推进，到2018年底，全省共拆除围栏围网网箱养殖127.6万亩，取缔投肥(粪)养殖27.4万亩、珍珠养殖4.5万亩。发展稻田综合种养面积680万亩，稳居全国第一，18个县市面积超过10万亩，每年为农民创收近百亿元。

(四)农村面貌得到显著改善

改革开放以来，特别是进入21世纪，大量农业转移人员进城务工，为推进工业化城镇化发展作出了重要贡献。

1. 城镇化建设

城镇化水平不断提高，由2000年的40.78%提高到2018年的60.3%，城乡人口结构发生深刻变化。纵深推进多个层面的新农村建设和城乡一体化，扎实开展美丽乡村建设，农村水电路气信等基础设施建设步伐加快，绝大部分村庄实现通公路、通电、通电话、通有线电视信号和宽带。

2. 农村建设

农村人居环境逐步改善，第三次农业普查结果显示，全省通公路的村达到99.9%、有高速公路出入口的乡镇达到29.6%、100%的村通电、100%村通电话、90%村安装有线电视、95.5%村通宽带互联网。

3. 文教卫建设

文化教育、环境卫生和医疗机构也得到大幅度改善，99.7%的乡镇有小学、99.6%乡镇有幼儿园、100%乡镇有医疗机构，98.7%乡镇集中或部分集中供水，97%乡镇垃圾集中处理或部分集中处理。农村社会保障事业从无到有、从低层次水平到全面推进，新型农村合作医疗和城镇居民医保、新型农村社会养老保险和城镇居民社会养老保险实现整合并轨，全省统一的城乡居民基本养老保险制度有序推进，农村社会保障体系日益完善。

(五)农民收入持续较快增长

湖北农民收入水平不断迈上新台阶，城乡收入差距逐步缩小，农村消费水平显著提高，农民幸福指数不断攀升，人民生活从温饱不足到实现总体小康，正在迈向全面小康。2021年，全省农村居民人均可支配收入18 259元，是

1980 年 107 倍。城镇居民人均可支配收入 40 277 元。城乡居民收入倍差为 2.2，低于全国平均水平，发展协调性持续增强。农民收入来源渠道日趋广泛，由单一的种养收益为主向多元化收入方式转变，农村居民人均工资性收入、经营净收入、财产净收入、转移净收入占比分别达到 32.63%、41.87%、1.24%、24.26%。农村消费能力增强、结构升级优化，2021 年农村居民人均消费支出 17 646.94 元，是 1978 年的 164 倍；农村居民恩格尔系数为 31.9%，比 1978 年下降 38.9 个百分点；农村耐用消费品日益普及，2018 年农村居民每百户拥有汽车 21.63 辆、电脑 31.92 台、空调 86.25 台。脱贫攻坚取得决定性进展，2014 年以来，全省累计减贫 490.7 万人，年均减贫近百万，贫困发生率由 14.4%降至 2.4%以下。

(六)深化农村改革成效显著

湖北省在全国较早启动农村改革，极大解放了农村生产力，一些农村改革创新走在全国前列。党的十八大以来，深化农村土地制度改革，完善承包地"三权"分置制度，保持土地承包关系稳定并长久不变，基本完成土地承包经营权确权登记颁证工作，让农民吃上"定心丸"，并享有更多财产权利。2018 年，全省承包地流转面积 2 247.9 万亩、流转比例 49%。深化农村集体产权制度改革，保障农民财产权益，壮大集体经济，农民的财产性收入更加厚实。92%的村完成集体产权清产核资，87%的村完成集体成员身份确认；建成县级以上农村产权交易中心(交易所)70 个。农村宅基地制度改革试点深入开展，宅基地集体所有权、农户资格权和农民房屋所有权得到落实和保障，宅基地和农民房屋使用权适度放活。深入实施"三乡"工程，签约"能人回乡"创业项目 2 000 余个，完成投资 500 多亿元，促进城市要素与农村资源融合，激活了发展动能。随着农村改革的全面深化，"三农"政策越来越好，农村改革红利加快释放，农民分享了更多利益，农民的钱袋子越来越鼓，获得感、幸福感明显增强。迈进新时代，农业更强、农民更富、农村更美，农业成为有奔头的产业、农民成为有吸引力的职业、农村成为安居乐业的美丽家园的美好愿景正在变为现实。

二、湖北省国内生产总值

2022 年，湖北省国内生产总值（GDP)为 53 734.9 亿元，人均 GDP 为 92 059 元，约合人均 1.37 万美元，进入国际中等收入水平标准。

(一)市(州)人均 GDP

比较高的是宜昌市 140 734 元人民币(约合 2.09 万美元)，其次是武汉市 138 215 元人民币(约合 2.06 万美元)，鄂州市 118 187 元人民币(约合

1.76 万美元)，襄阳市 110 584 元人民币(约合 1.65 万美元)，荆门市 86 314 元人民币(约合 1.28 万美元)，黄石市 83 668 元人民币(约合 1.24 万美元)(表 5-3)。

表 5-3　2022 年湖北省各市(州)生产总值及人均数量

地区	生产总值/万元人民币	人口/万人	人均/万元人民币	人均/万美元	人均 GDP 排名
全省	53 734	5 844	9.19	1.37	
武汉市	18 866	1 373.9	13.73	2.04	2
襄阳市	5 828	527.6	11.05	1.64	4
宜昌市	5 503	392.0	14.04	2.09	1
荆州市	3 009	513.5	5.86	0.87	14
孝感市	2 777	418.6	6.63	0.99	11
黄冈市	2 748	578.8	4.75	0.71	16
十堰市	2 305	316.6	7.28	1.08	9
黄石市	2 042	244.4	8.36	1.24	8
咸宁市	1 876	261.7	7.17	1.07	10
荆门市	2 201	254.8	8.64	1.28	7
恩施州	1 402	340.2	4.12	0.61	17
随州市	1 329	201.4	6.60	0.98	13
鄂州市	1 265	107.1	11.81	1.76	3
仙桃市	1 013	110.6	9.16	1.36	6
潜江市	887	85.6	10.36	1.54	5
天门市	730	110.6	6.60	0.98	12
神农架	36	6.3	5.71	0.85	15

数据来源：湖北各地市 2022 年国民经济和社会发展统计公报。

(二)县市级人均 GDP

2022 年，湖北省县市级人均 GDP 较高的是宜都市 25.1 万元人民币，枝江市 19.0 万元人民币，当阳市 15.0 万元人民币，远安县 12.5 万元人民币，赤壁市 12.0 万元人民币，嘉鱼县 11.3 万元人民币，潜江市 10.6 万元人民币，兴山县 10.6 万元人民币，应城市 10.0 万元人民币，老河口市 10.0 万元人民币；较低的是利川市 3.4 万元人民币，郧西县 3.2 万元人民币(表 5-4)。

表 5-4　2022 年湖北省各县市国内生产总值和人口数量

县市	生产总值/亿元	常住人口/万人	人均生产总值		县市	生产总值/亿元	常住人口/万人	人均生产总值	
			万元人民币	万美元				万元人民币	万美元
仙桃	1 013.1	110.6	9.2	1.4	随县	297.9	63.9	4.7	0.7
宜都	900.3	35.8	25.1	3.7	浠水	287.3	70.6	4.1	0.6
潜江	886.6	85.6	10.6	1.6	石首	263.1	51.3	5.6	0.9
大冶	860.7	86.5	9.9	1.5	利川	249.1	71.6	3.5	0.5
枣阳	825.8	88.9	9.3	1.4	红安	246.4	49.8	4.9	0.7
汉川	820.5	88.5	9.2	1.4	云梦	245.9	42.6	5.8	0.9
枝江	814.9	44.7	19.0	2.8	远安	221.1	17.7	12.5	1.9
天门	730.0	110.6	6.6	1.0	大悟	213.7	47.6	4.5	0.7
钟祥	640.2	85.2	7.5	1.1	秭归	201.0	30.9	6.5	1.0
当阳	628.6	41.8	15.0	2.2	通城	199.6	42.4	4.7	0.7
赤壁	572.1	47.6	12.0	1.8	长阳	190.8	31.9	6.0	0.9
谷城	478.6	48.3	9.9	1.5	孝昌	184.7	47.4	3.9	0.6
应城	470.7	46.8	10.0	1.1	保康	181.4	22.3	8.1	1.2
宜城	465.6	46.9	9.9	1.5	罗田	180.8	46.4	3.9	0.6
松滋	458.2	64.2	7.1	1.1	崇阳	179.9	42.6	4.2	0.6
恩施	456.6	89.1	5.1	0.8	房县	170.1	37.1	4.6	0.7
麻城	450.5	87.3	5.1	0.8	通山	155.0	38.8	4.0	0.6
老河口	422.3	42.1	10.0	1.5	兴山	153.8	14.4	10.7	1.6
广水	416.9	69.3	6.0	0.9	巴东	152.2	38.2	4.0	0.6
京山	401.5	53.5	7.5	1.1	竹山	151.0	34.6	4.4	0.7
公安	401.2	73.1	5.4	0.8	建始	144.7	39.6	3.6	0.5
阳新	400.6	90.2	4.4	0.7	江陵	140.5	30.0	4.7	0.7
南漳	378.5	45.5	8.3	1.2	团风	138.3	26.6	5.2	0.8
武穴	378.4	65.9	5.7	0.8	英山	130.5	30.5	4.3	0.6
监利	371.0	105.4	3.5	0.5	竹溪	125.0	28.4	4.2	0.6
洪湖	351.6	68.8	5.1	0.8	郧西	121.5	37.1	3.3	0.5
丹江口	350.1	40.8	8.6	1.3	咸丰	113.9	30.9	3.7	0.6
嘉鱼	327.3	28.9	11.3	1.7	五峰	110.0	16.2	6.8	1.0
沙洋	321.0	38.8	8.3	1.2	来凤	101.9	25.4	4.0	0.6
蕲春	311.8	76.1	4.1	0.6	宣恩	100.5	27.7	3.6	0.5
安陆	311.2	48.9	6.4	0.9	鹤峰	83.3	17.6	4.7	0.7
黄梅	300.1	76.6	3.9	0.6					

第三节　湖北省支持“三农”发展项目

为认真贯彻落实中央实施乡村振兴战略，湖北省积极筹集资金，支持“三农”发展，其中中央财政用于农业生产发展、农业资源及生态保护、农作物病虫害防治、动物防疫等确立了30多个项目；省级财政支持现代农业、绿色农业、优势特色农业、农业科技推广、农业产业扶贫等40多项。湖北省统筹230亿元支持美丽乡村建设。

一、中央财政支农专项资金项目(表5-5)

表5-5　中央财政支持专项资金项目

资金项目	资金使用范围
(一)农业生产发展资金	1. 耕地地力保护补贴；2. 农机购置补贴；3. 国家现代农业产业园；4. 农业产业强镇示范建设；5. 基层农技推广体系建设；6. 农机深松整地；7. 农产品产地初加工；8. 特色产业发展；9. 新型职业农民培育；10. 耕地轮作试点；11. 农业科技创新及种业发展；12. 新型农业经营主体培育；13. 虾稻共作、稻鱼共生；14. 有机品牌创建；15. 有机肥替代化肥；16. 绿色循环优质高效特色农业促进；17. 畜禽粪污资源化利用；18. 农业信贷担保业务奖补；19. 开展农村实用人才带头人示范培训；20. 实施重点作物绿色高质高效行动；21. 油菜产业发展；22. 支持农村集体资产清产核资；23. 实施蜂业质量提升行动；24. 县市农业生产社会化服务；25. 农机专业合作社社会化服务；26. 地理标志农产品保护工程
(二)农业资源及生态保护补助资金	1. 耕地质量提升；2. 水生生物增殖放流；3. 农作物秸秆综合利用；4. 开展长江流域重点水域禁捕
(三)农作物病虫害防治	1. 农作物病虫害防治；2. 草地贪夜蛾监测防控资金
(四)动物防疫等补助经费	用于动物防疫

二、省级财政支农资金(表5-6)

表5-6　省级财政支农资金

资金项目	资金使用范围
(一)省级现代农业转移支付资金	1. 粮棉油等大宗农产品生产：①小麦绿色高产高效；②红薯产业发展；③棉花提质增效技术模式集成示范；④粮经饲统筹；⑤优质油菜保护区发展；⑥粮食作物高效模式集成示范推广；⑦种子示范推广；⑧耕地质量监测评价与化肥减量增效；⑨农作物病虫害防治
	2. 农业绿色发展：①畜禽发展；②水产发展；③农机公共服务能力与体系建设；④农村能源；⑤畜禽粪污资源化利用

续表 5-6

资金项目	资金使用范围
(一)省级现代农业转移支付资金	3. 优势特色产业发展:①蔬菜产业发展;②果茶桑药产业发展;③"三品一标"认证开发与推广;④特色产业发展
	4. 农业科技创新推广
	5. 新型农业经营主体培育:①现代农业园区产业链建设;②返乡下乡创业创新;③全省农村经营管理改革创新;④农民合作社体系建设
	6. 农业产业扶贫
	7. 国有农场现代农业建设
	8. 省际公路动物防疫监督检查站工作补助
	9. 新型职业农民培育
	10. 产业技术体系
	11. 国有农场小型公益事业补助
	12. 现代烟草农村试点补助资金
	13. 人居环境整治补助
	14. 集体经济组织补助
	15. 涉农贷试点资金
	16."三农"奖励资金
	17. 四个一批奖励资金
(二)草地贪夜蛾监测防控省级配套资金	
(三)种猪场临时补助资金	

三、湖北省政府支持农民合作社发展资金

湖北省现有农民专业合作社 9.97 万家,对新发展的农民专业合作社给予一定的资金扶持。

1. 支持贫困村建立农民合作社

每年投入 5 000 多万元,支持 507 个深度贫困村建立合作社,每个村支持 10 万元。

2. 支持非贫困村建立农民合作社

财政奖补 3 000 万元,实行先建后补的方式。

3. 支持已建农民合作发展

财政给予贷款贴息总额度 1 000 万元。

四、湖北省政府支持家庭农场发展资金

湖北省对在市场监督管理部门登记的家庭农场3.7万家，安排专项扶持资金3 000多万元，重点支持高质量发展的50家，每家支持50万元；支持示范引领的家庭农场127家，每家奖补8万元。

按《农业部原关于促进家庭农场发展的指导意见》(农经发〔2014〕1号)、《湖北省示范家庭农场创建办法》(鄂农规〔2014〕2号)等相关文件精神，积极创建规范化的家庭农场，争取项目支持。

五、财政支持农村建设资金

为建设生态宜居的美丽乡村，全面对标浙江“千万工程”经验，中共湖北省委、湖北省人民政府《关于全面学习浙江“千万工程”经验扎实推进美丽乡村建设的决定》，全省统筹230亿元支持美丽乡村建设，采取两类型三阶段推进，重在落实五大任务。

(一)资金投入

为落实《中共湖北省委，省人民政府关于全面学习浙江“千万工程”经验扎实推进美丽乡村建设决定》(以下简称《决定》)部署要求，省财政坚持把美丽乡村建设作为财政支出的优先保障领域，加大统筹力度，优化资源配置。湖北省已梳理了各类用于乡村建设项目资金43项，资金规模超230亿元，均可由县级统筹安排，用于支持美丽乡村建设。以后年度中央及省新安排的上述范围之外的涉及农村建设的项目资金，也可统筹用于支持美丽乡村建设。湖北省财政补贴型农业保险见表5-7。

(二)实施步骤

对标浙江经验，结合湖北省实际，《决定》提出美丽乡村建设分为美丽乡村示范创建和环境整治两个类型、三个阶段推进。第一阶段，今后5年，全面完成农村人居环境整治任务，并不断完善提升，建立长效机制；第二阶段，再用5年时间，推动全省整体达到浙江“千万工程”现有水平；第三阶段，到2035年左右，美丽乡村建设水平与农业农村现代化水平相匹配、相适应。

按照这一总体思路，《决定》提出每年建设1 000个左右美丽乡村示范村，整治4 000个左右行政村。为此，《决定》明确提出五方面重点任务。

1. 编制村庄规划

将编制村庄规划作为五大任务之首，突出强调“坚持全域理念，着眼长远目标，以县为单位，编制村庄布局规划，美丽乡村示范村需同步编制村庄建设规划，根据实际需要编制重点专项规划”。同时，对编制规划的内容、报批等提出了要求。

表 5-7　湖北省财政补贴型农业保险

元/亩、元/头、元/户

品种	保额	保费率	保费资金负担			农民承担	开展地区	备注
			中央	省级	县级			
水稻基础保险	400	6%	45%	30%		25%	全省	14 个试点县调整为 22.5%
水稻大灾保险	300	6%	47.5%	30%		22.5%	14 个试点地区(黄陂区、大冶市、监利市、枝江市、襄州区、鄂州区、京山县、汉川市、麻城市、赤壁市、随县、天门市、仙桃市、潜江市)	
小麦基础保险	300	6%	47.5%	30%		22.5%	14 个试点地区(黄陂区、大冶市、监利市、枝江市、襄州区、鄂州区、京山县、汉川市、麻城市、赤壁市、随县、天门市、仙桃市、潜江市)	
小麦大灾保险	150	6%	47.5%	30%		22.5%	14 个试点地区(黄陂区、大冶市、监利市、枝江市、襄州区、鄂州区、京山县、汉川市、麻城市、赤壁市、随县、天门市、仙桃市、潜江市)	
棉花保险	400	7%	40%	25%	10%	25%	15 个试点地区(公安县、天门市、仙桃市、潜江市、汉川市、监利市、枝江市、钟祥市、松滋市、石首市、新洲区、襄州区、宜城市、黄梅县、京山县)	
油菜保险	200	5%	40%	25%	10%	25%	44 个试点地区(监利市、天门市、仙桃市、沙洋县、公安县、钟祥市、松滋市、潜江市、麻城市、洪湖市、黄梅县、浠水县、武穴市、石首市、阳新县、当阳市、鄂州市、蕲春县、咸安区、新洲区、黄陂区、江陵县、枝江市、红安县、京山县、赤壁市、大冶市、汉川市、荆州区、应城市、掇刀区、宜城市、孝昌县、孝南区、巴东县、江夏区、竹山县、夷陵区、罗田县、团风县、竹溪县、东宝区、恩施市、郧阳区)	

续表 5-7

品种	保额	保费率	保费资金负担			农民承担	开展地区	备注
			中央	省级	县级			
奶牛保险	6 000	6%	50%	30%	10%	10%	全省	
能繁母猪保险	1 000	6%	50%	30%		20%	全省	
水稻制种	1 100	12%	40%	25%	10%	25%	22 家水稻制种企业	14 个试点县调整为 22.5%
水稻完全成本	1 100	6%	40%	30%		30%	4 个试点地区(沙洋县、公安县、枣阳市、黄梅县)	
马铃薯	800	5%	40%	25%	10%	25%	5 个试点地区(钟祥市、江夏区、襄州区、枣阳市、黄陂区)	
育肥猪	800	5%	50%	20%	10%	20%	全省	
“两属两户”农房	30 000	3‰		70%	30%		全省	
公益林	750	2‰	50%	40%	10%		31 个地区(宜都市、保康县、谷城县、南漳县、京山县、钟祥市、麻城市、蕲春县、罗田县、咸安区、崇阳县、通山县、咸丰县、恩施州、竹山县、竹溪县、房县、丹江口市、神农架林区、兴山县、巴东县、建始县、通城县、英山县、赤壁市、大冶市、东宝区、随县、广水市、茅箭区、江夏区)	
商品林	750	2‰	30%	25%	5%	40%	31 个地区(宜都市、保康县、谷城县、南漳县、京山县、钟祥市、麻城市、蕲春县、罗田县、咸安区、崇阳县、通山县、咸丰县、恩施州、竹山县、竹溪县、房县、丹江口市、神农架林区、兴山县、巴东县、建始县、通城县、英山县、赤壁市、大冶市、东宝区、随县、广水市、茅箭区、江夏区)	

2. 整治农村人居环境

在部署和安排上既严格按照党中央、国务院的要求，同时又结合湖北省开展的“四个三重大生态工程”，提出了实施农村“厕所革命”、加强农村污水治理、开展农村垃圾无害化处理、开展村庄绿化、促进农业绿色发展、提升村容村貌水平等6个方面的具体任务，由表及里、标本兼治，有效治理农村环境。

3. 完善基础设施建设

围绕加强美丽乡村基础设施建设，提出了“提升农村饮用水保障水平、加强电力供应保障、完善农村交通设施建设、积极推广使用清洁能源、加快信息进村和提升公共服务”等6个方面的具体任务，统筹推进治水、治气、治土、治山、治城、治乡，大力推进农村基础设施提档升级。

4. 改善农民住房条件

“有新房无新村，居住现代化，环境脏乱差”的现象不同程度存在，在平原湖区尤为突出，关键是缺乏统一规划、正确引导、技术指导和刚性约束。针对这一情况，《决定》特意增加了“改善住房条件”这一块内容。明确要“加强农村危房改造、加强农民建房管理和加强农村宅基地管理”等3个方面的内容，形成一户一处景、一村一幅画、一线一风光的格局。

5. 提升村庄实力

美丽乡村不仅要外表美，还要内在美；不仅要一时美，更要长久美。《决定》强调，要“大力发展乡村产业，不断提升农民文明素养，切实加强基层基础工作”，推动乡村产业加快发展，乡风民俗不断提升，基层基础巩固加强，发展动力全面激活。

第六章

未来现代农业发展新模式

教学课件

综观国内外现代农业发展的成功经验，都是走农业工业化发展的道路，主要的发展模式有现代农业发展 4.0 模式、现代农业电子商务模式、现代农业规模化经营模式、现代农业示范区建设模式等。

第一节　现代农业发展 4.0 模式

现代农业发展 4.0 模式，是借助于现代工业发展 4.0 而来的。

工业 4.0 是德国政府 2013 年提出的一个高科技发展战略计划。它是工业技术和生产模式，从机械化生产、电气化生产、自动化和信息化生产，最后跃升到网络化和智能化生产，德国人把它们形象地称为现代化工业模式的四级演变。该项目由德国联邦教育局及研究部和联邦经济技术部联合资助，投资预计 2 亿欧元。旨在提升制造业的智能化水平，建立具有适应性、资源效率及人因工程学的智慧化工厂，在商业流程及价值流程中整合客户及商业规律。其技术基础是网络实体系统及物联网。

工业 4.0 的实质，是利用物联网系统(简称 CPS)，将生产中的供应、制造、销售信息数据化、智慧化，最后达到快速、有效、个人化的产品供应。

一、农业发展从 1.0 到 4.0 时代变化

农业 4.0 是在以体力和畜力劳动为主的农业 1.0 阶段，到以农业机械化为主要生产工具的农业 2.0 阶段，再到以农业生产全程自动化装备支撑的农业 3.0 阶段，跃升到以无人化为主要特征，以物联网、大数据、云计算、机器人和人工智能为主要技术支撑的一种高度集约、高度精准、高度智能、高度协调、高能环保的

全要素、全链条、全产业、全区域的智能农业 4.0 阶段。

(一)农业 1.0

农业 1.0 是传统农业，在以体力劳动为主的小农经济时代，依靠人和畜力劳动，人们根据经验判断农时，利用简单的工具和畜力耕种，主要以小规模的一家一户为单元从事生产，生产规模较小，生产技术和经营管理水平较为落后，抵御自然灾害能力差，农业生态系统功效低，商品经济属性较弱。

渔猎社会开始于 200 万年前，此时人类刚学会制造石刀、石斧和石锥等简单的生产工具，处于旧石器时代。约 6 000 年前，人类开始掌握炼铜技术，从而进入青铜器时代，生产效率大大提高。到 4 000 年前，人类进一步掌握了炼铁技术，发明了各种工具，如锄头、刀、犁、斧等生产工具和生活工具，使得生产力进一步发展，从而进入铁器时代，这就是农业 1.0 的萌芽。农业 1.0 时代在我国延续时间极其漫长，是一个依靠农民自力更生、勤劳致富、单打独斗的时代。

农业 1.0 时代，传统农业技术的精华在我国农业生产方面产生过积极的影响，但随着时代进步，这种小农体制逐渐制约了生产力的发展。这个阶段主要以“产量高”为目标。农业 1.0 主要追求农业耕种技术的“专”。

(二)农业 2.0

农业 2.0 是机械化农业，以 1776 年蒸汽机的发明和使用为标志，人类社会的生产工具得到了革命性的发展，机器代替了手工工具，标志着人类工业社会的开始。在 300 多年的工业社会历程中，能量转换的工具实现了两次历史性的飞跃。瓦特蒸汽机的发明标志着人类工业社会的开始，蒸汽机把热能量转换成机械能，出现了火车、轮船、纺织机械、印刷机械、采矿机械，从而实现了生产工具的机械化，生产效率显著提高。从 19 世纪 70 年代至 20 世纪初，电动机、内燃机的发明和使用，使工业革命进入到第二个高潮。内燃机与电力技术的广泛应用带动了包括冶金、电气、汽车、船舶等工业的发展，很快推动了以电气时代新技术为主导的电力工业、化学工业、汽车工业等一系列新兴产业的发展。伴随工业革命的发展，农业机械化工具不断出现，农业装备开始在农业生产中广泛应用。

农业 2.0 时代是以“农场”为标志的大规模农业，是机械化生产为主，适度经营的“种养殖大户”时代。农业 2.0 也被称作机械化农业，以机械化生产为主，运用先进适用的输入性农业机械动力代替人力、畜力生产工具，改变了“面朝黄土背朝天”的农业生产条件，将落后低效生产方式转变为先进高效的大规模生产方式，大幅度提高了劳动生产率和农业生产力。

这个阶段以“产值高”为目标，主要表现在农副产品深加工企业或食品制造企业向产业上游延伸，或者农业生产企业向产业下游延伸，提供给市场的已经不是初级农产品，而是加工后的农副产品或者食品。农业 2.0 时代其实就是"一产＋二产"的主流模式，追求的是农业产值的"大"。

从国际上看，1990 年美国的大田种植业、荷兰的设施蔬菜和花卉产业、比利时的畜牧业、挪威的水产养殖业是农业 2.0 的模板。美国在 20 世纪 40 年代领先世界各国最早实现了粮食生产机械化；到了 20 世纪 60 年代，达到了从土地耕翻、整地、播种、田间管理、收获、干燥全过程机械化；20 世纪 80 年代完成了棉花、甜菜等经济作物从种植到收获各个环节的全面机械化；20 世纪 90 年代，美国的种植业、设施农业、农产品加工等全部实现了农业机械化。

（三）农业 3.0

农业 3.0 是高速发展的自动化农业。随着计算机、电子及通信系统等现代农业信息技术发展，以及自动化装备在农业中的应用逐渐增多，农业步入 3.0 时代，即自动化农业阶段，这是以现代信息技术的应用和局部生产作业自动化、智能化为主要特征的农业。通过加强农村广播电视网、电信网和计算机网等信息基础设施建设，充分开发和利用信息资源，构建信息服务体系，促进信息交流和知识共享，使现代信息技术和智能农业装备在农业生产、经营、管理、服务等各个方面实现普及应用。与机械化农业相比，这阶段的农业自动化程度更高，资源利用率、土地产出率、劳动生产率更高。

近几年，我国农业互联网、电子商务、电子政务、信息服务等取得了重大进展。

（1）生产信息化迈出坚定步伐。物联网、大数据、空间信息、移动互联网等信息技术在农业生产的在线监测、精准作业、数字化管理等方面得到了不同程度应用。在大田种植方面，遥感监测、病虫害远程诊断、水稻智能催芽、农机精准作业等开始大面积应用；在设施农业方面，温室环境自动监测与控制、水肥药智能管理等加快推广应用；在畜禽养殖方面，精准饲喂、发情监测、自动挤奶等在规模养殖场实现了广泛应用；在水产养殖方面，水体监控、饲料自动投喂等快速集成应用。国家物联网应用示范工程智能农业项目和农业物联网区域试验工程深入实施，在全国范围内总结推广了 426 项节本增效农业物联网软硬件产品、技术和模式。

（2）经营信息化快速发展。农业农村电子商务在东部、中部和西部发展空间广阔，农产品进城与工业品下乡双向流通的发展格局正在形成。农产品电子商务进入高速增长阶段。2022 年，全国农村网络零售额达 2.17 万亿元，同比增长 3.6%。全国农产品网络零售额 5 313.8 亿元，同比增长 9.2%，增速比 2021 年提升 7.3 个百分点。农村电商成为助力乡村振兴的重要手段。农业生产资料、休闲农业即民宿旅游电子商务平台和模式不断涌现。农产品网上期货交易稳步发展。农产品批发市场电子交易、数据交换、电子监控等逐步推广。新型农业经营主体经营信息化的广度和深度不断拓展。

(3)管理信息化深入推进。金农工程建设任务圆满完成,建成国家级农业数据中心,国家农业科技数据中心及32个省级农业数据中心,开通运行33个行业应用系统,视频会议系统延伸到所有省级及部分地市县,信息系统已覆盖农业行业统计监测、监管评估、信息管理、预警防控、指挥调度、行政执法、行政办证等重要业务,农村土地确权登记颁证,农村土地承包经营权流转和集体"三资"管理信息与数据库建设稳步推进。建成中国渔政管理指挥系统和海洋渔船安全通信保障系统,有效促进了渔船管理流程的规范化和"船、港、人"管理的精准化,农业大数据发展应用开始起步。

(4)服务信息化全面提升。"三农"信息服务的组织体系和工作体系不断完善,形成政府统筹、部门协调、社会参与的多元化市场推进格局。农业农村部通过网络及时发布政策法规、行业动态、农业科技、市场价格、农资监管、质量安全等信息,成为最具权威性、受欢迎的农业综合门户网站,覆盖部、省、市、县四级农业部门的网站群基本建成。12316"三农"综合信息服务中央平台投入运行,形成部省协同服务网络,服务范围覆盖到全国。信息进村入户工作在全国开展,公益服务、便民服务、电子商务和培训体验开始进到村、落到户。基于互联网大数据等信息技术的社会化服务组织应运而生,服务的领域和范围不断拓展。

(四)农业4.0

农业4.0是即将来临的智能化农业时代。农业通过网络、信息等进行资源软整合,在大数据、云计算、互联网、传感器、机器人基础之上形成的智能农业,尤其是以全链条、全产业、全过程的无人系统为特征。农业4.0是利用农业标准化体系的系统方法对农业生产进行统一管理,所有过程均是可控、高效的;农业服务提供者与农业生产者之间的信息通道,通过农业标准化平台实现对接,使整个过程中的互动性加强。农业4.0可以通过网络和信息对农业资源进行软整合,增加资源的技术含量,提升农业生产效率和质量。在个别环节、个别领域和个别区域,农业4.0时代已经悄然来临。

1. 农业4.0表现为第一二三产业的"三产"融合互动

通过把产业链、价值链等现代产业组织方式引入农业,更新农业现代化的新理念、新人才、新技术、新机制,做大做强农业产业,形成很多新产业、新业态、新模式,培育出了新的经济增长点,也就是"第六产业",它不是简单的"1+2+3",而是综合乘数效应。

2. 农业4.0表现为农业、农村和农民的"三农"融合互动

农业根植于农村,养育着农民,"三农"共生共存,就像人身体的肌肉、骨骼和

血液一样不可分割，任何时候将三者孤立开来考虑和发展，最后都会失败。不管是家庭农场、专业大户、农民合作社，还是农业产业化龙头企业都必须放在“三农”的背景下，通过发展农业4.0，带动农村的乡土文化复兴，带动农民致富奔小康，实现“三农”的统筹发展。

3. 农业4.0表现为生产、生活和生态“三生”融合互动

投资者和经营者还要置身于时代大背景和消费大环境下，开发实现以城带乡、以工促农、生活工作两不误、知识和资本平等互换、线上和线下共同营销推广的泛农产品。农业4.0不仅提供的内容是丰富的，模式也是多样的，如乡村文创、互联网技术、众筹、私人订制、绿色共享理念等，都将成为农业4.0时代的标签。

4. 农业4.0靠知识、智慧和资本融合互动

农业4.0是以先进的发展理念和商业模式为前提，以新技术、新机制、新人才和新资本作为内容，以城乡统筹和社会资源大融合为目标，以全社会“共赢共享”为目标，出售的不再是某一系列农村产品，而是一种让人向往的乡村生活方式。不管是参与、共享，还是体验、购买，均伴随着一种情怀。农业4.0追求的是体验的“广”，旨在打造一个广泛农业生态圈，充分进行资源的软整合。

二、农业4.0的构架体系

农业4.0的发展，在“互联网＋”时代，依赖于资源要素、信息技术、行业应用、产业链条、支撑体系、运行模式和机制等，各要素相辅相成，形成耦合机制，共同形成农业4.0的架构体系。

(一)农业4.0资源优化配置

农业4.0的本质是通过物联网、大数据、移动互联网、云计算、空间信息和人工智能等新一代信息技术与农业资源要素土地、水、劳动力、资金、信息等重新配置和深度融合，产生一个更高产、高效、优质、生态、安全，更具有竞争能力的新业态。

1. 土地资源

信息技术＋土地资源＝规模效益。土地是任何经济活动都必须依赖和利用的经济资源，比其他经济资源更具有位置的不动性和持久性，以及丰度和位置优劣的差异性。土地是种植业的命脉，在农业4.0时代，通过互联网技术、精准农业技术、无人驾驶技术等，对土地进行数字化管理，实现土地规模化、集约化、精准化管理，提高水肥利用效率，大幅度提高土地的产出率和规模效益。

2. 劳动力资源

信息技术＋劳动力＝新兴力量。具有科学文化素质、掌握现代农业生产技

能，具备一定经营管理能力，以农业生产、经营或服务作为主要职业，以农业收入作为主要生活来源，居住在农村或城市的农业从业人员，称之为新农人。

新农人是现代农业中的新的力量，自动化、智能化信息技术的应用，将大大提高劳动生产率，使一产业劳动力大幅度减少，并向二三产业转移。农业 4.0 环境下，农业流程化管理将更加清晰，生产、技术、管理、流通等更加明确，实现劳动力在一二三产业的合理分布。

3. 资本资源

信息技术＋资本融合＝农户融资。资本要素是通过直接或间接的形式，最终投入产品、劳动和生产过程中的中间产品和金融资产。互联网金融经过多年的发展后，所涉领域在不断扩大，从传统的小微借贷、票据保理等传统业务到珠宝、黄金、农业等产业链条，同时商业模式也在不断变化，从单一分散的借贷到信托与产业链形成闭环的金融服务。在农业金融服务上，随着土地改革的推进，原来缺乏金融服务的农村金融，正迎来前所未有的发展机遇。农业将成为房地产、IT 产业之后资本角逐的新蓝海，互联网时代农户融资将更加方便。

4. 市场资源

信息技术＋市场＝新兴渠道。市场机制通过需求与供给的相互作用及灵敏的价格反应，自如地支配经济运行。即自由、灵活、有效、合理地决定着资源的配置与再分配。互联网技术的发展，电子商务、大数据分析等技术应用，彻底改变了市场配置资源、调节供需的方式，建立了一条新兴的农产品流通渠道。

5. 生产工具资源

信息技术＋生产工具＝设施装备智能化。农业设施和装备是实现农业信息化的基础，用信息技术武装农业生产工具，能够加快推动农业生产设施和装备升级，实现设施装备智能化。农业 4.0 时代，是一个无人的生产系统，以物联网技术为纽带，集智能感知、智能识别、智能传输和智能控制于一体的智能网系统。设施装备的智能化，将引领农业生产进入无人时代，无人机、机器人等将成为主要的农业生产工具，劳动生产率将大幅度提高。

6. 信息资源

信息技术＋信息资源＝价值增值。农业信息资源是农业资源的抽象，是农业自然资源和农业经济技术资源的信息化。信息是用来消除随机不确定性的东西。农业信息资源包括与农业信息生产、采集、处理、传播、提供和利用有关的各种资源，如农业信息技术与信息机械、农业信息机构与系统、农业信息产品与服务等。在农业 4.0 时代，利用大数据技术对农业信息资源进行挖掘、分析，能够对零散、无序、优劣混杂的信息进行筛选、解构、组合、整序，使之可视化、有序化，从而在农业生产、经营、管理、服务过程中形成一系列新的信息产品，使农业信息得到增值。

(二)农业4.0信息化特征

1. 农业4.0是无人的生产系统

最核心的技术是人工智能和无人系统技术,农业物联网使得物与物、物与人之间的联系成为可能,使得各种农业要素可以被感知、被传输,进而实现智能化处理与自动控制。运行在农业生产活动中的是物联网技术连接起来的自动化设备,传感器、嵌入或终端系统、智能控制系统、通信设施物理系统,形成一个智能网络系统,可实现种植、养殖环境信息的全感知,个体行为的实时监测,农业装备工作状态的实施监控,现场作业的自动化操作,以及可追溯的农产品质量管理,使得农业装备、农业机械、农作物、农民与消费者之间实现互联。

2. 农业4.0是信息技术的集成

农业发展过程中的电脑农业,以农业专家系统为核心;精准农业以“3S”技术为核心;数字农业以电子技术和决策支持系统的应用为核心;本质上都不需要整个信息技术的集成应用。而农业4.0的实现靠单一的信息技术是完不成的,需要整个信息技术集成应用,包括更透彻的感知技术,更广泛的互联网技术和更深入的智能化处理技术,实现农业全链条中信息流、资金流、物质流的有机协同与无缝连接,农业系统更加有效地、智能地运转,达到农产品竞争力强,农业可持续发展,有效利用农村能源和环境保护的目标。

3. 农业4.0实现泛在的智能化

农业4.0实现泛在的智能化就是实现农业全链条、全过程、全产业、全区域泛在的智能化和无人化。①农业全链条全过程的智能化是指农业产前生产资料优化调度使用,产中各种农业资源和农业生产过程的配置和优化,产后农产品的加工、包装、运输、存储、物流、交易的成本优化,最终实现全链条的整体智能化,达到成本低、效率高、生态好的目标。②全产业的智能化是指农业生产相关的各产业人员、技术、装备、资金、体系、结构实现最优配置,确保产业的竞争力。③全区域的智能化是指单个企业、单个种植或养殖单元,在实现自动化和智能化的基础上,通过链条和产业的智能化,逐步实现大区域或整体的智能化。

4. 农业4.0是现代农业的最高阶段

农业4.0中现代信息技术全渗透到农业经营、管理及服务等农业产业链的各个环节,是整个农业产业链的智能化,农业生产与经营活动的全过程都将由信息把控,形成高度融合、产业化和低成本化的新农业形态,是现代农业的转型升级。实现规模化的畜禽养殖场建设、日光温室、批发市场、物流中心的转型升级,工业化生产线和大型制造商的介入使农业生产更加产业化,各类先进技术的高度融合使农业生产更加低成本化。农产品是更接近自然的无公害和绿色产品。

随着科学技术的进步,农业 4.0 可能会出现初级、中级、高级和终极等阶段。

三、农业 4.0 核心信息技术

农业 4.0 是充分利用移动互联网、大数据、云计算、物联网、人工智能等新一代信息技术与农业的跨界融合,创新基于互联网平台的现代农业新产品、新模式与新业态,是以“互联网+”为驱动,打造“信息支撑、管理协同、产出高效、产品安全,资源节约、环境友好”的现代农业发展升级版。

(一)互联网

1. 互联网的概念

互联网是网络与网络之间串连成的庞大网络,这些网络以一组通用的协议相连,形成逻辑上的单一庞大国际网络。

2. 互联网发展历程

(1)全球互联网的发展。全球互联网自 1960 年开始兴起,主要用于军方、大型企业之间的纯文字电子邮件或新闻群体组服务。1990 年才开始进入普通家庭,网络已经成为目前人们离不开的生活必需品之一。

(2)中国互联网的发展。自 1994 年 4 月,中国与国际互联网实现完全连接,互联网进入中国,使经济格局和产业版图均发生了巨大变化。2015 年 3 月 5 日,“互联网+”首次出现在政府工作报告中,提升为国家战略,2015 年 7 月,国务院颁布了《关于积极推进“互联网+”行动的指导意见》。

3.“互联网+”是什么

“互联网+”是互联网思维的进一步实践成果,它代表一种先进的生产力,推动经济形态不断地发生改变。从而增强社会经济实体的生命力,为改革、发展、创新提供广阔的网络平台。通俗来说:“互联网+”就是互联网+农业、工业、金融、教育、医疗、旅游、地产等各个传统行业,但这并不是简单的两者相加,而是利用信息通信技术以及互联网平台,让互联网与传统行业进行深度融合,创造新的发展业态。它代表一种新的社会形态,充分发挥互联网在社会资源配置中的优化和集成作用,将互联网的创新成果深度融合在经济、社会各个领域中,提升全社会的创新力和生产力,形成更广泛的以互联网为基础设施和实现工具的经济发展新形态。图 6-1 为互联网与农业生产各个环节的融合。

(二)物联网

1. 物联网的概念

物联网是指利用局部网络或互联网等通信技术把传感器、控制器、机器、人员和物等通过新的方法联在一起,形成人与物、物与物相连,实现信息化、远程管

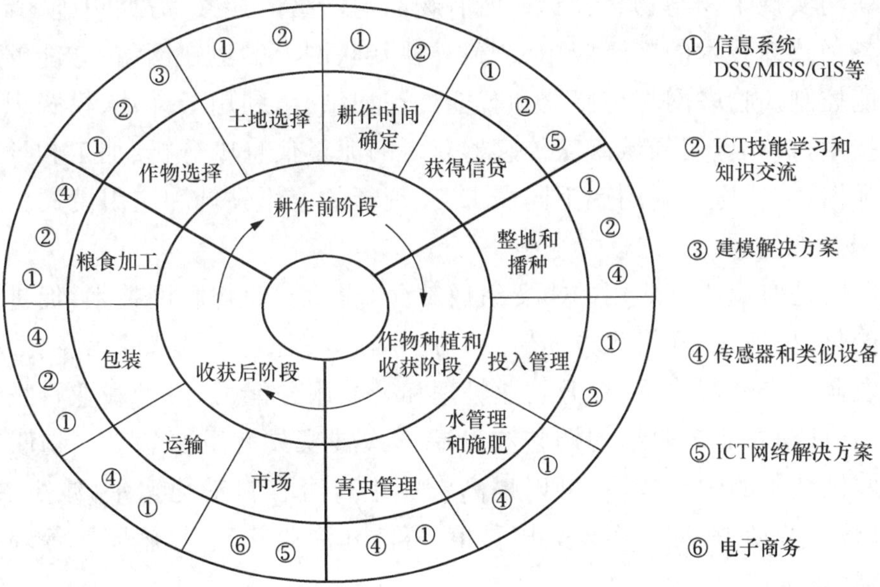

图 6-1 互联网与农业生产各个环节的融合

理控制和智能化的网络。物联网是互联网的延伸,它包括互联网及互联网上所有的资源,兼容互联网所有的应用,但物联网中所有的设备、资源及通信等,都具个性和私有化。

物联网就是物物相连的互联网。通过智能感知、识别技术与普通计算等通信感知技术,广泛应用于网络的融合中,也因此被称为继计算机、互联网之后的世界信息产业发展的第三次浪潮。

物联网技术与先进农业装备的联动应用,可以提高农业生产全程自动化水平,减少农药、化肥的施用量,减少劳动力投入,实现大田种植、畜禽养殖、水产养殖和设施园艺等农业的无人化、高效化生产。

2. 物联网四项技术形态与特征(图 6-2)

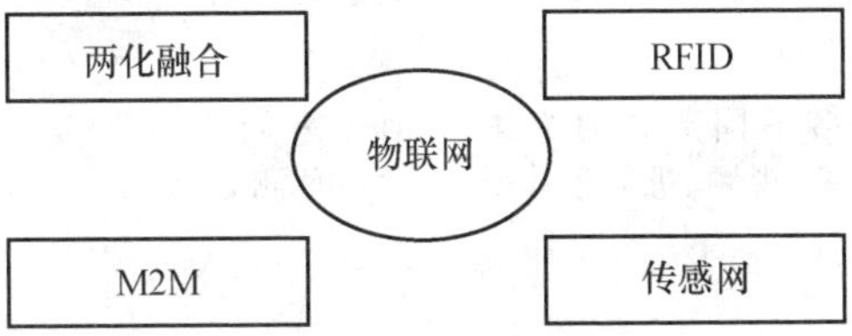

图 6-2 物联网四项技术形态与特征

RFID 是一种"使能"技术,可以把常规的"物"变成物联网的链接对象。

传感网是物联网的末端神经系统。

M2M 是侧重于传统终端的互联和集控管理。

两化融合是自动化和控制系统的信息化升级。

物联网实现了物与物、物与人,所有物品与网络的连接,方便识别、管理和控制。①各种感知技术的广泛应用;②建立在互联网上的泛在网络;③能够对物体实施智能控制。物联网将传感器和智能处理相结合,利用云计算、模式识别等各种智能技术,扩充应用领域。从传感器获得的海量信息中分析、加工和处理出有意义的数据,以适应不同用途不同需求,发现新的应用领域和应用模式。

3. 物联网与农业 4.0

物联网是农业 4.0 应用的重要组成部分,应用农业物联网技术,促进农业生产向智能化、精细化、网络化方向转变,对于提高农业生产经营的信息化水平,完成新型农业生产经营体系,提升农业管理和公共服务能力,带动农业科技创新与推广应用,推动农业产业结构调整和发展方式转变具有重要意义。物联网技术与先进农机装备的联动应用,可以提高农业生产全程自动化水平,减少农药、化肥用量,减少劳动力投入,实现大田种植、畜禽和渔业养殖、设施园艺等农业的无人化、高效化生产。

(三)大数据

1. 大数据概念

大数据是指无法在一定时间范围内用常规软件工具进行捕捉、管理和处理的数据集合,是融合新处理模式才能具有更强的决策力、洞察发现力和流程优化能力的海量、高增长率和多样化的信息资产。也就是巨量的资料数据,通过新的大规模数据处理手段,为企业、政府、组织或者个人决策、预测以及管理控制提供数据支持,并可以创造价值的信息数据资源。

2. 大数据的特征(表 6-1)

表 6-1 大数据的特征

大量	多样	价值	高速
非结构化数据的超大规模和增长	大数据的并构和多样性	大量的不相关信息	实时分析而非批量或分析
总数据量的 80%~90%	很多不同形式的文本、图像、视频、机器等数据	对未来趋势与模式的可预测分析	数据输入、处理与丢弃
比结构化数据增长快 10~50 倍	无模式或者模式不明显	机器学习、人工智能	立竿见影而非事后见效
是传统数据仓库的 10~50 倍	不连贯的语法或句义		

3. 大数据的改进过程经历了 4 个阶段

1966—2002 年是大数据发展的萌芽期;

2003—2006 年是大数据发展的突破期;

2007—2009 年是大数据发展的成熟期；

2010 年至今是大数据发展的应用期。

4. 农业大数据

农业大数据是指大数据理论、技术和方法在农业或涉农领域的应用实践。农业数据涉及的领域广、环节多，是跨行业、跨专业的数据集合，农业数据还具有复杂性、分散性、获取难的特征。农业数据包括生产、价格、统计、进出口、气象等数据。当前农业领域的粮食安全、食品安全、土壤治理、病虫害防治、动植物育种、农业结构调整、农产品价格、农副产品消费等，都可以通过大数据的应用研究进行预测和干预。农业大数据与农业领域的相关科学紧密结合，为农业领域的理论工作者、生产经营者、政府部门、社会公众提供了新方法、新思路。图 6-3 为农业大数据技术架构示意图。

农业大数据应用领域：

(1)可应用于水、土地、生物及生产资料等农业资源管理。

(2)可应用于土壤、气象、水质、污染、灾害等农业生态环境管理。

(3)可应用于设施种植业、养殖业及精准农业等涉农生产过程管理。

(4)可应用于农业设备监控、远程诊断、服务调度等农业装备与设施监控。

(5)可应用于产地环境、生产过程产业链管理，储藏加工、市场流通、物流、供应链等农产品与食品安全管理。

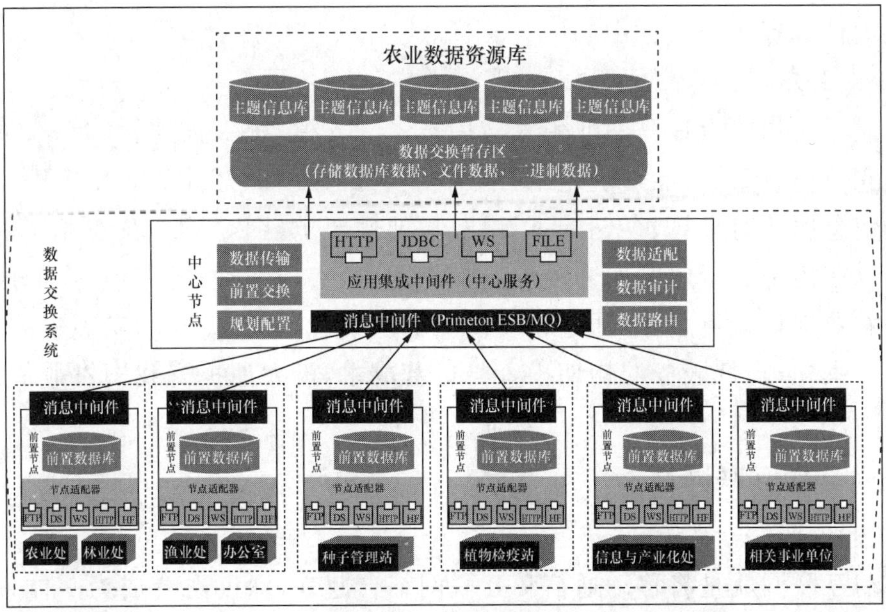

图 6-3　农业大数据技术架构

(四)云计算

1. 云计算概念

云计算是分布式计算的一种,是通过网络将庞大的计算处理程序自动分析拆成无数个较小的小程序,再交由多部服务器所组成的庞大系统,经搜寻、计算分析之后将处理结果回传给用户。通过这项技术,网络服务提供者可以在数秒之内,完成处理数千万计甚至亿计的信息,达到和“超级计算机”同样强大效能的网络服务。

(1)狭义上讲,云计算就是一种提供资源的网络,使用者可以随时获取“云”上的资源,按需求量使用,并且可以看成是无限扩展的,只要按使用量付费就可以。“云”就像自来水厂一样,人们可以随时接水,并且不限量,按照自己家的用水量付费。

(2)广义上讲,云计算是与信息技术、软件、互联网相关的一种服务,这种计算资源共享也叫作“云”,云计算把许多计算资源集合起来,通过软件实现自动化管理,只需要很少的人参与,就能让资源被快速提供。云计算这个概念是在2006年8月9日,Google首席执行官在搜索引擎会议上首次提出的,后成为互联网的第三次革命。

云计算是一种全新的网络应用,核心就是以互联网为中心,在网络上提供快速、安全的云计算,服务于数据存储,让每一个使用互联网的人都可以使用网络上的庞大计算资源与数据中心。

2. 农业云

农业云是指以云计算商业模式应用技术为支撑,统一描述、部署异构分散的大规模农业信息服务,能够满足千万级农业农户数以十万计的并发请求,及大规模农业信息服务对计算、存储的可靠性、扩展性要求(图6-4)。在农业4.0时代,用户可以按需部署或定制所需的农业信息服务,实现多途径、广覆盖、低成本、个性化的农业知识普惠服务,通过软硬件资源的聚合和动态分配,实现资源最优化和效益最大化,降低服务的初期投入与运营成本,极大地提升我国农业信息化的服务能力。

(五)移动互联网

1. 什么是移动互联网

移动互联网就是将移动通信和互联网结合起来,深度融合成为一体,属于一种全新的产业形式,包括终端、软件和应用三个层面。终端层面有智能手机、电子书、MID(移动互联网设备)等;软件包括操作系统、中间件、数据库和安全软件等;应用包括休闲娱乐类、工具媒体类、商务财经类等不同应用服务。

图 6-4　农业云平台

2. 移动互联网发展趋势

移动通信和互联网成为当今世界发展最快、市场潜力最大、前景最诱人的两大业务。随着智能手机的大力推广和普及，推动着移动互联网市场规模的进一步扩张，用户规模不断攀升。截至 2018 年 12 月，全国手机网民达 8.17 亿人，全年新增手机网民 6 433 万人；网民中使用手机上网的比例提升至 98.6%。互联网已成为推动我国经济社会发展的重要力量，随着智能手机的大量推广和普及，中国移动互联网市场规模保持稳定增长。2019 年上半年，移动互联网预计流量达 554 亿 GB，其中通过手机上网的流量达到 552 亿 GB，占移动互联网总流量的 99.6%。

移动互联网业务和应用包括移动环境下的网页浏览、文件下载、位置服务、在线游戏、视频浏览和下载等业务。随着宽带无线移动通信技术的进一步发展和 Web 应用技术的不断创新，移动互联网业务的发展将成为继宽带技术后互联网发展的又一个推动力，为互联网业务的发展提供一个新的平台，使得互联网更加普及，并以移动应用，固有的随身性、可鉴权、可身份识别等独特优势，为传统的互联网类业务提供了新的发展空间和可持续发展的模式；同时，移动互联网业务的发展为移动网带来了无尽的应用空间，促进了移动网络宽带化的深入发展。

3. 移动互联网的特点

移动互联网业务的特点不仅体现在移动性上，用户可以“随时、随地、随心”地享受互联网业务带来的便捷，还表现在拥有更丰富的业务种类。

移动互联网的特性：①终端移动性。用户可以在移动状态下接入和使用互联网服务，移动终端便于用户随身携带和随时使用。②业务使用的私密性。在使用移动互联网业务时，所使用的内容和服务保密性更强，如手机支付业务等。③重视对传感技术的应用。有关的移动网络设备向着智能化、高端化、复杂化的方向发展，利用传感技术能够实现网络由固定模式向移动模式的转变，方便用户。④有效地实现人与人的连接。在移动互联网的未来发展方向中，实现人与人的连接，构建人的网络是非常重要的。

（六）空间信息技术

1. 什么是空间信息技术

空间信息技术是20世纪60年代兴起的一门新兴技术，于20世纪70年代中期以后在我国得到迅速发展。该技术主要包括卫星定位系统、地理信息系统和遥感学的理论与技术，同时结合计算机技术和通信技术，进行空间数据的采集、测量、分析、存储、管理、显示、传播和应用等。

2. 农业对空间信息技术的应用

在农业4.0时代，空间信息技术将在土地利用动态监测与资源调查、农业自然灾害监测与评估、农业精细作业、农作物长势监测与估产、农业病虫害监测等方面得到广泛应用。加快对空间信息技术研究，并在农业中推广应用，将会推动农业资源利用的精准化，促进农业可持续发展。

（七）人工智能技术

1. 什么是人工智能

人工智能：英文缩写为AI。它是研究、开发用于模拟、延伸和扩展人的智能的理论、方法、技术及应用系统的一门新的科学技术。是计算机科学的一个分支，研究领域包括机器人、语言识别、图像识别、自然语言处理和专家系统。

美国麻省理工学院的温斯顿教授认为：人工智能就是研究如何使计算机去做过去只有人才能做到的智能工作。也就是说，人工智能是研究人类智能活动的规律，构造具有一定智能的人工系统，应用计算机的软硬件来模拟人类某些智能化行为（如学习、推理、思考、规划等）的基本理论、方法和技术。被认为是21世纪三大尖端技术（基因工程、纳米科学、人工智能）之一。

人工智能从诞生以来，理论和技术日益成熟，应用领域也不断扩大，可以设想人工智能带来的科技产品，将是全人类智慧的“容器”。

2. 人工智能在农业领域的应用

农业4.0时代，人工智能在农业中的应用主要体现在农业智能装备及机器人、虚拟现实技术等方面。人工智能技术将贯穿于农业生产的产前、产中、产后各阶段，以其独特技术优势提升农业生产技术水平，实现智能化动态管理，实现以机器全部或部分代替人的劳动，减轻劳动强度，具有巨大应用潜力。

第二节 现代农业电子商务模式

电子商务模式就是指在网络环境中基于一定技术基础的商务运作方式和盈利模式。

随着电子商务模式应用领域的不断扩大和信息服务方式的不断创新，电子商务的类型也层出不穷，主要分为 B2B、B2C、C2C、O2O、BOB 等模式。

一、B2B 模式

B2B 是企业与企业之间的电子商务模式，是应用最多和最受企业重视的形式，企业可以使用互联网或其他网络针对每笔交易寻找最佳合作伙伴，完成从订购到结算的全部交易行为。目前做得比较好的是阿里巴巴电子商务模式。见图 6-5。

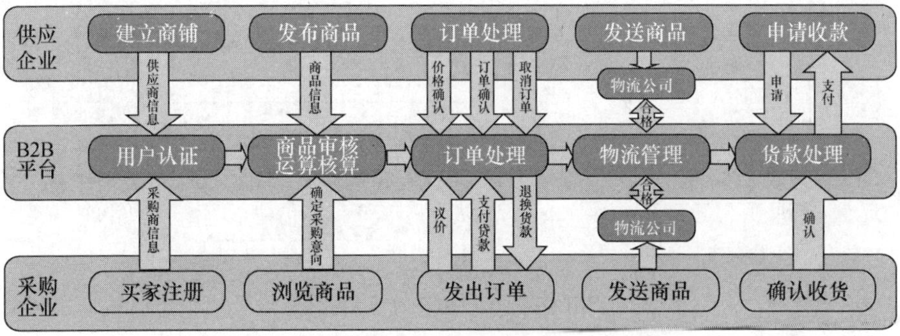

图 6-5 B2B 电子商务模式

B2B 商务是以企业为主体，在企业之间进行电子商务活动，是电子商务的主流，也是企业面对激烈的市场竞争，改善竞争条件、建立竞争优势的主要方法。开展电子商务，将企业拥有一个商机无限的发展空间，这也是企业谋生存、求发展的必由之路，它可以使企业在竞争中处于更加有利的地位，B2B 电子商务将会为企业带来更低的价格，更高的生产效率和更低的劳动成本及更多的商业机会。

B2B 主要是针对企业内部及企业（B）与上下游协力厂商（B）之间的资讯整合，并在互联网上进行的企业与企业之间的交易。借由企业内部构建的资讯流通基础，以及外部网络结合产业的上中下游厂商，达到供应链（SCM）的整合。这种模式不仅可以简化企业内部资讯流通的成本，更可以使企业与企业之间的交易流程更快速,减少成本的耗损。提供 B2B 模式商务服务平台的代表性网络有聪慧网。

二、B2C 模式

B2C 是企业与消费者之间的电子商务模式,是消费者利用互联网直接参与经济活动的形式,类同于商业电子化的零售商务。随着互联网的出现,网上销售迅速地发展起来。见图 6-6。

B2C 是企业通过网络销售产品或服务个人消费者,企业厂商直接将产品或服务推上网络,并提供充足资讯与便利的接口吸引消费者选购,这也是目前最常用的方式,如网络购物、证券公司网络下单作业、一般网站的资料查询作业等,都属于企业直接接触顾客的作业方式。

提供 B2C 模式商务服务平台的代表性网站有京东商城。

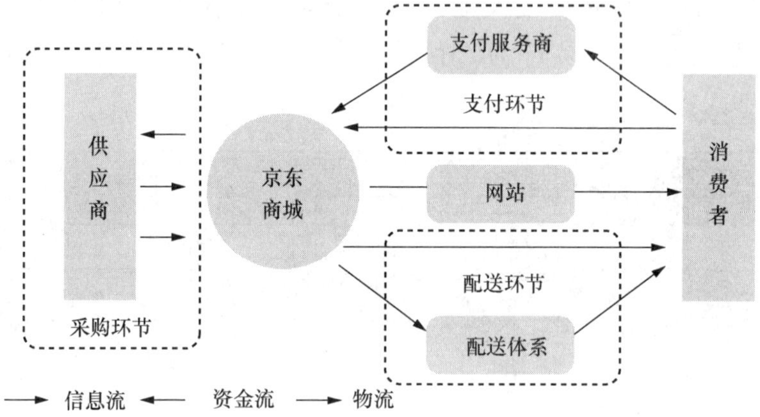

图 6-6 B2C 电子商务模式

三、C2C 模式

C2C 是消费者与消费者之间的电子商务模式。C2C 商务平台就是通过为买卖双方提供一个在线交易平台,使卖方可以主动提供商品上网拍卖,而买方可以自行选择商品进行竞价。其代表是淘宝电子商务模式。见图 6-7。

C2C 这种消费者之间的互动交易行为是多变的。消费者可以同在某一竞标网络或拍卖网站中,共同在线上出价,而由价高者得标;或由消费者自行在网络新闻论坛或 BBS 上张贴布告,以出售二手货品,甚至是新品。诸如此类消费者间的互动而完成的交易,就是 C2C 的交易。

目前,竞标拍卖已经成为决定稀有物价格最有效率的方法之一,如古董、名人物品、稀有邮票等,只要不是需求面大于供给面的物品,就可以使用拍卖的模式决定最佳市场价格。拍卖商品的价格因为欲购买者的彼此相较而逐渐升高，最后由最想买到商品的买家用最高价买到商品，而卖家则以市场所能接受的最高价格卖掉商品。

C2C竞标网络中，竞标物品多样化且毫无限制，商品提供者可以是邻家小孩，也可以是顶尖跨国大企业；货品可以是自制的糕饼，也可以是毕加索的真迹名画。C2C并不局限于物品与货币交易，在这虚拟的网络中，买卖双方可以选择以物易物，或以人力资源交换商品。如一位家庭主妇用一桌筵席的服务，来换取心理医生的一节心灵澄净之旅课程。这就是参加网络竞争交易的魅力，网站经营者不负责物流，而是协助市场资讯的汇集，以及建立网络信用评等制度。提供C2C模式商务服务平台的代表性网站有淘宝网。

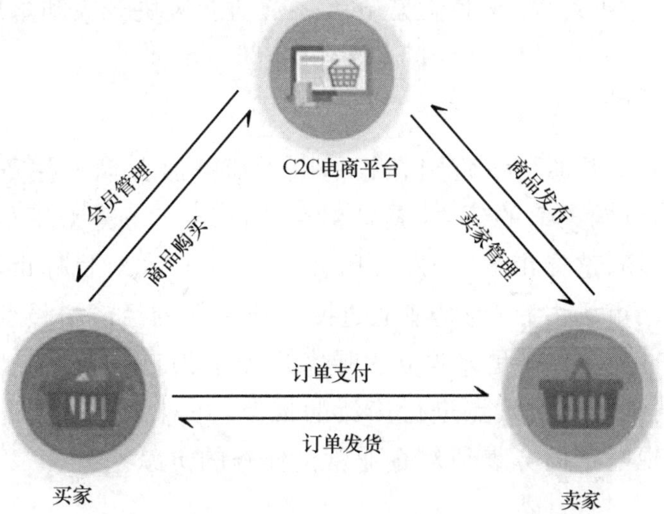

图 6-7　C2C 电子商务模式

四、O2O 模式

O2O是线上与线下相结合的电子商务模式。通过网购导购机，把互联网与实体店完美对接，实现互联网落地。让消费者在享受线上优惠价的同时，又可以享受线下贴心的服务。中国较早转型O2O并成熟运营的企业代表为家具网购市场领先的美乐乐，具体表现为线上家具网与线下体验馆的双平台运营。

O2O电子商务，是商家通过免费开网店，将商家信息、商品信息等展现给消费者，消费者通过线上筛选服务，线下比较，体验后有选择的消费，在线下进行支付。这样既能极大的满足消费者个性化的需求，也节省了消费者因在线上支付而没有去消费的费用。商家根据网店信息传播得更快、更远、更广的特点，可以瞬间聚集强大的消费能力。该模式的主要特点是商家和消费者通过 O2O 电子商务满足了双方的需要。O2O 模式最直接的运营平台就是淘宝网。

五、BOB 模式

BOB 是供应方与采购方之间通过运营者达成产品或服务交易的一种电子商务模式。核心目的是帮助那些有品牌意识的中小企业或渠道商能够有机会打造自己的品牌,实现自身的转型和升级。

这是由品众网络科技推行的一种全新的电商模式,它打破了以往电子商务的固有模式,提倡将电子商务平台化向电子商务运营化转型。不同于以往的 C2C、B2B、B2C、BAB 等商业模式,其将电子商务及实业运作中的品牌运营、店铺运营、移动运营、数据运营、渠道运营五大运营功能板块升级和落地。

六、B2M 模式

B2M 是为企业提供网络营销托管的电子商务服务商。注重的是网络营销市场及企业网络营销渠道的建立,是针对企业网络市场营销建立的电子商务平台。通过接触市场、选择市场、开发市场、而不断地扩大对目标市场的影响力,从而实现销售增长、市场占有,为企业通过网络找到新的经济增长点。

B2M 模式的执行方式是以建立引导客户需求为核心的站点为前提,通过线上或线下多种营销渠道对站点进行广泛的推广,并对营销站点进行规范化的采购管理,从而实现电子商务渠道对企业营销任务的贡献。

第三节　现代农业规模化经营模式

从国际、国内现代农业发展的实践看,农业规模化经营都是走家庭农场、农业合作社、农业企业等规模化、专业化、品牌化的经营模式。

一、家庭农场经营模式

家庭农场是指以家庭成员为主要劳动力,以种植业、养殖业为主要经营活动,从事农业规模化、集约化、商品化生产经营;经有关部门注册登记或认定,并以农业收入为家庭主要收入来源的新型农业经营主体。

家庭农场作为一种农业劳动组织形式,具有血缘关系和伦理道德规范所维持的激励约束机制，具有劳动作业灵活性和市场竞争的抗压力，蕴藏着跨越时空的生存发展能力，因此，家庭农场在世界各国有着普遍的适应性。

(一)家庭农场的特征

我国现阶段的家庭农场，是具有家庭经营特点，经过合法的土地经营权流转程序，经营规模达到一定水平，并经过有关部门审批建立的新型农业经营组织，是农户家庭承包经营的“升级版”。

借鉴国外家庭农场的一般特性，结合我国基本国情和农情，准确把握我国家庭农场的五个基本特征。

1. 以家庭为生产经营单位

家庭农场的兴办者是农民，是家庭。最鲜明的特征是以家庭成员为主要劳动力，以家庭为基本核算单位。家庭成员劳动力可以是户籍上的核心成员，也可以是有血缘或婚姻关系的大家庭成员。不排斥雇工，但雇工一般不超过家庭务农劳动力数量，主要为农忙时临时性雇工。

2. 以农为主业

家庭农场以提供商品性农产品为目标开展专业化生产，主要从事种植业、养殖业生产，实行一业为主或种养结合的农业生产模式，满足市场需求，获取市场认可是其生存和发展的基础。

3. 以集约化生产为手段

经营者具有一定的资本投入能力、农业技能和管理水平，能够采用先进技术和装备，经营活动有比较完整的财务收支记录。这种集约化生产和经营水平的提升，使家庭农场能够取得较高的土地产出率、资源利用率和劳动生产率，对其他农户开展农业生产起到示范带动作用。

4. 以适度经营规模为基础

种植或养殖经营必须达到适度的规模，把握住经营规模与家庭成员的劳动力相匹配，确保既充分发挥了全体成员的潜力，又避免因雇工过多而降低劳动效率；还要与取得相对体面的收入相匹配。从全国家庭农场效果情况看，经营小麦、水稻、玉米等大田作物，平原地区机械化程度比较高，每个家庭农场经营规模200～300亩为宜；丘陵山区，地块小、机械化程度不高的地方，每户经营规模100亩左右；种植油料、水果、蔬菜、药材等经济作物，每户经营面积以50亩左右为宜。从事规模化养殖，养猪以200～500头为宜，养牛20头及以上，养羊以50只及以上，养鸡或鸭以2 000只及以上为宜，养鱼以10亩及以上为宜。

5. 以盈利为目的商品化生产

经营方式具有以市场为导向的企业化特征，实行商品化生产，经营收入是家庭收入的主要来源。每户每年农业经营纯收益10万元以上。

(二)家庭农场发展的模式

1. 上海松江模式

上海市松江区从2004年开始,鼓励农民将土地流转到村集体,农户和村委会签订统一的《土地流转委托书》,2009年松江区对农民土地承包权予以进一步确认,农民手中的土地更加彻底地流转到村集体。到2011年,全区土地流转面积25.1万亩,99.4%的土地已经集中到村集体。模式的主要特征如下:

(1)家庭经营。经营者原则上必须是本地农户家庭,且必须主要依靠家庭成员从事农业生产经营活动;不得常年雇用外来劳动力从事家庭农场的生产经营活动。

(2)规模适度。全区共有家庭农场1 267户,经营面积15.0万亩,户均经营面积118.6亩。

(3)农业为主。依靠农业为主的专业生产经营增收致富,2013年家庭农场平均净收入10万元左右,种养结合的大于15万元。

(4)集约生产。通过耕地流转,将土地、劳力、农机等生产要素适当集中,实现集约化经营、专业化生产。

2. 浙江宁波模式

宁波市家庭农场发展的最大特点是市场自发性。早在20世纪90年代后期,一些种植、养殖大户自发或在政府引导下,将自己的经营行为进行工商注册登记,寻求进一步参与市场竞争的机会,从而转变成"家庭农场"。这些家庭农场大都是通过承租、承包、有偿转让、投资入股等形式,集中当地分散的土地进行连片开发后发展起来的,经营的项目涉及粮食、蔬菜、瓜果、畜禽养殖等领域。有些还因地制宜,借助当地独特的农业资源、田园风光等优势,发展休闲观光农业。模式主要有以下特征:

(1)经营规模适中。种植类农场生产规模基本在50~100亩。

(2)农场主综合素质较好,管理水平较高。绝大部分农场主产业规模是从微到大,专业知识、实践技能较强,懂经营、会管理。有一批农场主是购销大户或农产品经纪人,市场信息灵,产销连接紧密,产品竞争力强。

3. 安徽郎溪模式

安徽省郎溪县,早在20世纪90年代家庭农场就开始萌芽。近年来,随着工业化、城镇化步伐的加快,离土不离乡进城务工的人越来越多,为一家一户的小规模种植向适度规模经营提供了条件。2014年,全县有粮食、畜禽、水产、林果、茶叶等类型的家庭农场648家,经营耕地面积15万亩,户均230亩。县里整合涉农资金、抽调农技人员、建设农民合作社信息化项目,并创新成立家庭农场协会,使家庭农场由单打独斗的"游击队"转变为协同作战的"集团军",

由县农委牵头于2009年成立了“郎溪县家庭农场协会”，遴选了产业代表性强、规模较大、辐射带动作用明显且具有一定影响力的家庭农场主为会员，通过向上争取项目和内部协调，为家庭农场成员提供指导和帮助，不断培育和发展壮大各类家庭农场；连续多年争取省财政扶农项目资金，用于家庭农场的信息化建设。

4. 湖北武汉模式

武汉市是国内较早推行家庭农场经营模式的地区之一。武汉市对种植业等四类家庭农场提出了具体要求：

(1)种植家庭农场。适度规模种植优质稻、优质油菜、鲜食玉米、蔬菜、西(甜)瓜等，种植蔬菜等经济作物面积为50亩左右，粮油作物100亩以上，机械化作业水平达到60%以上，实行标准化生产。

(2)水产业家庭农场。标准精养鱼池面积达到60亩以上，名特优养殖品种率达到70%以上，机械化作业水平60%以上，有稳定的技术依托单位和一定的生产设施。

(3)种养结合型家庭农场。农场主进行种植业、水产业等综合经营，以种植业为主，其他产业经营达到相应土地规模标准下限50%以上。

(4)循环农业型家庭农场。以家庭为单位建成规模型畜牧养殖农场，功能分区明显，畜禽养殖、排污等配套设施齐全。同时流转土地进行种植业生产，实行“畜禽—沼—种植”的循环农业模式。

(三)我国家庭农场发展情况

1. 家庭农场经营效果

截至2020年，全国家庭农场名录系统填报数量超过300万个，创建县级及以上示范家庭农场数量达11.7万个。

2. 家庭农场经营规模

家庭农场包括农业部门认定或备案，工商部门注册登记的家庭农场和符合条件的规模经营户。经营规模标准如下：

(1)种植业。种植农作物土地面积在50亩及以上；设施农业占地面积5亩及以上。

(2)畜牧业。每年生猪出栏200头及以上；肉牛出栏20头及以上；奶牛存栏20头及以上；蛋鸡、蛋鸭存笼2 000只及以上。

(3)渔业。养殖面积达到10亩及以上。

(4)种养结合。种植业和养殖业达到上述标准的50%及以上。

3. 加快家庭农场的发展

2019 年发布的《关于实施家庭农场培训计划的指导意见》中指出，培育发展家庭农场有利于重要农产品的有效供给；有利于提高农业综合效益，推进农业供给侧结构性改革；有利于现代农业的发展。2020 年 5 月，全国家庭农场高质量发展工作推进视频会议召开，对家庭农场培训培育发展重点工作进行再部署、再安排、再推进。同时，一系列家庭农场扶持政策措施相继出台。中办、国办印发《关于加快构建政策体系培育新型农业经营主体的意见》《关于促进小农户和现代农业发展有机衔接的意见》；中央农办、农业农村部等 11 部门和单位联合印发《关于实施家庭农场培育计划的指导意见》；农业农村部印发《新型农业经营主体和服务主体高质量发展规划(2020—2022 年)》。这些文件对家庭农场培育发展作出了全面部署，是今后一个时期家庭农场工作的重要指导和遵循。

二、农民专业合作社模式

农民专业合作社是以农村家庭承包经营为基础，通过提供农产品销售、加工、运输、贮藏以及农业生产经营有关的技术、信息等服务来实现成员互助目的的组织，从成立开始就具有经济互助性，拥有一定组织架构，成员享有一定权利，同时负有一定责任。

(一)国际上农民合作社产生背景

合作经济是一个全球性的概念和实践活动。早在 19 世纪，西方一些国家就开始了合作经济的探索。国际上农业合作社的发展大体经历了三大阶段：

1. 启蒙阶段

19 世纪初，欧洲空想社会主义者开始进行合作经济的探索，成立了一些生产、生活高度集中统一的合作社，由于脱离实际而失败。

2. 起步阶段

1844 年，为应对零售商的盘剥，英国罗虚代尔镇 28 名纺织工人组建了罗虚代尔公平先锋社，标志着世界上第一个合作社的诞生。合作社成员每人出 1 英镑股金，统一采购面包等生活必需品，为大家提供服务。到 20 世纪 30 年代，罗虚代尔先锋合作社社员发展到 4 万多人，创办了屠宰场、加工厂，拥有上百家分店。合作社的成功主要归功于其章程规定的社员入社、退社自由，管理充分民主，按社员的交易额分配盈余原则，从而激发了欧美地区劳动者创办合作社的积极性。

3. 稳步发展阶段

随着合作社发展，合作社之间也由松散走向联合，并从局部地区联合发展到国内乃至国际间的联合。如法国的合作社联盟,日本、韩国的全国性农业协同组合联合会等。1895年,国际合作社联盟在英国伦敦成立,标志着合作社经济进入稳步发展阶段。1946年,国际合作社联盟成为获得联合国咨询地位的非政府性机构。目前,国际合作社联盟有来自120多个国家和地区的240多个成员组成,代表着遍布全世界7亿多合作社社员。

(二)中国农民专业合作社发展历程

改革开放以后,我国实行了农村家庭联产承包经营责任制。政社分离的改革,确立了农户的市场主体地位。但随着农村商品经济的发展和市场化进程的推进,家庭经营的缺陷逐渐显露出来,集中表现为传统小农生产与现代大市场经营的矛盾。为了实现千家万户小生产与千变万化大市场的有效对接,不断提高农民进入市场的组织化程度,农户选择联合起来发展合作社,合作社的发展进入新的时期。我国农民合作社的发展历程可分为4个阶段:

1. 始发阶段

20世纪70年代末期至90年代初期。

2. 成长阶段

20世纪90年代中期至90年代末期。

3. 深化和加速阶段

20世纪90年代末期至2007年。

4. 发展转型阶段

2007年至今。2006年10月31日,十一届全国人大常委会第24次会议通过了第一部关于农民合作经济组织的法律《中华人民共和国农民专业合作社法》,共计九章五十六条,于2007年7月1日起施行。

2022年,农业农村部印发《关于实施新型农业经营主体提升行动的通知》,鼓励有长期稳定务农意愿的农户适度扩大经营规模,成长为家庭农场;引导以家庭农场为主要成员联合组建农民合作社,开展统一生产经营服务;支持农民合作社依法自愿兼并、合并或组建联合社,促进新型农业经营主体内强素质、外强能力。截至2023年3月底,全国依法登记的农民合作社达223.4万家,辐射带动近一半农户,农民合作社依法自愿组建联合社1.5万家、成立农民合作社联合会1 773个,纳入全国家庭农场名录管理的家庭农场超过400万家。

(三)农民专业合作社的类型

依据生产力发展的差异和管理体制的不同,世界各国农业合作社呈现多样性,可以从不同的角度分类,从合作社发挥的功能,可以分为生产类和服务类。

1. 生产类合作社

生产类合作社是指从事种植、养殖、采集、捕捞、放牧、初级加工等生产活动的各类合作社。如养蜂合作社、水蜜桃合作社、秸秆利用合作社等。

2. 服务合作社

(1)供销合作社。是指购进各种生产资料出售给社员,同时销售社员的农产品,以满足其生产上各种需求的合作社,是当前世界上较为流行的一种合作社组织。

(2)营销合作社。是从事社员生产的商品联合推销业务的合作社,有时候兼营产品的分级、包装、加工等业务。目前世界各国的运销合作社主要采取 3 种不同的运销制度:①收购运销制,合作社收购农产品后再进行销售,销售盈利与社员无关;②委托运销制,合作社代理销售,销售款在扣除一定费用后,全部交给社员,盈利由社员所得;③合作社运销制,将社员所交的同级产品混合销售,社员取得平均收入。

(3)体验合作社。是以农民自我保障为主的互助组织。它既非公司、也非个人合伙,是否具有法人资格由各国的法律来规定。由社员代表大会选出合作社委员会作为决策机构,在其指导下,聘任理事经营保险业务。每一合作社成员应交的保险费是其同意分摊的预期损失加上经营费用的总合。盈余可以分给每一个成员账户中,亏损则由成员就其分摊部分补交,直至达到合同规定的最大限额。

(4)互助合作社。是由合作社社员共同出资置办各种与生产有关的公共农业设备或者生产资料以供社员共同使用的一种合作社。目前世界上各国(地区)比较普遍的互助合作社有农机、种畜、水利、仓储、农产品加工合作社等。

(5)消费合作社。是由消费者共同出资组成,主要通过经营生活消费品为社员自身服务的合作组织。

(四)农民专业合作社的功能

1. 服务的职能

为社员农户提供产前、产中、产后有效服务是农民专业合作社的基本职能。使农民社员能够以低廉的价格购置所需要的生产资料和生活资料,以较高的价格销售自己的农产品,给社员提供技术和信息,提供机会和渠道。

2. 桥梁的职能

在农业经营过程中,农业龙头企业与农户之间需要一个中介组织,合作社就要起到龙头企业与农户对接,生产与市场对接的作用。同时作为农民利益的代表,合作社必须成为政府和农民的桥梁,发挥上情下传、下情上达作用。

3. 保护的职能

分散经营的农户无法抵御自然风险与市场风险。作为弱势群体的代表，专业合作社必须成为农民利益的代表，减轻农民的负担，保护农民的权益不受侵害。同时，还要保护农村的环境，保护农村的资源，实现农业的可持续发展。

4. 教育培训的职能

我国专业合作社经营的平台，要为成员提供一个相互学习、取长补短的渠道，可以让一些有一技之长的专业农户，建立"田间教室"，发挥先进技术的示范带动作用。

5. 发展的职能

目前，虽然全国农民专业合作社数量众多，但是真正组织完善、管理有序、经营有方的农民专业合作社比例很低。我们既要总结过去的经验教训，又要学习借鉴发达国家合作社发展的经验，更要结合中国的实际情况进行探索与突破。农民专业合作社具有强大的生命力，能够适应不同的经济制度，只要有市场，就会有合作社。从欧、美、日等国办合作社的经验看，它的内容非常广泛，形式多种多样，经营范围可拓宽到农工商产加销一体化。只要坚持发展，农民专业合作社的路会越来越宽广。

三、农村一二三产业融合发展模式

农村一二三产业融合发展实际上是现代农业产业化发展的"升级版"，也是补齐农业短板，实现"工业化、信息化、城镇化、农业现代化"四化联动、同步发展的战略要求。实践证明，农村一二三产业融合发展，是深化农村改革的重要举措，是城乡经济协调发展的必然趋势，是推进农业供给侧结构性改革和建设现代农业的有利抓手，对促进农业增效、农民增收和培育农业农村发展新动能具有重要意义。

(一)中国一二三产业融合发展

1."三产"融合概念

农村一二三产业融合发展是指以农村为基础，通过要素集聚、技术渗透和制度创新，延伸农业产业链，拓展农业多种功能，培育农村新型业态，形成农业一二三产业交叉融合的现代产业体系、惠农富农的利益联结机制、城乡一体化的农村发展新格局。

2."三产"融合类型

农村产业融合,按照融合主体划分,可分为内源性融合和外源性融合:内源是以农户、专业大户、家庭农场或农民专业合作社为基础的融合发展;外源是以农产品加工或流通企业为基础的融合发展。按融合路径划分,可分为组织内融合和组织间融合:组织内是以家庭农场、农民合作社办加工和销售,或农业企业自建基地一体化经营,在产业组织内部实现融合;组织间是龙头企业与农户、合作社签订产品收购协议,在产业组织间实现融合。

3."三产"融合特点

农村"三产"融合发展的特点是产业形态创新更趋活跃,产业边界更为宽广,利益联结机制更加紧密,经营主体更加多元,发挥功能更加多样,内涵更加丰富。"三产"融合有利于农民分享3次产业"融合"中带来的红利;有利于吸收现代科技要素改造传统农业;有利于拓展农业功能,培育农村新的增长点;有利于强化农业农村基础设施互联互通,促进美丽乡村建设,城乡一体化建设,实现城乡共同繁荣,缩小城乡差距,最终消除城乡二元结构。

(二)日本"六次产业"的提出

1."六次产业"的概念

"六次产业"是日本东京女子大学教授今村奈衣臣(日本农协综合研究所所长)在1994年最先提出的。该理论提出的"六次产业"是指农村地区各产业之和,即"1+2+3=6",意为农业不仅指农畜水林产品为主,而且还应包括与农业相关联的农产品加工和食品制造第二产业,以及流通、销售、信息服务和农业旅游等第三产业。后来对这一提法修改为"1×2×3=6",表明只有依靠农业为基础的各产业间的合作、联合与整合,才能取得农村地区经济效益的提高。其本质强调的是农业生产者为主体,主导"六次产业"的发展,获取农业产业功能拓展的增值或溢价效应。

2."六次产业"产生背景

日本针对进入21世纪农户收入大幅度减少,2008年只有294万日元,比1995年农户收入减少395万日元,下降最重要的原因是农业产业的增值收益没有能够留在农业生产者手中。2010年3月,日本政府制定的《粮食、农业、农村基本计划》提出,"需要在国家与地方政府分工合作的体制下,通过发展农业和农村的'第六产业'来增强农村经济活力,改善农村生产、生活条件,以维持村落功能和保护生态系统及包括景观在内的农村环境。"

3."六次产业"的核心

"六次产业"的核心是充分开发农业的多种功能与多重价值,形成生产、加工、流通、销售、服务的一体化和融合,使得在产地增加农产品附加值,农业从业者与不同产业、不同领域，如食品加工业、旅游业、高科技产业开展合作。近年来，日本有越来越多的企业、资金、人才开始进入日趋活跃的“第六产业”。

(三)我国农村一二三产业融合发展进展

1. 国家高度重视

我国是在2014年12月底召开的中央农村工作会议，提出了“大力发展农业产业化，把产业链、价值链等现代产业组织方式引入农业，促进一二三产业融合互动”的要求。2015年中央1号文件从国家层面提出了一二三产业融合发展。2015年国务院办公厅印发了《关于推进农村一二三产业融合发展的指导意见》(国办发〔2015〕93号)，明确提出以新型城镇化为依托，推进农业供给侧结构性改革，着力构建农业与二三产业交叉融合的现代产业体系，并就发展产生融合方式、培养产业融合主体、完善产业融合服务等方面进行了全面部署。

2. 开展创建活动

在全国开展了农村一二三产业融合发展百县千乡万村创建活动，第一批先导区创建153个县市，其中湖北省9个，有大冶市、仙桃市、夷陵区、京山县、宜都市、黄梅县、鹤峰县、随县、南漳县。

国家财政已累计投资120亿元，促进一二三产业融合发展。

3.4种发展形式

(1)农业内部产业重组型融合。如种植业与养殖业结合。

(2)农业产业链延伸型融合。如涉农组织以农业为中心向产前、产中、产后延伸。

(3)农业与其他产业交叉型融合。如农业与生态文化、观光旅游相结合，卖优质产品、卖观赏风景、卖参与感受、卖绿色健康。

(4)先进要素技术对农业的渗透型融合，在“互联网＋”下，农业实现在线化、数据化，农产品线上预订线下销售。

第四节 现代农业示范区建设模式

国家现代农业示范区以现代产业发展理念为指导，以新型农民为主体，以现代科学技术和物质装备为支撑，采用现代经营管理方式的可持续发展的现代农业示范区域，具有产业布局合理、组织方式先进、资源利用高效、供给保障安全、综合效益显著的特征。

创建示范区是党中央、国务院推进中国特色农业现代化建设的重大举措，对实现现代农业发展在点上突围，进而带动面上整体推进具有重要意义。各地示范区要以率先实现农业现代化为目标，以改革创新为动力，主动适应经济发展新常态，立足当前强基础，着眼长远促改革，加快转变农业发展方式，努力把示范区建设成为我国现代农业发展“排头兵”和农业改革“试验田”，示范引领中国特色农业现代化建设。

一、国家现代农业科技示范区建设

为贯彻落实中共中央、国务院《关于加大改革创新力度加快农业现代化建设的若干意见》(中发〔2015〕1 号)精神，加快体制机制创新，加大科技成果转化应用力度，推动建设产出高效、产品安全、资源节约、环境友好的现代农业，促进城乡一体化发展，在有关省市推荐的基础上，科技部印发了《关于发布第一批国家现代农业科技示范区的通知》(国科发农〔2015〕256 号)。

表 6-2 为第一批国家现代农业科技示范区(8 个)。

表 6-2 第一批国家现代农业科技示范区

项目	示范区名单
第一批国家现代农业科技示范区(8 个)	1. 北京现代农业科技城；2. 河北环首都现代农业科技示范带；3. 安徽皖江现代农业科技示范区；4. 山东黄河三角洲现代农业科技示范区；5. 河南中原现代农业科技示范区；6. 湖北江汉平原现代农业科技示范区；7. 湖南环洞庭湖现代农业科技示范区；8. 新疆现代农业科技城

二、国家现代农业产业园建设

表 6-3 为国家现代农业产业园名单。

表 6-3　国家现代农业产业园名单

项目	产业园名单
首批国家现代农业产业园	1. 四川省眉山市东坡区现代农业产业园；2. 河南省正阳县现代农业产业园；3. 山东省金乡县现代农业产业园；4. 黑龙江省五常市现代农业产业园；5. 贵州省水城县现代农业产业园；6. 福建省安溪县现代农业产业园；7. 湖北省潜江市现代农业产业园；8. 陕西省洛川县现代农业产业园；9. 吉林省集安市现代农业产业园；10. 浙江省慈溪市现代农业产业园；11. 广西壮族自治区来宾市现代农业产业园；12. 黑龙江省宁安市现代农业产业园；13. 江西省信丰县现代农业产业园；14. 黑龙江省庆安县现代农业产业园；15. 云南省普洱市思茅区现代农业产业园；16. 江苏省泗阳县现代农业产业园；17. 内蒙古自治区扎赉特旗现代农业产业园；18. 湖南省靖州县现代农业产业园；19. 山东省潍坊市寒亭区现代农业产业园；20. 山东省栖霞市现代农业产业园
第二批国家现代农业产业园	1. 北京市密云区现代农业产业园；2. 天津市宁河区现代农业产业园；3. 河北省平泉市现代农业产业园；4. 山西省隰县现代农业产业园；5. 内蒙古自治区科尔沁左翼中旗现代农业产业园；6. 辽宁省东港市现代农业产业园；7. 吉林省东辽县现代农业产业园；8. 黑龙江省富锦市现代农业产业园；9. 黑龙江省铁力市现代农业产业园；10. 黑龙江农垦建三江管理局七星现代农业产业园；11. 上海市金山区现代农业产业园；12. 江苏省东台市现代农业产业园；13. 江苏省南京市高淳区现代农业产业园；14. 浙江省杭州市余杭区现代农业产业园；15. 安徽省天长市现代农业产业园；16. 福建省古田县现代农业产业园；17. 江西省彭泽县现代农业产业园；18. 山东省滨州市滨城区现代农业产业园；19. 山东省庆云县现代农业产业园；20. 河南省延津县现代农业产业园；21. 河南省泌阳县现代农业产业园；22. 湖北省宜昌市夷陵区现代农业产业园；23. 湖北省随县现代农业产业园；24. 湖南省常德市鼎城区现代农业产业园；25. 湖南省长沙市芙蓉区现代农业产业园；26. 广东省梅州市梅县区现代农业产业园；27. 广东省湛江市坡头区现代农业产业园；28. 广东省新兴县现代农业产业园；29. 广东农垦湛江农垦(雷州半岛)现代农业产业园；30. 广西壮族自治区都安县现代农业产业园；31. 海南省儋州市现代农业产业园；32. 海南省三亚市崖州区现代农业产业园；33. 重庆市江津区现代农业产业园；34. 四川省广汉市现代农业产业园；35. 四川省邛崃市现代农业产业园；36. 四川省安岳县现代农业产业园；37. 贵州省麻江县现代农业产业园；38. 云南省开远市现代农业产业园；39. 西藏自治区拉萨市城关区现代农业产业园；40. 陕西省榆林市榆阳区现代农业产业园；41. 甘肃省酒泉市肃州区现代农业产业园；42. 甘肃省宁县现代农业产业园；43. 青海省泽库县现代农业产业园；44. 宁夏回族自治区吴忠市利通区现代农业产业园；45. 新疆维吾尔自治区博乐市现代农业产业园

续表 6-3

项目	产业园名单
第三批国家现代农业产业园	1. 天津市宁河区现代农业产业园;2. 河北省石家庄市鹿泉区现代农业产业园;3. 山西省万荣县现代农业产业园;4. 内蒙古自治区科尔沁左翼中旗现代农业产业园;5. 辽宁省盘锦市大洼区现代农业产业园;6. 黑龙江省富锦市现代农业产业园;7. 黑龙江农垦宝泉岭垦区现代农业产业园;8. 上海市金山区现代农业产业园;9. 江苏省东台市现代农业产业园;10. 江苏省南京市高淳区现代农业产业园;11. 江苏省邳州市现代农业产业园;12. 江苏省沭阳县现代农业产业园;13. 浙江省湖州市吴兴区现代农业产业园;14. 浙江省杭州市余杭区现代农业产业园;15. 安徽省天长市现代农业产业园;16. 福建省平和县现代农业产业园;17. 福建省古田县现代农业产业园;18. 江西省樟树市现代农业产业园;19. 江西省彭泽县现代农业产业园;20. 山东省滨州市滨城区现代农业产业园;21. 山东省东阿县现代农业产业园;22. 河南省温县现代农业产业园;23. 河南省泌阳县现代农业产业园;24. 湖南省常德市鼎城区现代农业产业园;25. 湖南省长沙市芙蓉区现代农业产业园;26. 广东省茂名市现代农业产业园;27. 重庆市江津区现代农业产业园;28. 四川省苍溪县现代农业产业园;29. 四川省广汉市现代农业产业园;30. 四川省邛崃市现代农业产业园;31. 四川省安岳县现代农业产业园;32. 贵州省修文县现代农业产业园;33. 云南省芒市现代农业产业园;34. 云南省开远市现代农业产业园;35. 西藏自治区白朗县现代农业产业园;36. 甘肃省宁县现代农业产业园;37. 甘肃省酒泉市肃州区现代农业产业园;38. 青海省泽库县现代农业产业园
第四批国家现代农业产业园	**一、2019 年批准创建的国家现代农业产业园** 1. 新疆维吾尔自治区博乐市现代农业产业园;2. 河南省延津县现代农业产业园;3. 山西省隰县现代农业产业园;4. 广东省翁源县现代农业产业园;5. 北京市密云区现代农业产业园;6. 河北省平泉市现代农业产业园;7. 海南省三亚市崖州区现代农业产业园;8. 辽宁省东港市现代农业产业园;9. 广东省普宁市现代农业产业园;10. 山东省庆云县现代农业产业园;11. 广东省梅州市梅县区现代农业产业园;12. 陕西省榆林市榆阳区现代农业产业园;13. 广东省新兴县现代农业产业园;14. 宁夏回族自治区吴忠市利通区现代农业产业园;15. 广东农垦湛江农垦(雷州半岛)现代农业产业园;16. 湖北省随县现代农业产业园;17. 广东省湛江市坡头区现代农业产业园;18. 广西壮族自治区都安县现代农业产业园;19. 吉林省东辽县现代农业产业园;20. 海南省儋州市现代农业产业园;21. 湖北省宜昌市夷陵区现代农业产业园;22. 黑龙江省铁力市现代农业产业园;23. 西藏自治区拉萨市城关区现代农业产业园;24. 贵州省麻江县现代农业产业园;25. 北大荒农垦集团有限公司建三江分公司七星现代农业产业园 **二、2020 年批准创建的国家现代农业产业园** 1. 江苏省苏州市吴江区现代农业产业园;2. 江苏省泰兴市现代农业产业园;3. 江苏省盱眙县现代农业产业园;4. 山东省阳信县现代农业产业园;5. 江苏省宝应县现代农业产业园;6. 广东省广州市从化区现代农业产业园;7. 四川省崇州市现代农业产业园;8. 广东省云浮市云城区现代农业产业园;9. 河南省灵宝市现代农业产业园;10. 陕西省陇县现代农业产业园;11. 四川省南江县现代农业产业园;12. 四川省资中县现代农业产业园;13. 吉林省吉林市昌邑区现代农业产业园;14. 河南省内乡县现代农业产业园;15. 新疆维吾尔自治区福海县现代农业产业园;16. 新疆维吾尔自治区昌吉市现代农业产业园;17. 浙江省瑞安市现代农业产业园;18. 内蒙古自治区乌兰察布市察右前旗现代农业产业园

三、国家乡村振兴建设

(一)全国"一村一品"示范村建设

"一村一品"是指在一定区域范围内,以村为基本单位,按照国内外市场需求,充分发挥本地资源优势，通过大力推进规模化、标准化、品牌化和市场化建设，使一个村（或几个村）拥有一个（或几个）市场潜力大、区域特色明显、附加值高的主导产品和产业。

农业农村部从2011年开始，目前已经认定了十二批全国“一村一品”示范村镇。第一批共有323个，第二批326个，第三批328个，第四批324个，第五批306个，第六批316个，第七批300个，第八批300个，第九批442个，第十批423个，第十一批399个，第十二批395个。

表6-4为湖北省全国“一村一品”示范村镇数量（184家）。

表6-4 湖北省全国“一村一品”示范村镇（共184家）

所在市(州)	湖北省全国“一村一品”示范村镇名单
武汉市:12家	2011 湖北省武汉市汉南区邓南街建新村（鲜食玉米）※ 2012 湖北省武汉市江夏区金口街金水一村（金口蔬菜） 2013 湖北省武汉市新洲区徐古镇（徐古双孢菇） 2014 湖北省武汉市蔡甸区蔡甸街永利村（蔡甸莲藕） 2016 湖北省武汉市蔡甸区侏儒山街薛山村（蔡甸藜蒿） 2017 湖北省武汉市蔡甸区侏儒山街金鸡村（蔡甸藜蒿） 2017 湖北省武汉市新洲区李集街张集村（李集香葱） 2018 湖北省武汉市东西湖区东山办事处群力大队（东西湖葡萄） 2018 湖北省武汉市洪山区洪山街先建村（洪山菜薹） 2019 湖北省武汉市新洲区旧街石咀村（白茶） 2020 湖北省武汉市江夏区长江村(蔬菜) 2021 湖北省武汉市黄陂区罗汉寺街道(草莓)
黄石市:7家	2013 湖北省阳新县兴国镇宝塔村（春潮湖蒿） 2018 湖北省大冶市保安镇沼山村（狗血桃） 2018 湖北省大冶市金山店镇向阳村（香李） 2019 湖北省黄石市大冶市陈贵镇华垅村（花卉苗木） 2020 湖北省黄石市大冶市刘仁八镇金柯村(辣椒) 2021 湖北省黄石市铁山区大王镇贵湾村(香椿) 2022 湖北省黄石市阳新县枫林镇坳上村(吴茱萸)
十堰市:11家	2011 湖北省十堰市武当山特区八仙观村（武当道茶） 2013 湖北省郧县胡家营镇土地沟村（桑绿蚕丝） 2014 湖北省十堰市张湾区黄龙镇斤坪村（昌洁蔬菜） 2015 湖北省竹山县得胜镇圣水村（圣母山茶叶） 2019 湖北省十堰市丹江口市习家店镇（柑橘） 2019 湖北省十堰市竹山县竹坪乡（绿茶） 2020 湖北省十堰市郧阳区杨溪铺镇(香菇) 2020 湖北省十堰市竹溪县汇湾镇(茶叶) 2021 湖北省十堰市房县土城镇(黄酒) 2022 湖北省十堰市郧阳区青山镇(茶) 2022 湖北省十堰市郧西县香口乡(蔬菜)

续表 6-4

所在市(州)	湖北省全国“一村一品”示范村镇名单
襄阳市:14 家	2012 湖北省襄阳市襄城区卧龙镇新建村（卧龙山药） 2012 湖北省襄阳市襄州区龙王镇（昊宇香米） 2013 湖北省襄阳市襄城区欧庙镇石湾村（襄麦冬） 2014 湖北省襄阳市襄城区卧龙镇官山村（土猪倌生猪） 2015 湖北省南漳县肖堰镇周湾村（水镜庄茶叶）※ 2016 湖北省南漳县巡检镇峡口村（峡口柑橘） 2017 湖北省枣阳市新市镇（新市鲜桃） 2017 湖北省谷城县石花镇（花卉苗木） 2018 湖北省南漳县东巩镇双坪村（南漳黑木耳） 2019 湖北省襄阳市南漳县板桥镇董家台村（天麻） 2020 湖北省襄阳市谷城县紫金镇花园村(茶叶) 2021 湖北省襄阳市枣阳市平林镇宋集村(油桃) 2021 湖北省襄阳市襄州区程河镇(柳编) 2022 湖北省襄阳市宜城市南营街道金山村(水果)
宜昌市:21 家	2011 湖北省宜昌市夷陵区雾渡河镇清江坪村（茶叶） 2012 湖北省宜都市红花套镇（宜都蜜柑）※ 2013 湖北省宜都市潘家湾土家族乡（潘家湾富锌茶） 2013 湖北省当阳市两河镇（长坂坡大蒜） 2014 湖北省宜昌市夷陵区小溪塔街道办仓屋榜村(晓曦红柑橘) 2014 湖北省远安县旧县镇鹿苑村（鹿苑黄茶） 2014 湖北省枝江市七星台镇鸭子口村（鸭子口蔬菜） 2015 湖北省远安县茅坪场镇（楚蕈香菇） 2016 湖北省宜昌市夷陵区乐天溪镇石洞坪村(宜昌木姜子) 2016 湖北省宜都市王家畈镇（宜都宜红茶） 2017 湖北省宜都市高坝洲镇（宜都蜜柑） 2017 湖北省枝江市七星台镇（七星台蒜薹） 2018 湖北省远安县茅坪场镇瓦仓村（瓦仓大米） 2018 湖北省五峰土家族自治县采花乡星岩坪村（五峰茶叶） 2019 湖北省宜昌市秭归县永田坝乡王家桥村（柑橘） 2020 湖北省宜昌市长阳县火烧坪乡(蔬菜) 2020 湖北省宜昌市五峰县长乐坪镇(中药材) 2020 湖北省宜昌市枝江市百里洲镇三洲村(砂梨) 2021 湖北省宜昌市夷陵区邓村乡(茶叶) 2022 湖北省宜昌市枝江市安福寺镇(柑橘) 2022 湖北省宜昌市长阳土家族自治县榔坪镇关口垭村(木瓜)

续表 6-4

所在市(州)	湖北省全国"一村一品"示范村镇名单
荆州市:18 家	2011 湖北省荆州市荆州区川店镇太阳村（肉鸡、蛋鸡、种鸡）※ 2012 湖北省洪湖市螺山镇中原（官墩）村（洪湖清水河蟹） 2012 湖北省石首市南口镇永福村（南鑫蔬菜） 2013 湖北省公安县埠河镇天心眼村（荆楚天心眼葡萄） 2013 湖北省荆州市荆州区纪南镇（海子湖青鱼） 2013 湖北省洪湖市乌林镇赤林村（洪湖世元中华鳖） 2014 湖北省洪湖市燕窝镇四村（姚湖莴苣） 2014 湖北省监利县黄歇口镇（青阳宫贡米） 2016 湖北省洪湖市沙口镇（洪湖再生稻） 2016 湖北省松滋市八宝镇胜利村（滋宝西瓜） 2017 湖北省松滋市万家乡邓家铺村（松滋柑橘） 2017 湖北省江陵县三湖管理区新建大队(三湖黄桃) 2018 湖北省荆州市开发区滩桥镇移民新村(一米金橘) 2019 湖北省荆州市松滋市王家桥镇(蜜柚) 2020 湖北省荆州市松滋市街河市镇(生猪) 2021 湖北省荆州市洪湖市小港管理区(小龙虾) 2022 湖北省荆州市松滋市万家乡(柑橘) 2022 湖北省荆州市公安县闸口镇(虾稻)
荆门市:11 家	2011 湖北省荆门市东宝区栗溪镇栗树湾村(香菇) 2013 湖北省京山县永兴镇老柳河村(老柳河龟鳖) 2014 湖北省京山县钱场镇舒岭村(神地笼养蛋鸡)※ 2014 湖北省钟祥市旧口镇农兴村(七里湖白萝卜) 2016 湖北省钟祥市张集镇王河村(钟祥香菇) 2017 湖北省荆门市东宝区牌楼镇来龙村(蔬菜) 2018 湖北省荆门市漳河新区双喜街双井村(双井西瓜) 2019 湖北省荆门市钟祥市柴湖镇罗城村(盆花) 2020 湖北省荆门市钟祥市洋梓镇大桥村(红豆杉) 2021 湖北省荆门市钟祥市柴湖镇马南村(娃娃菜) 2022 湖北省荆门市钟祥市客店镇邵台村(葛根)
鄂州市:4 家	2011 湖北省鄂州市鄂城区杜山镇三山村(鱼) 2020 湖北省鄂州市鄂城区杜山镇(武昌鱼) 2021 湖北省鄂州市梁子湖区涂家垴镇张远村(蓝莓) 2022 湖北省鄂州市华容区蒲团乡(稻米)

续表 6-4

所在市(州)	湖北省全国“一村一品”示范村镇名单
孝感市:15 家	2011 湖北省应城市汤池镇(中华鳖) 2012 湖北省孝感市孝南区肖港镇(肖港小香葱) 2012 湖北省大悟县新城镇(齐天花生) 2013 湖北省广水市长岭乡红寨村(白玉春萝卜) 2014 湖北省大悟县三里城镇(大悟绿茶) 2014 湖北省云梦县城关镇白合村(白合花菜) 2015 湖北省孝昌县丰山镇丰新村(七仙红桃) 2015 湖北省汉川市汈汊湖养殖场联南村(汈汊湖中华绒螯蟹) 2016 湖北省安陆市巡店镇(安陆白花菜) 2017 湖北省孝昌县周巷镇(周巷凤凰茶) 2019 湖北省孝感市云梦县隔蒲潭镇大余村(马铃薯) 2020 湖北省孝感市汉川市杨林沟镇(芋头) 2021 湖北省孝感市大悟县三里城镇望山村(稻鸭米) 2022 湖北省孝感市云梦县下辛店镇白水湖村(藜蒿) 2022 湖北省孝感市大悟县河口镇金墩村(抹茶)
黄冈市:12 家	2012 湖北省英山县杨柳湾镇河南畈村(英山云雾茶) 2015 湖北省武穴市余川镇芦河村(佛手山药) 2016 湖北省麻城市宋埠镇彭店村(麻城辣椒) 2017 湖北省红安县二程镇(红安苕) 2019 湖北省黄冈市黄梅县独山镇(水果) 2019 湖北省黄冈市麻城市福田河镇(麻城福白菊) 2020 湖北省黄冈市红安县华家河镇(茶叶) 2020 湖北省黄冈市黄州区堵城镇王岭村(蔬菜) 2020 湖北省黄冈市罗田县九资河镇(中药材) 2021 湖北省黄冈市蕲春县漕河镇(蕲艾) 2022 湖北省黄冈市黄梅县下新镇(鱼面) 2022 湖北省黄冈市浠水县散花镇天井湖村(菱角)
咸宁市:16 家	2011 湖北省嘉鱼县潘家湾镇(蔬菜) 2013 湖北省嘉鱼县高铁岭镇白果村(嘉博枇杷) 2014 湖北省赤壁市茶庵镇(羊楼洞砖茶) 2015 湖北省崇阳县路口镇高田村(高田肉牛)※ 2015 湖北省通城县北港镇枫树村(通城生猪) 2015 湖北省通山县大畈镇大坑村(隐水洞枇杷) 2016 湖北省赤壁市官塘驿镇(有机猕猴桃) 2016 湖北省通山县南林桥镇石垅村(小龙虾) 2016 湖北省咸宁市咸安区汀泗桥镇黄荆塘村(咸安砖茶) 2017 湖北省通山县南林桥镇石门村(莲藕) 2017 湖北省崇阳县天城镇茅井村(太空莲) 2018 湖北省嘉鱼县陆溪镇(嘉鱼珍湖莲藕) 2018 湖北省咸宁市咸安区高桥镇白水村(白水畈萝卜) 2019 湖北省咸宁市嘉鱼县高铁岭镇(斑点叉尾鮰) 2020 湖北省咸宁市崇阳县桂花泉镇桂花村(雷竹笋) 2021 湖北省咸宁市咸安区贺胜桥镇(肉鸡)

续表 6-4

所在市(州)	湖北省全国“一村一品”示范村镇名单
随州市:5 家	2011 湖北省随县草店镇(香菇) 2012 湖北省随县安居镇王家沙湾村(皱叶黑白菜) 2018 湖北省随县三里岗镇吉祥寺村(随州香菇) 2019 湖北省随州市随县环潭乡柏树湾村(金银花茶) 2021 湖北省随州市广水市武胜关镇(茶叶)
恩施州:21 家	2011 湖北省恩施市芭蕉乡(茶叶) 2012 湖北省恩施市板桥镇大山顶村(大山鼎蔬菜) 2013 湖北省宣恩县椒园镇(伍家台贡茶) 2014 湖北省恩施市屯堡乡花枝山村(恩施玉露) 2015 湖北省巴东县水布垭镇大面山村(应城辣椒) 2015 湖北省来凤县三胡乡黄柏村(金祈藤茶) 2015 湖北省利川市毛坝镇(星斗山利川茶) 2016 湖北省恩施州来凤县漫水乡油房坳村(茂森缘油茶) 2016 湖北省恩施州咸丰县丁寨乡春沟村(苗木花卉) 2017 湖北省建始县花坪镇村坊村(关口葡萄) 2017 湖北省咸丰县高乐山镇沙坝村(长青茶叶) 2018 湖北省咸丰县坪坝营镇墨池寺村(滋恬富硒藤茶) 2018 湖北省宣恩县万寨乡(伍家台贡茶) 2019 湖北省恩施土家族苗族自治州鹤峰县燕子镇新行村(蔬菜) 2019 湖北省恩施土家族苗族自治州来凤县翔凤镇老茶村(油茶) 2019 湖北省恩施土家族苗族自治州咸丰县小村乡(白茶、绿茶、红茶) 2020 湖北省恩施州恩施市白杨坪镇洞下槽村(茶叶) 2020 湖北省恩施州宣恩县晓关乡(茶叶) 2021 湖北省恩施土家族苗族自治州宣恩县李家河镇(贡水白柚) 2022 湖北省恩施土家族苗族自治州咸丰县唐崖镇彭家沟村(黑猪) 2022 湖北省恩施土家族苗族自治州来凤县革勒车镇土家寨村(黄精)
仙桃市:5 家	2011 湖北省仙桃市彭场镇芦林湖村(藕带) 2012 湖北省仙桃市张沟镇(沔阳洲黄鳝) 2015 湖北省仙桃市长埫口镇太洪村(太鸿蛙稻) 2016 湖北省仙桃市长埫口镇武旗村(武旗湾毛豆) 2021 湖北省仙桃市郑场镇(富硒豆豉)
天门市:5 家	2011 湖北省天门市张港镇(花椰菜) 2014 湖北省天门市黄潭镇万场村(万长西甜瓜) 2019 湖北省天门市九真镇明庙村(炒米) 2021 湖北省天门市拖市镇何场村(马铃薯) 2022 湖北省天门市佛子山镇(稻米)
潜江市:6 家	2011 湖北省潜江市积玉口镇古城村(虾稻连作) 2016 湖北省潜江市熊口镇赵脑村(虾小弟小龙虾) 2019 湖北省潜江市老新镇秀河村(虾稻共作) 2020 湖北省潜江市竹根滩镇群联村(中药材) 2021 湖北省潜江市老新镇(虾稻) 2022 湖北省潜江市周矶管理区红旗社区(潜半夏)
神农架林区:1 家	2021 湖北省神农架林区木鱼镇(茶叶)

(二)中国美丽乡村建设

1. 美丽乡村概念

美丽乡村是指经济、政治、文化、社会和生态文明协调发展,规划科学,生产发展、生活富裕、乡村文明、村容整洁、管理民主,宜居、宜兴的可持续发展乡村。

2. 美丽乡村建设模式

美丽乡村建设十大模式:产业发展型、生态保护型、城郊集约型、社会综治型、文化传承型、渔业开发型、草原牧场型、环境整治型、休闲旅游型、高效农业型。

美丽乡村建设模式,涵盖了美丽乡村建设"环境美、生活美、产业美、人文美"的基本内涵,能够为中国各地美丽乡村建设提供范本。

3. 美丽乡村建设内容

(1)村庄规划。规定了村庄建设、生态环保治理、产业发展、公共服务等系统规划要求。

(2)村庄建设。规定了道路、桥梁、引水、供电、通信等生活设施和农业生产设施的建设要求。

(3)生态环境。规定了水、土、气等环境质量要求,对农业、工业、生活等污染防治、森林、植被、河道等生态保护,以及村容维护,环境绿化、厕所改造等环境整治进行指导。

(4)经济发展。规定了美丽乡村的农业、工业、服务业三大产业的发展要求。

(5)公共服务。规定了医疗卫生、公共教育、文化体育、社会保障、劳动就业、公共安全、便民服务等方面的要求。

(6)其他方面。对乡村文明建设、基层组织建设、公众参与、保障与监督等内容进行了明确。

表 6-5 为湖北省 2022 年度美丽乡村建设试点村名单(220 个)。

表 6-5 湖北省 2022 年度美丽乡村建设试点村名单(220 个)

所在市(州、区)	湖北省 2022 年度美丽乡村建设试点村名单
武汉市(8 个)	江夏区(3 个):湖泗街道株山村、山坡街道光华村、五里界街道孙家店村 蔡甸区(1 个):永安街道柏木村 新洲区(1 个):徐古街道柳河村 黄陂区(3 个):李家集街道民丰村、木兰乡雨霖村、姚家集街道杜堂村
黄石市(11 个)	大冶市(5 个):陈贵镇南山村、还地桥镇郭桥村、灵乡镇贺铺村、刘仁八镇大董村、殷祖镇巴庄村 阳新县(6 个):白沙镇石和村、三溪镇冠塘村、三溪镇丫吉村、王英镇车前村、王英镇王英村、洋港镇沙地村

续表 6-5

所在市（州、区）	湖北省 2022 年度美丽乡村建设试点村名单
十堰市（6 个）	茅箭区（1 个）：茅塔乡东沟村 张湾区（1 个）：方滩乡方滩村 郧西县（1 个）：观音镇县沟村 竹溪县（3 个）：兵营镇赵家河村、龙坝镇龙家坝村、中峰镇刘家湾村
荆州市（24 个）	沙市区（1 个）：锣场镇锣场村 济南文旅区（2 个）：纪南镇草安村、纪南镇丰收村 荆州区（3 个）：八岭山镇马跑泉村、马山镇蔡桥村、弥市镇邱市村 江陵县（2 个）：白马寺镇白马社区、普济镇西庄湖村 松滋市（3 个）：刘家场镇吴家包村、沙道观镇大兴垸村、王家桥镇关洲村 公安县（4 个）：埠河镇天心眼村、藕池镇幸福村、斑竹当镇中伏桥村、毛家港镇红光村 石首市（3 个）：高陵镇高陵岗社区、南口镇管家铺村、小河口镇南河口村 监利市（3 个）：尺八镇东港湖村、龚场镇秦场村、桥市镇双建村 洪湖市（3 个）：螺山镇朱家峰村、瞿家湾镇戴杨村、沙口镇新场村
宜昌市（25 个）	点军区（2 个）：桥边镇双堰口村、土城乡三岔口村 夷陵区（3 个）：三斗坪镇石牌村、下堡坪乡蛟龙寺村、鸦鹊岭镇龙潭村 宜都市（4 个）：枝城镇泉水河村、聂家河镇邓家桥村、松木坪镇茶元寺村、陆城街道车家店村 枝江市（3 个）：董市镇石匠店村、马家店街道中桥村、问安镇覃家山村 当阳市（3 个）：半月镇罗店村、两河镇群丰村、玉泉街道干河村 远安县（2 个）：花林寺镇木瓜铺村、鸣凤镇双泉村 兴山县（3 个）：高桥乡龚家桥村、水月寺镇晒谷坪村、榛子乡和平村 秭归县（4 个）：归州镇彭家坡村、磨坪乡六家包村、沙镇溪镇长春村、水田坝乡龙口村 五峰县（1 个）：长乐坪镇月山村
襄阳市（23 个）	襄城区（1 个）：欧庙镇柳林村 樊城区（2 个）：牛首镇熊集村、太平店镇徐堤村 襄州区（5 个）：龙王镇唐湾村、石桥镇竹园村、双沟镇八里岔村、张家集镇官沟村、程河镇邓岗村 老河口市（1 个）：光化街道徐家滩村 枣阳市（2 个）：新市镇前井村、吴店镇三里岗村 宜城市（2 个）：刘猴镇陈湾村、流水镇杨棚村 南漳县（5 个）：板桥镇新集村、东巩镇双坪村、九集镇彭家营村、肖堰镇陈家榜村、巡检镇漫云村 谷城县（1 个）：五山镇田家河村 保康县（4 个）：城关镇陈家河村、店垭镇望粮山村、过渡湾镇罗家坪村、龙坪镇朱砂村
鄂州市（6 个）	华容区（3 个）：段店镇中湾村、临江乡胡林村、蒲团乡上倪村 梁子湖区（3 个）：太和镇陈太村、沼山镇新桥村、涂家垴镇熊易村

续表 6-5

所在市（州、区）	湖北省 2022 年度美丽乡村建设试点村名单
荆门市（18 个）	漳河新区（1 个）：漳河镇却集村 掇刀区（1 个）：麻城镇龙井村 东宝区（1 个）：子陵铺镇八角村 钟祥市（6 个）：丰乐镇覃庙村、九里乡官庭畈村、旧口镇六井村、冷水镇松柏村、文集镇何埂村、长寿镇黄坡村 京山市（5 个）：绿林镇向集村、钱场镇七宝山村、孙桥镇尖峰岭村、温泉街道高潮村、温泉街道五四村 沙洋县（4 个）：沙洋镇闸口村、李市镇董场村、后港镇独枣村、十里铺镇金玉村
孝感市（18 个）	双峰山旅游度假区（1 个）：大砦村 孝南区（1 个）：陡岗镇军里村 孝昌县（3 个）：白沙镇李山村、季店乡马店村、卫店镇彭店村 安陆市（6 个）：木梓乡天然村、王义贞镇唐僧村、烟店镇宋垅村、孛畈镇月岭村、洑水镇军刘村、接官乡槎山村 云梦县（3 个）：胡金店镇盛砦村、下辛店镇梦南社区、义堂镇黄孝村 应城市（2 个）：城北街盛滩村、杨岭镇潘集村 汉川市（2 个）：马鞍乡复兴村、马鞍乡马鞍村
黄冈市（30 个）	龙感湖管理区（1 个）：春港办事处百茂新村 黄州区（2 个）：陈策楼镇石头湾村、堵城镇松杨村 团风县（3 个）：回龙山镇独尊山村、回龙山镇桃花岭村、马曹庙镇沙河图村 红安县（2 个）：城关镇李义店村、七里坪镇花园畈村 麻城市（4 个）：龟山镇磨子山村、南湖办万家铺村、顺河镇张岗村、张家畈镇张门口村 罗田县（4 个）：九资河镇罗家畈村、九资河镇天堂湖村、三里畈镇黄土坳村、三里畈镇邱家河村 英山县（1 个）：石头咀镇窑堉村 浠水县（3 个）：蔡河镇太平桥村、绿杨乡望江村、清泉镇闫河村 蕲春县（4 个）：管窑镇楼岗村、横车镇长石村、张塝镇塔林村、檀林镇河东村 武穴市（4 个）：梅川镇饶为市村、花桥镇花桥社区、大金镇苏垴社区、大法寺镇崇山村 黄梅县（2 个）：停前镇江塝村、停前镇童寨村、孔垄镇王坝村、小池镇马埠村、黄梅镇向窑村、濯港镇余世显村
咸宁市（9 个）	咸安区（1 个）：高桥镇澄水洞村 赤壁市（4 个）：茶庵岭镇温泉村、官塘驿镇独山村、陆水湖街道水浒城村、神山镇西湖村 通城县（1 个）：四庄乡镇华家村 崇阳县（2 个）：青山镇尺冲村、白霓镇洪泉村 通山县（1 个）：洪港镇贾家源村

续表 6-5

所在市（州、区）	湖北省 2022 年度美丽乡村建设试点村名单
恩施州（25 个）	恩施市(4 个):三岔镇莲花池村、三岔镇茅坝村、屯堡乡马者村、屯堡乡杨家山村 建始县(3 个):长梁镇双河口村、龙坪乡黄金淌村、花坪镇村坊村 巴东县(4 个):金果坪乡金果坪村、绿葱坡镇思阳桥村、溪丘湾乡甘家坪村、野三关镇柳家山社区 利川市(4 个):东城街道杨柳社区、东城街道长堰村、凉雾乡池谷村、凉雾乡老场村 宣恩县(3 个):椿木营乡白果坪村、沙道沟镇两河口村、沙道沟镇龙潭村 咸丰县(1 个):高乐山镇龙家界 来凤县(4 个):百福司镇南河村、大河镇独石塘村、革勒车镇镇南村、旧司镇黄土坝村 鹤峰县(2 个):五里乡紫荆村、走马镇官鼎村
随州市（8 个）	曾都区(1 个):何店镇谌家岭村 广水市(2 个):李店镇新峰村、十里街道双塘村 随县(5 个):溾潭镇刘庙村、洪山镇杜家店村、尚市镇净明铺村、新街镇姜湾村、安居镇张家井湾村
仙桃市（5 个）	郑场镇茅湖村、张沟镇西堤村、张沟镇八台村、西流河镇白衣庵村、彭场镇万古垸村
天门市（2 个）	多宝镇郑场村、彭市镇邹张村
潜江市（2 个）	王场镇前进村、高场街道保安村

第七章

典型案例

农业组织

农业组织是乡村组织的重要组成部分。中共中央、国务院出台《关于坚持农业农村优先发展做好“三农”工作的若干意见》中指出，“突出抓好家庭农场和农民合作社两类新型农业经营主体”，强调两类新型农业经营主体，是现代农业组织的重要基础。家庭农场，是扩大版的农户。以家庭成员为主要劳动力的农业生产经营单位，是适度规模经营的典型表现形式。家庭农场作为新型职业农民载体，能与传统农户一样体现农民主体性，同时最大限度地发挥农民的积极性和创造性，有效保护和实现农民的利益，是新时代激发农民新动能的有效组织形式。作为农业生产的基本单位，家庭农场也存在诸多问题，一是土地流转障碍。要明确农用地的基本属性和功能，通过建立完善的土地退出机制，让种地的农户获得更多稳定的土地资源。二是人才流动障碍。城乡劳动力双向流动机制尚未形成，农民在农业生产中束手束脚，难以真正提高效率。只有破除这两个障碍，才能为农业组织注入活力与生机。解决这些问题要通过更高一级的组织形式来实现，这就是合作社。合作社组织“民办、民管、民收益”的性质，进一步突出了农民的主体地位，而不是把农民变成看客，家庭农场使农民合作社获得微观动力基础，也进一步激发了农民的合作意愿。所以，从农户到家庭农场再到合作社，农民主体性在不断被体现和尊重。积极培养和构建家庭农场及以家庭农场为基础建立的合作社组织，才能更好促进农业的可持续发展。

案例1 发挥产业优势，担当扶贫使命

钟祥市荆沙蔬菜种植专业合作社是一家以白萝卜种植、收购、清洗、冷藏、加工、运输、销售及科技服务为主的新型农业经营主体，成立于2009年12月，拥有社员1 360户、注册资本5 566万元，已获得国家级示范社、全国农民合作社百强社、湖北省农民合作社示范社、湖北省十强蔬菜专业合作社等荣誉称号。近三年来，该合作社遵循习近平总书记“在扶贫的路上，不能落下一个贫困家庭，丢下一个贫困群众”的号召，立足自身产业优势，积极投身扶贫攻坚宏伟事业，取得了带动218户贫困户成功脱贫的优良业绩，受到地方党委政府和农民群众的一致好评，跻身荆门市助力脱贫攻坚新型经营主体行列。其主要做法有如下3点。

扫码看视频

一、聚共识，担起扶贫攻坚政治责任

小萝卜，一千多年来都是种植于农户菜园里的家常菜，为把小产品变成大产业，合作社顺应农村市场化改革大潮，着力转变发展方式，用9年时间完成了由单一种植到一二三产业融合发展的蜕变。截至2018年底，合作社年产销白萝卜由起初的1 150吨扩大到40万吨，年经营收入由起初的138万元增加到4.2亿元，社员每年从白萝卜种植中获得的收益由起初的69万元提高到3 998.4万元，还带动了周边天门、京山、沙洋等县市和本镇32个村发展白萝卜及蔬菜种植，面积达8万亩。

2016年，合作社所在的旧口镇53个村农民人均可支配收入达到16 600元，尽管高于全省平均水平，但依然有2 153户、6 406人处于贫困状态。合作社一班人认为，实施扶贫攻坚，让所有老百姓都过上好日子，是党中央的重大决策，是习近平总书记亲自发出的号召，作为在党的改革开放好政策哺育下成长起来的农民合作社，参与扶贫攻坚，既是表明听党的话、听总书记话的态度，也是展现报政策之恩、报各级党委政府关心指导之恩的决心，还是融洽政商关系、改善同周围乡亲们的关系、和谐营商环境的契机，没有理由不干得早一些、快一些、好一些。在全市精准扶贫动员大会后，合作社两次召开党委会和理事会、3次召开社员代表大会，学习政策及各级领导讲话精神，统一思想认识，讨论制定扶贫工作方案；对一些社员担心扶贫会影响合作社收益、降低社员收入、分散业务经营精力等思想情绪，安排理事会成员逐一上门做工作；并确定由党委书记、理事长熊绪兴牵头，抓好精准扶贫的谋划、组织和推进事宜。

二、建机制，探索扶贫攻坚有效办法

在实施精准扶贫中，合作社将自身产业优势与村级组织优势、党员及人大代表的先锋优势结合起来，开辟社内社外两个战场，区别贫困户贫困程度，采取不同措施予以扶持，形成了独具特色的“四五”机制。

一是社内“五帮”。合作社拥有 20 000 亩核心种植基地，200 多亩的多功能萝卜集散中心和冷链物流中心，15 000 米^2 交易广场，26 条清洗生产线，27 座冷库，56 辆冷藏运输车，遍及国内 23 个省市、69 个农贸市场的营销网络、获得国家地理标志产品和绿色食品双认证的产品。合作社利用产业链条完整、经济效益稳定的优势，鼓励核心基地周围有劳动能力、有合作发展意愿的贫困户入社发展。对社员贫困户，由合作社优先帮助流转土地、改善生产设施、提供技术指导、安排就地就业、开展技能培训。近三年，合作社先后将 153 个贫困户吸纳为社员，帮助缺田少地社员贫困户流转土地 278 亩，照顾性安排 60 个社员贫困户家庭成员进厂工作，实施贫困户提能培训 6 次近 200 人次，结合高标准农田建设对 15 户贫困户农田水利设施进行改造。旧口镇联兴村四组贫困户喻德明，年近七十，老伴身患糖尿病 20 多年，家里一贫如洗。合作社特地聘请喻德明进厂做零杂工，月收入 2 600 元左右，老两口从此过上了安稳的生活。

二是社外“五免”。依靠强大的经济实力和市场开发能力，向非社员贫困户免费提供种子、机耕、技术、运销、信息服务，将他们吸纳到产业链中来。2017 年以来，合作社共为 336 户贫困户免费提供豇豆、萝卜、雪里蕻、甘蓝等蔬菜种子，价值达 30 多万元；设立蔬菜技术咨询服务站，安排技术专家编印发放技术资料，免费开展技术辅导；对生产的产品，全部按高于市场价收购，让他们投入零成本、收益无忧虑。两年间有 65 户甩掉贫困帽。

三是社村“五联”。2016 年以来，合作社实施“社村联合扶贫行动”，与镇内行政村联手宣传政策、谋划措施、建设基地、帮扶农户、举办活动。深度贫困户一般病多、缺劳、缺钱、家庭特别困难。为了让深度贫困户脱贫有保障，2017 年，合作社把市财政提供的 200 万元帮扶资金折成股份，通过村级组织分配到 8 个村 40 户深度贫困户，一户一股，每股 5 万元，当年两次分红，每户获得 3 000 多元。2018 年，合作社又采取担保方式获得市农商行 500 万元为期两年的政府贴息产业合伙扶贫贷款，通过村级组织平均划分给另外 8 个村 50 个深度贫困户，实行合伙经营，每户当年净收入 6 000 元以上。同时，采取村里集中建园、合作社向深度及一般贫困户免费或半价提供种子、按市场价保底收购的办法，在 8 个村联建豇豆扶贫产业园，吸纳贫困户 36 户，面积 102 亩，2018 年户均收入达到 13 000 元；2019 年扩大到 32 个村，总面积 374.9 亩，惠及贫困户 254 户。为确保扶贫产业出效益，合作社与贵州老干妈食品集团签订了豇豆、雪里蕻等长期供货协议，消除了销路不畅通、价格不稳定等后顾之忧。

四是“三员”五助。合作社主动对接全镇扶贫总体部署，研究制定产业扶贫方案。依靠上级党委、人大、政府的指导和支持，由合作社党委牵头，将合作社中的党员、人大代表、骨干社员组织起来，连续三年组织开展“心智帮助、资财济助、技术支助、劳力扶助、营销协助”活动。省人大代表、党委书记、理事长熊绪兴，每年定向帮扶贫困户 30 户以上，送钱送物在 6 万元以上。在他的带动下，106 名党员、9 名人大代表和 12 户骨干社员对口帮扶贫困户 158 户，捐款捐物折合人民币 110 000 元，提供技术、劳力和营销帮助 380 多次。

三、强规范，夯实扶贫攻坚制度保障

扶贫是一项推动共享的事业。工作中合作社秉持爱党信党跟党走、民办民管民受益的办社宗旨，依法办事，按章理事，使扶贫步伐越来越坚实、路子越来越宽广。

一是坚持扶贫大事一起议。合作社理事会一月一次、社员大会半年一次。扶贫中的业务经营、项目开发、人事安排、资金使用等重大事项理事会集体商议；清理财务、核查项目、公开社务等社员关注事项监事会认真履职；入社退社、投资入股、红利分成等涉及社员切身利益的事项由社员自主决定。

二是坚持兴业难事一起干。做到政策风险一起担、市场风险一起扛、自然风险一起抗。白萝卜收购中的尾菜堆砌田间地头、路旁沟边，严重污染环境，影响业务经营和产业扶贫正常推进。社员共同投资 6 000 多万元，办起了萝卜腌制厂、酱品厂、熟食制品厂和脱水食品厂，初步实现了循环利用。社员所需的供种供苗、农机耕种、施肥配方、技术培训、产品收储、加工包装、市场营销等全部是由合作社统一提供，产前、产中、产后服务均不用愁。

三是坚持政策红利一起享。对上级安排和自身争取的惠农资金项目，一律平等地落实到社员。2018 年，荆门、钟祥两级政府安排 8 000 亩、1 600 万元高标准农田建设项目到社后，合作社组织社员平等协商，最终确定在集中连片的农兴、联兴 2 个村 695 户社员基地中先期实施，15 户贫困户率先受益。即将实施的合作社新型职业农民培训和科普基地建设将会为周边乡亲特别是贫困户提高技能带来更大便利。

案例2　精心打造山药品牌，推动三产融合发展

湖北省襄阳市卧龙山药专业合作社自成立以来，大力实施品牌发展战略，不断强化品牌意识，取得了较好的经济效益和社会效益。实施农业品牌战略，是推动农业转方式、调结构和加快农村一二三产业融合发展的重要举措。合作社建有以山药为主题的“中国山药文化博物馆”，是全省山药种植规模最大的合作社之一；是襄阳市第一家在工商部门注册成立的合作社；是全市第一批国家级示范社及第一家国家级农产品加工示范社。

扫码看视频

一、加大新型农业经营主体培育力度，不断完善“襄阳山药”品牌的载体建设

培育发展新型农业经营主体是推进农村一二三产业融合发展和打造农业品牌的载体支撑。该合作社十分注重载体建设，并在实践中不断健全完善。在市、区工商和农经部门的指导帮助下，率先注册成立了襄阳市卧龙山药专业合作社，成为《中华人民共和国农民专业合作社法》正式施行以来，襄阳市第一家在工商部门注册成立的合作社。依托合作社的技术和销售优势，有效解决了山药种植、产品认证和市场营销等问题，激发了入社社员和广大山药种植户的积极性，推动了山药特色产业发展壮大。通过采取“合作社＋基地＋农户”的运作模式，逐步完成由单一种植模式向深加工模式；由简单包装销售到依靠科技研发绿色产品；由初期单纯经济合作到逐渐履行社会职责等一系列的转型与转变。襄阳山药的产业链条不断延长，附加值不断提高，运营机制不断完善，产业规模不断扩大，模式创新逐步成形。

二、加大农业生产设备设施建设力度，不断强化“襄阳山药”品牌的要素投入

以完善的生产条件、基础设施和现代化的物质装备为基础，集约化、高效率地使用各种现代生产投入要素，是推进农村一二三产业融合发展和打造农业品牌的重要保障。该社通过投资购置山药生产设备，降低了山药生产种植劳动强度；通过投资建设集中收购点和“电子商务”平台进行市场营销，解决了山药“卖难”；通过投资建立科技书屋和技术培训室，解决了山药生产技术难题。近年来，

根据农村一二三产业融合发展和乡村振兴的现实需要，延伸了产业链，提高了附加值。在做好一产、二产的同时，该社在全国率先推行了“社员工厂＋家庭农场”的双创新模式，于 2015 年 6 月投资建设襄阳山药产业融合项目，占地 103 亩，累计投资 5.4 亿元，建设加工观光区、销售物流区、配套服务区、孵化区、生态教育区和文化体验区六大业态，目前已建成社员工厂 20 000 米^2，入住社员 102 家；山药深加工生产车间 4 800 米^2，用于生产山药面条、山药脆片、山药饼干；建成中国山药文化博物馆，面积 2 500 米^2；投资 2 000 多万元，建成襄阳首家森林幼儿园——新乔智慧森林幼儿园。通过山药三产融合，实现了农产品加工、旅游、教育和文化的深度融合，为农业增产、农民增收和农村增绿做出了贡献。

三、加大农业知识产权创新力度，不断拓展“襄阳山药”品牌的价值影响

在下大力气抓好生产经营、市场营销的同时，该社十分重视山药品牌打造。一是在工商部门支持下，积极推广“合作社＋农户＋商标”的经营模式。2010 年，该社注册了“茅庐”牌商标，2013 年入围省著名商标。2015 年 12 月 11 日，该社被市政府表彰命名为襄阳市商标战略实施工作先进企业。为了提高襄阳山药的知名度，工商部门积极帮助该社将争创“襄阳山药”地理标志商标作为重点，强化措施，促使“襄阳山药”地理标志证明商标在 2013 年成功注册，该社成为襄城区第一家申报成功的地理商标。2017 年 9 月，“襄阳山药”成功注册中国驰名商标。实施品牌发展战略，对于促进农业经济发展和农民持续增收、提高农民组织化程度和消费者认可度等发挥了积极作用。二是在农业部门支持下，积极参与各类示范创建活动。2013 年，该社申报通过了绿色食品认证。2011 年，该社成功入选全国农民专业合作社示范社名录和全省第一批省级示范社、全市第一批市级示范社；先后两次被市委、市政府表彰命名为“十佳”农民专业合作社；2015 年 1 月，被农业部评选认定为全国农产品加工示范社，是襄阳市第一家国家级农产品加工示范社。三是在相关部门支持下，该社十分珍视各类社会荣誉的获得。理事长邹涛在 2008 年被评为襄阳市十大杰出青年岗位能手；2012 年获得市劳动模范称号；2013 年 7 月在首届“湖北省农村青年致富带头人”系列评选活动被评选为“十大农民专业合作组织创新创业青年领军人物”；2014 年 2 月，被省人才办评选为全省农业产业化领军人才。2018 年，被中国农村合作经济管理学会评为“全国百强农民专业合作社”；2018 年 11 月，“襄阳山药”被武汉农博会组委会授予“2018 年湖北省二十强农产品区域公用品牌”；被湖北广播电视台和湖北长江垄上传媒集团授予“2018 年湖北省农民合作社最具价值品牌”。荣誉的获得，不仅仅是各级党委、政府对该社取得成绩的认可，更加提升了合作社的品牌

价值和社会影响力。在商标申报注册之前，襄阳山药有产无量，有市无价，商标注册成功之后，品牌效益正在不断凸现。现在山药的销售价相比无商标时每千克提升了近 0.5 元，合作社的社员和网络带动的种植户年产山药 7 万多吨，带动社员和种植户每亩增加收入 3 000 多元。通过实施山药品牌创建活动，有效地推动了襄阳山药产业由粗放型生产向品牌化发展。

四、加大农业技术推广应用力度，不断发挥“襄阳山药”品牌的带动效应

襄城区卧龙镇沿汉江的村组地势平坦，土质疏松，排水良好，属典型沙质土壤，非常适合山药种植。所产的山药为汉江山药品系，皮薄肉白，脆嫩可口，主要用作菜肴，兼有进补药用价值，餐可当菜，补可强身健体，营养价值非常丰富。几年来，该社在山药生产种植上不断进行技术革新：一是对生产设备进行了研发和改良，自行研发出了山药打沟机，并获得了个人专利；二是对土壤进行了有机改良，实施绿色生产种植技术，有效解决了山药重茬困扰；三是引进了山药新品种，推广了山药高效种植技术。通过设备、品种和技术改良，山药的产量已从 2003 年之前的每亩 1 500～2 000 千克增加到现在的每亩 4 000～4 500 千克。山药种植技术的提高及市场销售价格的稳定，促进了山药种植面积的稳步扩大。2004 年，卧龙镇种植面积仅有 500 亩，2005 年发展到 6 000 亩，2013 年以后每年全镇种植面积稳定在 2 万亩以上。目前该社入社社员已有 1 276 人，辐射带动山药种植户 2 500 多户。山药的年销售额由 2011 年的 1.5 亿元增长到 2018 年的 4 亿元，实现了入社社员和广大山药种植户增收致富。目前，卧龙镇已有 2 000 多农村劳动力实现了就近就业，300 多名在外打工人员返乡从事山药种植和流通服务；该社的内设机构和创办的经济实体目前已安置就业人员 260 人，其中：企业下岗职工 56 人，大中专毕业生 102 人。为了更好地传播农业新技术、新知识，该社先后购买各类农技书籍 2 万余册，先后举办农业科技类讲座 30 多期，培训农户 3 000 多人次，免费发放技术资料 40 000 余份。通过新型职业农民培训，向社员和广大农户宣传最新的农业政策和农业生产技术知识。通过农技推广应用，大大增加了山药产量，改善了山药品质。

通过实施山药品牌发展战略，进一步夯实了卧龙镇作为湖北省山药产量第一镇的地位，促进了农民就业和增收致富，激活了农村要素资源，真正起到了“创一个品牌、建一个组织、兴一项产业、活一地经济、富一方百姓”的积极作用，切实推动了“一村一品”“一镇一业”和农村一二三产业的融合发展。

案例3　科技兴农，质量兴社

利川市勤隆中药材专业合作社成立于2013年8月，是专营马蹄大黄种植、收购、加工、销售一体化的国家级示范社，现共有社员226户。合作社以服务农村、富裕农民为宗旨，发展现代农业，走出了一条创新型的农业产业化之路。合作社以服务农业、服务农村为指导原则，已建成种植大黄为主，并带动加工业、服务业多产业发展等功能于一身的现代化农业产业基地，充分体现了生态循环农业发展理念。经过多年的辛勤耕耘，在各级政府领导正确指导和大力支持下，合作社于2018年晋升为国家级农民专业合作社示范社。几年来，合作社在基地种植和市场销售上发力，努力树立利川马蹄大黄品牌，助推产业扶贫，取得了较好成效。

扫码看视频

一、联结社员，带动社员共同致富

利川市勤隆中药材专业合作社成立之初，由于农村劳动力普遍外出打工，广大农户种植大黄基本上都是闲散种植，无技术，更谈不上规模种植，基本上都是靠天收，效益极其低下。为了充分利用当地得天独厚的自然条件，帮助带动当地农民增收，脱贫致富，合作社采取“合作社＋基地＋农户”的经营管理模式，从资金、选种、种植、防虫、加工等方面，手拉手进行扶持帮助，已吸纳200多户农民入社。合作社对入社农民进行业务培训指导，提供科技服务，与入社社员签订收购合同，以高于市场的价格收购，保证了社员的利益。合作社按“五个统一”服务来联结社员，即“统一提供种苗、统一提供技术培训、统一标准化管理、统一提供农资物资、统一保护价收购”。细节决定成败，服务决定效益。合作社规模由小变大、由弱变强，不断发展壮大，资产由百万元增加到上千万元，2018年社员人均增收7 000多元，2019年达12 000元以上。合作社在带动农户发展马蹄大黄规模生产，实现农户增收，合作社增效，走农业产业化经营道路上迈出了可喜的一步。

二、民主管理，和谐发展

合作社成立后，在合作社理事长龙祥云的带领下，合作社严格按照合作社法规定制定了《合作社章程》及各项规章制度，并成立理事会、监事会等决策机构，实行民主管理。合作社理事长龙祥云以身作则，要求广大社员遵纪守法，以确保合作社健康稳定发展。在财务管理方面，采取了专人管理、统一核算、按股分红的方法，并且接受全体社员及社会的监督。合作社根据市场项目和农时需求，适时召开社员代表大会，让大家积极参与到合作社管理中来，献计献策，共同协商制定重大事项。

三、创新土地入社运行模式，带动农户科学种植创收益

合作社在组建模式上，充分发挥农民主体作用，通过三种方式将农民组织起来，鼓励农民共同参与到合作社的经营管理中来。农民以 1 亩承包地为 1 股入社，资金 3 000 元为 1 股入社，该社现已发展社员 226 户，长期稳定解决农民就业 500 余人，带动周边农户 2 000 余户。采用“放权不离地”“三金收入保利益”现代企业管理模式：合作社实行统一生产、统一种植、统一销售的经营模式。参加合作社的农民以土地入股后，摇身变股东，以现代农业的形式、通过合作社这个载体，可以继续参与到土地经营的决策、管理以及种植上来。使社员收入多元化，实现合作社与社员双增收。一是租金收入，村民将 1 亩承包地出租给合作社并成为合作社的股东，每股可获得 1 250 元，远远高于其他形式的种植收益；二是股金收入，合作社经营状况良好取得经营利润，成为合作社股东的村民可以获得相应的股金分红，社员分红最高 6 500 余元，最低 500 元，共享合作社的发展成果；三是薪金收入，村民可以自愿、优先参与合作社的生产种植，并以农业工人的身份获得工资收入，依岗位分工，每人每月工资性收入在 1 800～3 200 元。合作社在社员管理上，严格按照《中华人民共和国农民专业合作社法》的规定规范运作。一是以农民为主体实行社员代表大会制，社员代表由全体社员民主推荐选举产生，理事会、监事会由社员代表选举产生；二是年终盈余分配采取按土地流转费、土地入社和资金入社相结合的方式，土地入股分配总额不低于可分配盈余的 60%，即将农户土地入社视同为产品交易量。合作社为每个社员颁发了社员证，同时建有个人资料档案和社员账户，社员账户用于记载社员的出资额、公积金量化份额、形成财产的国家扶持资金量化份额以及成员从合作社获得的薪酬、土地流转租金及年终盈余分红数额。

四、做大做强产业，推动产业发展壮大

合作社在经营方式上坚持统一经营，实行企业化、科学化、规范化的管理，坚持“人才与科技为本”的理念，以湖北农科院为技术依托，合作社与省农科院中药材研究所、国家现代农业中药材技术体系恩施综合试验站建立紧密合作关系，开

展马蹄大黄优质高产种植技术研究，制定《利川马蹄大黄种植技术规程》，同时积极带动农户进行标准化生产和经营，近年来合作社累计开展技术培训 53 期共计 7 200 余人次。合作社采用现代企业管理模式，各部门责任到人、职能明确、分工合作；在生产管理上，合作社实行“六统一”管理和服务，即统一购买生产资料、统一种苗、统一技术指导、统一生产标准、统一包装销售、统一产品品牌，切实在各个环节把农民组织起来，实现了全程化服务。在产品质量控制上，合作社建立健全投入品管理制度、产品质量检测制度、产品准出制度和产品可追溯制度等；严格实行划分区域责任管理，实现田间生产档案全覆盖；对投入品实行统一购买、出入库实行一人审批机制；同时组建植保防护专业小组，确保投入品从源头到使用的全程标准化。园区和区农环站对产地环境、田间管理、农业投放物、产品上市等进行全过程双重控制和监管，保障产品质量安全。合作社按标准自建检测室，配备质量可追溯管理系统设备，由专人负责管理，对产品产出实行准出机制，所有产品均接受检测室的抽样检测并保存检测记录，检测不合格的产品一律严禁带出产地。

合作社坚持走“科技兴农、质量兴社”道路，于 2015 年 9 月与中国农业科学院南方经济作物中心签订产学研科技合作协议，联合开展七叶一枝花、白及、毛慈姑批量化生产技术攻关。

建立种植技术标准。合作社与省农科院中药材研究所、国家现代农业中药材技术体系恩施综合试验站建立紧密合作关系，开展马蹄大黄优质高产种植技术研究，制定《利川马蹄大黄种植技术规程》，已通过省级专家评审，正在申报省质监局发布为湖北省级地方标准，努力做到按技术规程组织生产。

建立良种繁育基地。开展种苗选育培育，合作社建设马蹄大黄良种纯化基地 300 亩，2019 年达到 1 000 亩。

建设产业种植基地。合作社通过流转土地建设马蹄大黄标准化种植示范基地 2 500 亩。通过提供优质种苗、技术服务和签订保护价回收订单方式，辐射带动元堡、毛坝、团堡、柏杨坝、汪营、谋道等乡镇及周边咸丰、恩施、宣恩和重庆市石柱、涪陵等县市 2 500 户，基地总面积 15 200 亩，辐射基地 12 700 亩。

五、勇于担当，带动周边贫困人口脱贫

吃水不忘挖井人，合作社在发展壮大的同时，始终与社员心连心，积极主动回报社会，一是以人为本，善待社员，常年聘请近 200 名贫困户务工，每年为贫困户增加打工收入近 600 万元。通过无偿支持种苗、包技术服务和包产品回收方式，合作社帮助 200 余户建档立卡贫困户种植马蹄大黄 2 000 余亩。目前，已有 100 余户精准扶贫户通过种植马蹄大黄实现了脱贫。二是安排农村剩余劳力就

业，帮助带动周边农民致富。三是合作社在社员大会表决通过的情况下提取盈余基金积极参加各种公益事业和慈善事业。为当地农民脱贫致富、农村经济发展、创造和谐平安环境，全面建设小康社会做出了巨大贡献。合作社理事长龙祥云本人作为合作社的领头人，也深受百姓拥戴、社会好评，并荣获多项荣誉，先后被选为恩施州人大代表、利川市政协委员，2017 年 9 月评为“利川市三八红旗手”，2018 年 11 月荣获“恩施州创业创新大赛一等奖”，合作社于 2018 年被授予“国家级示范社”荣誉称号。

六、打响品牌，积极推动利川市乡村振兴发展战略

下一步，合作社积极响应利川市政府将元堡乡打造成“大黄之乡”的号召，合作社将依托现有大黄产业基地优势，发挥合作社的市场资源优势，着力解决大黄加工的瓶颈，大力推进“万亩大黄产业化建设项目”，推进规范化种植和标准化加工，扩大产量，提升质量，拓宽市场，树立利川大黄市场金字品牌，努力将利川大黄建设成为农民脱贫致富奔小康的支柱产业。商标“勤龙”已于 2018 年 10 月 18 日申请，大黄 GAP 认证正在开展之中。合作社目前中药材基地总面积 15 200 亩，其中直属基地 2 500 亩，辐射基地 12 700 亩，主要品种为马蹄大黄、湖北贝母，还有珍稀药材黄精、白及、七叶一枝花、毛慈姑等。在基地品种布局上，合作社坚持按照“生产一批、储备一批”的要求，逐步实现以生产珍稀、高效益品种为主。通过规模化种植和标准化生产，合作社生产的马蹄大黄影响不断扩大，在市场具有较高知名度，成为全市中药材产品的一张全国名片。

案例 4　农民合作社是乡村振兴的“金钥匙”

2010 年 6 月，宜昌高山云雾茶叶专业合作社在宜昌市夷陵区下堡坪乡诞生。合作社围绕产业链做文章，助推乡村振兴战略，八年时间，迅速成长为国家级农民合作社示范社、全国百强农民专业合作社、全国十大扶贫教学案例。合作社理事长、党委书记汪家新也因此先后获得宜昌市十大扶贫功臣，宜昌市和湖北省劳动模范、全国百名杰出新型职业农民。合作社主要做法是：

一、培育龙头，壮大茶支柱

合作社致力于把茶叶培育成脱贫产业，让合作社成为乡亲们致富“信得过”的靠山。

一是工厂建在家门口。“卖茶难”“加工难”一直是卡在下堡坪乡父老乡亲心中的“一个结”，合作社暗下决心“绝不能让乡亲守着金山讨饭吃”，2009 年和 2013 年先后投资 8 000 多万元，在磨坪村、蛟龙寺村建起两座年产 1 000 吨的现代化茶叶加工厂。为方便老百姓卖茶叶，又在茶园集中的地方设立了 8 个鲜叶收购站。2016 年，为解决磨坪、十八湾、蛟龙寺、赵勉河、秀水坪等村 2 万多名群众“卖茶难”，合作社又投资 5 800 万元，新上茶耳山万吨茶叶加工厂项目，2018 年 3 月新茶开园已顺利投产，三个茶厂承担了全乡 50%以上的茶叶加工能力，彻底解决了下堡坪乡西北山区茶农卖茶难的历史。

二是把基地建成大景区。下堡坪乡地处宜昌市西北偏远山区、资源贫瘠，老百姓“靠天吃饭、广种薄收”，收入水平始终提不起来，乡村振兴无支撑。合作社围绕生态做产业，发展产业富茶农，确定了奋斗目标：“机械能下田，茶叶能变钱，农民要致富，茶园成公园。”合作社理事长汪家新跑部门、争项目、为老百姓代言，经过不懈努力，先后争取到扶贫、农业、水利、国土、交通、住建等多个部门支持。以财政资金做引导，社员自己投工投劳，合作社资金配套，用最少的钱，办最大的事：帮助社员改造低产茶园 6 000 多亩，土坯房 300 多栋；修建茶园便道 12 000 米、机耕道 16 000 米；整修河堤 9 000 米、黑化道路公路 3 千米。建成的高效茶园不仅亩产鲜叶超过 2 000 斤，更是生态秀丽、景色宜人。原来的蛟龙寺是“垃圾靠风刮，污水靠水刷、臭气靠蒸发”的贫困山村，如今变成了“蓝天白墙民居、绿地碧水人家”的靓丽村庄，更成为远近闻名的湖北省“宜居村庄”、茶旅结合示范村。老百姓不仅可以种茶叶卖钱，还可以当导游、开饭店、卖土特产、赚旅游钱。

三是茶树变成摇钱树。合作社始终把“茶园打造成社员的绿色银行、茶厂成为取款机、茶叶变成人民币”作为发展茶产业的目标，在茶叶加工环节严格技术规程、严控产品质量，为“秀水天香”茶叶打上了“绿色、生态、安全”的标签。2015年，秀水天香绿茶被农业部列入全国名特优新农产品目录，质量达到出口欧盟标准。秀水天香茶因此获得多项国际和国家级金奖。由于“秀水天香”茶叶口碑好、产品附加值高，合作社在收购社员茶叶时总是高于市场价。合作社社员们高兴地说：“合作社就是好，茶叶也能变成宝。”

二、紧密合作，办好合作社

社员“无资金、无技术、无劳力”现象相当普遍，发展产业面临很大困难，合作社敏锐地意识到必须建立紧密的利益链接机制，把社员有效组织起来，才能真正解决办好合作社的问题。

一是村民入社。2010年，湖北秀水天香茶业股份有限公司拿出298万元，在省级贫困村磨坪村组建高山云雾茶叶专业合作社。为了不增加老百姓负担，采取10元身份股入社的方式，将村民和贫困户吸纳进入合作社。为激励村民创业，还制定了“优先销售、免费培训、年终分红、种苗肥料补贴”等优惠办法，统一确立种植、管理、采摘、加工标准，与村民共同经营茶园，把茶厂变成村民自己的加工厂。目前，合作社已覆盖下堡坪乡磨坪村、蛟龙寺村、十八湾村、赵勉河村、秀水坪村5个贫困村，合作社现有社员1 894户，6 175人，(2018年又新增加131户，面积556亩)拥有以茶叶为主的土地面积14 620亩，辐射周边茶园4万多亩，带动周边茶农3万多人户平均年增加收入6 000元以上。2014年，高山云雾茶叶专业合作社被农业部等九部委认定为国家级示范社。2018年，赵勉河村经济总收入的70%来源于茶产业，该村村民购买摩托车达600多台，小车20多辆。十八湾村2017年人均茶叶收入就达到2 498元。当年就有127户撤土房建新房，占到该村总户数的20%。磨坪村在合作社成立之前，全村的村民们连黑白电视机都没有一台，现在是楼房林立，60%以上的村民建起了新房。蛟龙寺村更是一年脱掉贫困帽，形成了“产业基地连片，加工企业毗邻，农民新居环绕，高山小桥流水，生态环境优美”的靓丽新农村。

二是土地入股。2013年，合作社按照“整村入社、村社合一，土地入股、三权分置”的模式。在下堡坪乡蛟龙寺村组建了宜昌高山云雾土地股份专业合作社，开创了“土地变股金，农民变股民，茶叶变现金”的先河。土地所有权归村集体，承包权归茶农，经营权归合作社，40%的利润用于股金分红，60%按鲜叶交易量分红，让社员吃了“定心丸”。社员们不仅可以年底坐在家里拿分红，更是可以进社务工拿报酬，人均收入以每年1 000元以上的速度递增。

三是服务入园。采取“统一规划发展、统一技术培训、统一信息服务、统一农资配送、统一收购加工、统一品牌销售、统一按股分红”和“茶园分户管理”的“七统一分”的运行机制，让社员全程融入产业链，不再因发展而愁、不因销售而忧、不因技术而虑、不因资金而急，一门心思种茶管茶采茶。蛟龙寺村 713 户农民，在成立土地股份合作社之前，全村茶农靠卖茶叶过万元的户只有两户；现在近 700 户。

四是扶持入户。合作社专门成立了茶叶综合服务队，帮助有茶园无劳动力的社员实行机耕、机剪、机采、机喷等有偿服务，解决了社员的劳茶矛盾。合作社采取上门辅导、田间授课、集中培训、党员联系、跟踪指导等服务硬举措，提高了社员种茶的积极性，让社员能够以茶买房、以茶买车、以茶养家、以茶奔小康。2018 年先后为 274 名贫困户和残疾户进行了以绿色防控为主的春季茶叶技术培训，为 158 名残疾人进行茶叶技术培训并免费发放茶叶专用肥 16 吨。有近 50 名贫困户在公司从事临时劳务工作，人均收入超过 4 000 元。

三、创新党建，服务有担当

在精准扶贫中，坚定“给钱、给物，不如建个好支部”的思路，推动企业党建、产业党建，以党建凝人心，取得了显著成效。

一是把党委建在产业链上。2013 年 11 月，在夷陵区委的高度重视和大力支持下，经区组织部批准，合作社牵头组建宜昌高山云雾茶叶专业合作社党委，并将磨坪村、蛟龙寺村、十八湾村三个村党支部划归合作社党委，由合作社党委对茶产业发展实行统一指导和管理。为更好发挥党组织的战斗堡垒作用和党员的先锋模范作用，合作社大胆尝试，成立综合服务、科技发展、技能培训、绿色防控 4 个党小组，遴选党性强、技能好的党员建立党员服务队，设立了“种植、加工、销售、质管”四个示范岗，全程指导社员种茶、管茶、采茶、制茶、售茶。通过这种党建创新模式，合作社真正实现了“上游生产满负荷，下游销售零库存，茶农卖茶无欠条，农民工资无拖欠”。

二是党员带动扶贫。合作社按照贫困户、残疾人、特困户三种类型对 609 户，1 252 人贫困对象建档立卡。对因残因灾因病因学致贫的特困户，实行党员联系制，采取“一帮一、一帮几、几帮一”的帮扶措施。精准对接、精准帮扶，实行“扶勤、扶力、扶智、少扶钱”的方式帮扶。对于家中无劳力或老弱病残家庭，党委坚持从茶叶定植到管理一帮到底，合作社还重点扶持残疾贫困户 302 户、其他贫困户 257 户、特困户 35 户，结成帮扶对子 30 对，帮他们免费发放采茶机 250 台、肥料 100 吨、茶苗 200 万株。为解决易地扶贫搬迁安置户集中安置后无生产资料、稳不住的现实困难，合作社 8 名机关支部党员联系 15 个易地搬迁户，从合作社高标准茶叶基地中腾出 40 亩茶园就近分配到搬迁户手中，并拿出 4.5 万多元为搬迁户购买了床单、被褥等日常生活必需品。

案例5 创新体制促发展，完善机制增效益

华丰农业专业合作社成立于2006年，历经十几年的探索与发展，华丰合作社从一家专门从事粮食大宗作物全程机械化生产的农机专业合作社，跨越升级成为一家以水稻种养结合，再生稻复合种植，绿色、生态、循环有机融合，全程机械化作业、粮食烘干仓储加工、营销于一体的综合性合作社。现拥有社员268人，机械480台(套)。常年流转土地8.6万亩，年作业面积80万亩(次)，年产粮食1.8亿斤，固定资产1.2亿元，社员连续五年人均收入近6万元。合作社是二三产业融合发展的农民专业合作社，2010年先后被评为“湖北省五强合作社”和“全国示范社”；理事长吴华平2011年被评为“全国种粮大户”和“全国劳动模范”，2015年被评为“全国十佳农民”2018年被华中农业大学特聘为“华中农业大学创业导师”；华丰党支部2016年被中共中央授予“全国先进基层党组织”荣誉称号。华丰农业专业合作社书写了一个深化农业改革、发展现代农业的传奇：“华丰模式”。

“华丰模式”究竟是什么？它既是华丰农业合作社的经营理念，也是其运作模式，简单概括就是“五化”：一是农民组织化。合作社为农民互助合作新型经济组织，其成员身份为农民，围绕共同目标，统一从事生产和分配，不同于家庭农场和种粮大户。二是种植规模化。通过大面积流转土地，实现水稻全程机械化生产，达到种植的规模化。在生产上改变传统的种植方式，采用新技术、新工艺，科学种田；通过集约化经营提高效益，由厂价直供种子、农药、化肥等农资产品，降低种田成本。三是管理企业化。合作社由成员大会选举产生理事会、监事会。理事会现有理事7人，负责合作社的日常工作。理事会下设生产部、财务部、科技部、机械作业部、仓储部等13个部门，每个部门各负其责。合作社按专业分工形成了机耕、机整、育秧、插秧、植保、收割、挖掘、土地平整、仓储、科研培训、后勤等12个作业组。在日常管理中落实“合作社人人都是领导、人人都是被领导者、人人都是劳动者”的观念，真正实现企业化、民主化、科学化管理。四是经营市场化。合作社作业项目从机械耕整、工厂化育秧、机械插秧、机械植保、机械收割扩展到农业全程社会化服务，作业领域延伸到农田水利基础建设。五是分配合作化。合作社采取股份合作的方法，在入社方式上主要是实物入社、土地入社和带资入社，收益分配实行“股份红利＋工资＋机械作业费返还”，最大限度地保障社员的经济利益。

合作社按照“创新、协调、绿色、开放、共享”五大新发展理念，始终坚持稳中

求进,着力在土地规模流转、高标准农田自建、稻田综合种养、有机生态、循环农业、社会化服务、“互联网+”信息化,社村一体化发展和基层党组织建设等方面下功夫、做文章,取得了一定成绩。

一、实行民主管理,创新合作社组织化体制

华丰合作社所采用的是企业型管理、市场化经营、合作社分配模式,是组织最规范、章程最管用、管理最民主、社员收入最高的合作社之一。合作社的目标是要建立现代化合作社管理制度,宗旨是给社员以最大权益。在民主管理方面,华丰农业合作社的社员们很骄傲地说:我们人人都是领导、人人都被领导;人人都为合作社,人人都为自己;每个人都有权力参政、有权力知情、有权力说话、有权力谋事做事,并且“都能平等海选提拔、平等接受培训,平等享受三险(医疗保险、养老保险、意外伤害险)”。合作社生产经营实行“五个统一”,即统一决策:对投资方向、生产经营范围、利润分配方案等重大事项,由理事会提出议案,交由成员大会表决;统一生产:由合作社统一确定土地种植模式和品种,制定作业质量和产量标准;统一调度:合作社对机手、劳务、车辆、机械统一调度,确保机械整修、人员轮训不误农时;统一价格:合作社购销生产资料,以及对外收取机械作业费用采取团购的模式统一确定;统一核算:合作社所有收支财务统一管理核算。

二、从全程机械化作业服务到农业产业化发展

全场机械化作业范围涵盖水稻生产的整个环节,从机械耕整、工厂化育秧、机械插秧、机械植保、机械收割,合作社已实行全程机械化服务,并延伸到农田水利基本建设。合作社拥有占地面积 4 600 米^2、建筑面积 7 500 米^2 的综合培训大楼、维修车间和机库棚;占地面积 4 000 多米^2 的现代化育秧工厂和占地面积 11 000 米^2 的粮食烘储加工中心;占地面积 5 万米^2 总投资 5 200 万元秸秆收储板芯制造厂;新建 6 000 亩有机稻鳅共生板块和占地面积 7 600 米^2 的生态循环沼气基地。在农业产业化上,合作社以“农民自建”的模式完成八万亩国土整治高标准农田建设项目,加快了粮食大宗作物规模化、机械化、绿色化的生态种植的步伐。在农业现代化上,建立了院士工作站、智能农业工作室和全程视频监控系统,大力发展现代智能农业。2018 年,合作社坚持创新发展,全面开放合作,与汉和飞鲨无人机合作,开展无人机生产制造研发,建成现代化智能航空产业园,每年生产无人植保机 1 000 架以上,开展统防统治作业,推进一二三产业融合发展,实现由量到质的跨越。

三、从少数致富到共同富裕，带动贫困人口脱贫

华丰合作社发挥自身优势，积极转方式、调结构，强产业，构建现代农业经营体系，同时响应市委、市政府的号召，探索精准扶贫、精准脱贫机制，开展技能扶贫、资源扶贫、劳务扶贫、股份扶贫、慈善扶贫行动。以科教培训为依托，开展技能扶贫行动。每年培训农机手、种田能手等各类专业技术人才1 000余人。以土地流转为依托，开展资源扶贫行动。仅土地资源一项，就可为160户贫困户保底扶贫。以种养结合为依托，开展劳务脱贫行动。产业链的延伸能为建档立卡的贫困户提供500个就业岗位。以产业融合为依托，开展股份脱贫行动。华丰合作社2016年以资源共享、分工专业、风险共担、股金分红形式，扩大合作社种植、养殖、农机作业、粮食烘干、仓储、制板等产业，放大股权50 000股，每股50元，吸纳100户贫困户参股，实现华丰精准扶贫"三农"(产业基地建在农家，帮扶措施落在农户，经营实惠富在农民)目标，增强精准脱贫实力。以爱心人士为依托，开展慈善扶贫行动。合作社发挥品牌优势，积极宣传、倡导、组织社会爱心人士广捐善款，计划帮扶300户，合作社先后对126名贫困户进行爱心扶贫，每户扶贫现金500元、大米50斤，解决贫困户的年关之忧。

四、致力发展现代农业

华丰合作社2015年以来成立了8个家庭农场和16个华丰合作社分社，充分发挥华丰基地、产业、品牌优势，坚持开放合作，先后与汉和飞鲨无人机、中化集团、台州一鸣建设试验示范基地、进行合作互建，实现共赢发展。创建的"土香农"再生稻稻鳅富硒大米品牌，形成了线上线下互联网＋现代农业的生产营销体系。

2016年，建立占地7 600米^{2}的华丰农业生态循环沼气基地，大力发展循环农业经济，建设新型能源项目，使用秸秆生产板芯及沼气，制造有机肥料，通过土地流转和平整，建成2万亩稻鳅(虾)共生基地、2万亩良种繁育基地、3万亩有机大米基地、3万亩高产示范基地。

为实现华丰发展成果共享，华丰实行迁村腾地，打造华丰现代农业产业园，结合美丽乡村建设，以"华丰业主、政府服务、市场运行、部门帮扶、农民居住"的模式，建设了"水乡风情、乡土特色、记得住乡愁"的华丰新型社区，可集中安置3个行政村、18个小组、22个自然湾，360户群众。

案例 6　三产融合树品牌，借助政策促发展

南京市江宁区农汇谷家庭农场成立于 2015 年，是一家专业从事蓝莓种植、初加工、销售及采摘等一二三产融合发展的家庭农场，坐落在美丽宜人的南京市江宁区谷里街道张溪社区西湖村，依傍牛首山，紧邻云水涧，空气清新，环境优美，并且谷里也是南京市主城区南部旅游、休闲产业重点发展及绿色走廊建设带。近年来，农汇谷家庭农场以建设田园综合体为契机，按照"'农文旅'三位一体、一二三产融合"的发展理念，采用"园""庄"同步经营模式，将休闲农业与乡村旅游、文化创意、优质农产品展销等产业融为一体。

目前，农汇谷家庭农场占地面积 300 余亩，总投资近 1 500 万元，集农业种植、智慧加工、新技术推广、农业观光、亲子体验、科普教育、农耕体验、休闲娱乐等功能为一体，被誉为"农业版迪士尼"。实现了智能一体化农业经营管理，建设了"蓝莓采摘区""初加工区""休闲娱乐区"三大主体功能区。其中，蓝莓种植面积 160 余亩，已达丰产稳产。2021 年实现蓝莓鲜果产量 65.67 吨，仅上半年就接待蓝莓采摘游客 3 万余人次，销售额达 344.55 万元，其中蓝莓衍生产品销售额达 19.88 万元。

一、引入科技之"智"，保障农产品品质

农汇谷家庭农场成立之初，是一片 168 亩的丘陵荒地，人才匮乏，经营管理落后。随着农场的发展和科技引入，农场蓝莓成林丰产、园区道路串联、绿色防控到位、水肥供应智能化，以及配备了智能化气象信息监控系统、智能化土壤墒情监控系统和实时视频监控系统，逐步实现农场物联网系统建设，为全面打造智慧农场、提升产品品质奠定了坚实基础。2020 年，农场与江苏省农科院合作共建南京市农业产业化产学研合作示范基地，引进抗病高产蓝莓新品种 800 余株，配套果园多功能管理机、植保无人机、真空预冷机、蓝莓分拣机等先进的蓝莓种植和加工设备，开发蓝莓果酱、蓝莓盆景等创意产品。通过产学研合作示范基地的建设，加快推动了园区农业机械化进程，丰富蓝莓初深加工产品种类，大幅提升蓝莓系列产品品质，保障农产品供给。

二、借助政策促发展，丰富产业业态

农汇谷家庭农场充分利用当地政府在资金、用地、科技等方面的政策服务，大大提升农场发展速度，先后在紫金农商银行争取到贴息贷款 300 余万元，争取到“蓝莓科技展示馆”“蓝莓初加工厂房”“蓝莓农机库房”等设施用地建设项目，以及“产业融合发展项目”和“园区提档升级项目”，通过项目实施，既美化了农场园区旅游环境，又丰富了园区游乐项目，同时提升了园区游客服务质量。目前，农场种植区主要作物是蓝莓，先后开发出新品种鲜食蓝莓、蓝莓盆景、蓝莓酒、蓝莓酵素、蓝莓果酱、蓝莓干、蓝莓月饼等 8 个系列 15 个单品。蓝莓上市后园区会开放蓝莓主题超市，并同步开展亲子 DIY 项目，吸引广大市民走进田间地头，感受采摘蓝莓鲜果的乐趣，并且能够现场体验制作蓝莓果酱等产品，增强乡野果园的休闲体验功能。

三、延伸产业助融合，提升经济效益

农汇谷家庭农场在原有蓝莓种植技术日益成熟的基础上，结合周边的旅游资源，将单一种植蓝莓的发展模式，逐渐转变为蓝莓种植与蓝莓初加工、蓝莓深加工、蓝莓采摘游、拖拉机农场亲子游等相结合的一二三产融合发展模式。2020 年，农汇谷家庭农场紧抓江宁区发展全区域旅游契机，打造“蓝卉拖拉机亲子乐园”，充分挖掘乡村旅游观光、文化休闲、综合素养教育等价值，高标准打造了南京市江宁区首家欧美风拖拉机农场，利用新的视角，挖掘谷里地形特色，通过植入若干拖拉机、农场元素形成拖拉机乡村体验园，吸引南京市及江宁区周边旅游人群前来休闲度假，让游客暂离城市的喧嚣，回归自然淳朴。不到两年时间接待游客 5 万余人次，不仅增加了门票收入，更让蓝莓鲜果的价格从 20 元/斤提升到 80 元/斤，大大提升了园区经济效益和蓝莓产业多重价值。

四、把握品质谋发展，强化品牌塑形象

农汇谷家庭农场始终把培育蓝莓品牌作为站稳市场的切入点。

一是严把产品质量关。一方面，夯实质量基础、精选品种，综合对比长江流域蓝莓产区主推的近 20 个鲜食蓝莓品种，选定南高丛品种系“奥尼尔”“莱克西”“薄雾”品种作为农场的主打品种。另一方面，严格把控蓝莓鲜果质量安全关，从环境因子监测到农业投入品管理再到分拣包装品质把控，做到源头防控，保证产品达标，并于 2017 年通过绿色食品认证。

二是加强宣传，培育特色品牌。农场于 2016 年申请注册“蓝卉谷”商标，加大“蓝卉谷”系列产品研发力度，通过参加线下各种农展会、创业创新大赛以及农场连续自办的蓝莓采摘节，再结合微信公众号、抖音企业号以及各类媒体的线上大力宣传，做大做强“蓝卉谷”自主品牌，在业内获得了好评与认可。农汇谷家庭农场先后获得“江宁优质农产品单位”“市级示范家庭农场”“省级示范家庭农场”等荣誉称号。

案例 7　科技创新提质量，示范带动做表率

江苏省高邮市兴旺禽业产销专业合作社位于三面环湖，生态资源优越，素有“电缆之乡”的江苏省唯一的少数民族乡——菱塘回族乡，成立于 2006 年 12 月，是融高邮鸭养殖，蛋、禽肉产品及水产品收购、加工、销售、技术咨询服务于一体的农民合作经济组织，合作社自有养殖基地面积 100 亩，年销售收入达 3 500 多万元，养鸭及鹅达 15 万只，带动周边村镇养殖户 380 多户，被评为国家农民合作社示范社。

一、规范办社，提升发展实力

高邮市兴旺禽业产销专业合作社由下岗返乡就业人员王鹏牵头发起，成员中既有养殖大户，还有养殖业经纪人、养殖业技术人员、兽医防疫人员及养殖业炕孵企业。合作社成立以来，按照《农民专业合作社法》规定，进行注册登记，制定《合作社章程》，健全“三会”组织机构，建立财务管理、社务公开、盈余分配、档案管理等多项制度，坚持民办、民管、民收益的基本原则。合作社以服务成员、谋求成员共同利益为宗旨，实行自主经营、民主管理、盈余返还，采取统一供应鸭苗、统一供应饲料、统一饲养防疫、统一技术指导、统一收购蛋品及淘汰鸭、分户养殖独立核算的“五统一分”运营模式。通过十多年的发展，合作社队伍不断壮大，实力不断增强，已成为高邮市农民专业合作社的排头兵。一是建章立制，维护成员利益。为保护养殖户利益，合作社与成员签订订单合同，对成员生产的鸭蛋及鹅实行价格保护。当市场价低于保护价时，按保护价收购；当市场价高于保护价时，按市场价收购。合作社为每个成员设立个人账户，记载成员出资和交易量数量，并将公积金和政府形成的财政资产量化计入成员账户，对合作社年终剩余盈余进行二次分配，其中 70%按交易量返还，30%按出资比例返还。二是“三优”措施，吸引成员加入。优先借款：合作社成员中的养殖户资金有困难的，合作社可以预借部分资金，在售蛋时予以扣还。合作社每年借出的流动资金达 100 万元以上。优价收购：鸭农蛋鸭年龄超过 1 年需要淘汰时，合作社主动帮助联系销路，确保优价收购，让养殖户得实惠，2019—2020 年，养殖户通过合作社收购淘汰蛋鸭增收达 30 万元。优化服务：合作社利用规模优势，采取招标方式遴选苗禽和饲料供应商，帮助成员实现节本增效，如成员遭遇侵权事件，合作社将作为代表与相关各方沟通协调，维护成员合法权益。三是党建引领，提升社会效益。合作社于 2010 年 10 月成立

党支部，支部成员每年主动结对困难户，帮助他们发展生产，走养殖致富路。近几年来，合作社已帮助10多户贫困户摘掉了贫困帽子，每年扶持资金达万元以上。合作社还坚持每年端午节去敬老院送福利慰问孤寡老人，向受灾地区捐献爱心，不仅增强了合作社对社区发展的助推力，而且提升了成员及周边农户的凝聚力和向心力。

二、注重创新，增强发展活力

在激烈的市场竞争中，只有科技创新，不断推进产业转型升级，才能站稳脚跟，促进合作社发展。一是科技创新，提升产品质量。合作社与江苏家禽研究所、天津科技大学和扬州大学动物学院开展产学研联合，开展养殖和加工技术攻坚，先后申报了6项专利，其中发明专利1项，全面提升了蛋品加工质量。"红菱牌"系列产品2015—2018年连续荣获江苏省农民合作社产品展销会畅销奖，2019年获中国国际农产品交易会金奖。二是标准创新，培优厚植品牌。坚持标准化生产，是培植品牌的基础。合作社积极参与高邮鸭蛋国家标准制订工作，严格按照标准化要求组织生产。合作社生产的产品先后获ISO 9001体系认证书和ISO 22000体系认证书，合作社2018年被评为江苏省放心消费创建示范单位。三是营销创新，拓展流通渠道。除了商超直供、集团采购等营销渠道，合作社还连续多年参加省内外各类农产品展销会，广泛推介"红菱牌"系列产品。2017年，合作社试水电子商务，投入40多万元购置相关设备，在淘宝网上开设了红心旺农产品直销店，新招聘了4名年轻人专门负责网络营销。现在，合作社的线上销售店铺已遍布"1号店"高邮特色馆、京东、当当网、V5直播等多个平台，仅端午节前后一个月内就销售咸鸭蛋150多万只。

三、着眼未来，做好长远规划

一是促进周边电商迅速发展。合作社投资350万元建设了1 600平方米的电商培训中心大楼，组织成员和周边农民开展电商培训，吸引带动新型农业经营主体和农民群众利用现代信息手段开展批发、零售和产销对接，促进农村多种产业主体的融合发展。二是推动乡村农旅结合。受高邮鸭博物馆启发，合作社目前在筹划打造扬州菱塘鹅文化展示馆，通过图像、影片等形式集中展示扬州菱塘鹅的生物习性、品种特点、养殖过程、加工方法等文化知识，挖掘土特产品深层次的文化内涵，展示合作社文化精神，提升旅游体验，提高产品销量。

案例8 抱团发展合作共赢，联动服务提质增效

江苏省泰兴市老龙河粮食种植专业合作社成立于2017年12月，由河失镇北片区6个家庭农场联合组建。合作社秉持“联合化发展、规模化生产、科技化引领、一体化经营、社会化服务”理念，整合家庭农场资源，统一开展农机作业、种苗供应、农资采购、技术指导等，实现了家庭农场之间的优势共享、抱团发展，取得了良好的经济效益和社会效益。近年来，合作社积极发展稻麦精深加工，不断提升品牌效应，构建“从农田到餐桌”全产业链条，带动了成员及周边农户共同致富。2019年，合作社被认定为“江苏绿色无公害粮食作物产地”；2020年，被评为省级农民合作社示范社。

一、坚持联合发展，全力下好“一盘棋”

合作社发挥规模优势，严把生产主要环节，立足节约生产成本、共享销售渠道、实现保底收购等合作目标，实现家庭农场成员从“单打独斗”向“组团发展”转变，有效降低、分散经营风险，打破了家庭农场发展困境。2021年，合作社实现经营收入1 371万元，纯收益达300多万元。一是实现生产设施设备共享。合作社6个成员出资总额180万元，种植面积达5 080亩。不断优化农业机械设备配置，累计投入500多万元，建设6 000平方米仓库和烘干房，配有烘干机、大型拖拉机、4座以上插秧机、无人机、进口植保机等农机具60多台(套)，通过统一调度机械，大幅降低了成员资金投入。同时，合作社设置了农机购置专项资金，用于购置更新农机设备，提升合作社硬件基础与农机服务水平，增强了合作社抵抗自然风险的能力。二是实现农资采购仓储共享。合作社实行统一采购，统一购买率达90%以上，通过增加采购量掌握市场话语权，每年直接从生产厂家购买种子、化肥、农药等农资10万多吨，由此享受的价格优惠直接让亩均成本下降近80元；另外，运输费每亩节约20元，有效降低了生产成本。成员生产的粮食可以储存到合作社粮食储备库，只收取进仓费、熏蒸费、保管费和出仓费等基本开支，每吨费用控制在100元左右，有效降低了储存成本。三是实现订单销售渠道共享。合作社积极发展订单农业，推进产供销一体化建设，畅通了销售渠道，实现了优质优价。合作社与泰兴市粮食储备库签订粮食收购合同，先按国家保护价收购，再按市场需求梯次卖粮。当市场价格低于国家保护价时，由粮食储备库按保护价与合作社结算。当市场价格高于国家保护价时，产生的溢价收益由粮食储备库与合作社按3∶7的比例

进行分配。通过订单生产，保障了成员的基本收益。2021 年合作社粮食销售增收 20 多万元，平均每个成员增加收入近 4 万元。合作社与安徽省合肥市丰乐制种有限公司签订制种订单，专门开辟种子培育区域，每年提供近 200 吨的小麦和水稻种子。稻麦制种期间，建立风险赔偿机制，制种公司安排技术员全程跟踪指导，实现保底价收购。合作社生产的优质水稻和小麦种子获得了客户好评，每年增收 20 多万元。

二、推进绿色种植，打造产业“新名片”

针对单个家庭农场技术薄弱、品种单一、产出效益较低等问题，合作社坚持绿色种植理念，学习新技术、引入新品种，不断创新产业模式、提升产品品质。一是坚持绿色科学种植。合作社秉持生态种植理念，通过安装太阳能杀虫灯、诱捕器，种植芝麻、大豆、香根草等，降低农药用量，有效防治病虫害，绿色产品种植比例达 80％以上。大力推广测土配方施肥、秸秆综合利用技术，农作物秸秆实现全量还田，有效改善了土壤板结状况，培养了土壤肥力，提高了粮食品质和产量。二是加强技术指导服务。合作社定期邀请农业专家进行面对面授课指导，传授种植技术，讲解管理要领，发放科普资料，每年组织培训 4 次以上，培训人数达 100 多人次。组织参加重大农业生产交流活动，学习观摩先进粮食生产主体经验，不断完善产前、产中、产后服务体系建设，实现粮食稳产高产。三是强化优质品种更新。合作社紧扣市场需求，在前期引种试种成功的基础上，积极引导成员和农户种植优质强筋小麦“镇麦 15”和水稻“5055”“南粳 46”等品种，种植范围覆盖周边 6 个乡镇，种植面积达 18 万多亩。2021 年，合作社共生产优质水稻 3 000 多吨、小麦 1 900 多吨，销售均价比传统品种每斤高 0.1 元，亩均增收 200 多元。四是推动种养模式转型。合作社组织成员到湖北、宿迁等地现场观摩，引进稻田综合种养新技术，发展稻田养虾、养鱼、养鸭等新型种植模式，开辟专门区域进行试种试养。2021 年，合作社稻田综合种养面积达 150 亩，亩均产出水产品 2 000 多斤，增加收益近 5 000 元。示范区水稻产量每亩达 600 多斤，由于未施用农药化肥，价格是传统种植产品的 2 倍以上。

三、延伸产业链条，构建发展“新格局”

合作社不断拓展经营领域，通过开展社会化服务，实现内部农机有效利用。积极开展稻麦精深加工，注册商标，进一步提升水稻、小麦的知名度和附加值，市场竞争力显著增强。一是开展社会化服务。合作社充分发挥农机装备优势，在满足成员生产经营需求的基础上，将农机作业服务延伸至周边多个乡镇，为家庭农场和小农户提供整地、播种、育秧、插秧、施肥、浇灌、植保、烘干等粮食生产社会化服务。有序推进“机信融合”，依托信息化管理平台控制无人植保机，开展病虫害统防统治，切实增强防治效果。合作社年服务面积达6 000多亩，服务收入120多万元。二是促进融合发展。合作社注册了“老龙河”商标，生产的“老龙河香米”通过绿色食品认证。2021年，合作社“老龙河香米”销量达160吨，增收5多万元。在“种得好”和“卖得好”的基础上，合作社积极开展稻麦精深加工，2022年投入资金50多万元，采购先进的碾米和检测设备，由“卖原粮”向“卖品牌”转变，不断提升经济效益。三是助力联农带农。合作社不忘办社初心，切实履行社会责任，为低收入农户提供免费技术指导，以成本价开展收割、耕田、机插秧、治虫、无人机飞防等服务。近年来，合作社共服务周边6个村(居)80多户低收入农户，服务面积达1 300多亩次。帮助周边农户解决粮食销售问题，按成员价进行收购，同时吸纳50多名农民在家门口实现务工就业，人均年工资收入2万多元。

人才典型

全面推进乡村振兴、加快农业农村现代化，新产业、新业态、新模式不断涌现。职业院校围绕农业特色优势产业建学科、设专业，着力培养本土化农业科技人才，系统开展镇村干部、农业科技特派员、农民大学生等培育，打造懂农业、爱农村、爱农民的“三农”工作队伍。充实农村基层干部队伍，加强农村专业人才队伍建设，特别是扶持培养一批农业职业经理人、经纪人、乡村工匠等；既要培养科技人才、管理人才，也需要发现、发掘能工巧匠、乡土艺术家；既需要有号召力的带头人、有行动力的追梦人，也需要善经营的“农创客”、懂技术的“田秀才”。

“日月之行，若出其中。星汉灿烂，若出其里。”在湖北，“一村多名大学生计划”的实施和新型职业农民的培育为广大农村培养了一大批有号召力的带头人、有行动力的追梦人、有执行力的管理者、有感染力的服务者，打造出一支强大的乡村治理人才队伍。他们文化程度高、思想活跃、眼界开阔、创新意识强，有效提升了乡村治理质量和效率，为打赢脱贫攻坚战贡献了力量，正在乡村振兴的征程上砥砺前行。针对新型农业经营主体集约化、专业化、组织化、社会化等特征，培养出一大批新型农业经营人才，他们发展成专业大户、家庭农场主、农民合作社理事长、农业龙头企业带头人，成为乡村振兴的“火车头”，成为农民致富的“领头雁”。他们正在用实干实为带领广大乡亲追逐梦想、耕耘希望，实现共同富裕。

案例1 临危受命村支书，乡村变身打卡地

姓　　名：鲍喜武
学　　校：湖北工业职业技术学院（丹江口教学区）
专业年级：2016级绿色食品生产与检验
创业项目：乡村网红打卡地
人生格言：村干部就是要承担责任，只有帮助村民把问题解决得好，群众才能积极投身新农村建设

鲍喜武，十堰市张湾区黄龙镇斤坪村党支部书记，第五届长江学子创业奖获奖者。

他在村上发生腐败案的情况下，放弃名企高薪，临危受命到村上担任村党支部书记。

他大力发展乡村旅游和美丽乡村建设，招商引资旅游公司投资2.4亿元建设黄龙壹号生态园，把乡村打造成网红打卡地。

他积极争取政府投资1.2亿元配套基础设施，包括雨污分流、道路黑化、发展庭院经济等举措，让斤坪村面貌焕然一新，先后荣获湖北省“宜居村庄”、全国“一村一品”等称号。

他先后被授予“张湾区党务先进工作者”“十堰市旅游扶贫先进个人”“张湾区扶贫先进工作者”“湖北省工友杯创新创业大赛复赛金奖”“十堰市五一劳动奖章”“十堰市青年拔尖人才”“全国农村青年致富带头人”“长江学子创业奖”等荣誉称号。

临危受命，打工仔变身村支书。鲍喜武是十堰市张湾区黄龙镇斤坪村人。2013年8月，村里因为发生贪污腐败案件，群众怨声载道，他临危受命，成为村党总支书记，当时的他只有27岁。

斤坪村是黄龙镇的“东大门”，位于316国道旁。2012年之前，村情错综复杂、基础设施落后。鲍喜武上任以来，通过转型发展，成立了黄龙青新蔬菜专业合作社，吸纳农户785人，流转了土地386亩。同期招商引资成立十堰帝龙旅游有限公司，投入2.4亿元建设黄龙壹号生态园。几年过去，在鲍喜武和其他村干部、村民的努力下，这个总面积仅有4.8平方千米的小村落焕发生机，精彩纷呈的郁金香文化节、草莓节、啤酒节、灯光秀、帐篷节等活动，让斤坪村逐渐成为十堰人心目中排名第一的“网红打卡地”，产生了良好的社会、经济效

益，现在的斤坪村已成为“全国一村一品示范村”“省级宜居村庄”“市级文明生态村”和张湾区“美丽乡村”示范村。

走进斤坪村，房前屋后绿树成荫，街道两侧花海成片，农田阡陌纵横，农家小院整洁干净，绿水青山相映成趣，村民在这四季花海中安居乐业，游客在这近郊美景中自在畅游。随着黄龙壹号生态园规模的扩大，周边的环境整治、农家乐、宾馆、停车、购物等相关的配套建设也都在跟进，旅游配套业在逐渐形成规模，拉动辐射作用也逐渐彰显。

立足基层，群众的事都记心上。在鲍喜武看来，农村工作实打实，没有投机取巧的事。千难万难，关键难在经济落后上，村穷民穷，样样是难题，村富民富，事情就容易办。农村党支部书记必须要有经济头脑，始终把发展经济作为头等大事来抓。

在新农村建设中，斤坪村从环境整治入手，推动农业生产方式、农村生活习惯和农民思想观念的转变，使全村上下呈现出同心协力建设美丽家园的新面貌。通过这些年发展乡村旅游，丈夫可以就地打工了，妻子不再下地干活了，老人可以在家门口摆摊了，一家人年终还可以分红了。

“村里面大事小情特别多，能当面解决的事情绝对不能拖到第二天。”鲍喜武一直这样说，基层事情非常多，但事关群众的生产生活，哪怕是芝麻大的小事，也要记在心头。多年来的工作，让他结合本村实际总结出了一些好的工作方法，让群众反映的问题能及时有效地得到解决。

他认为，农民要富裕，农村更要和谐，不仅仅要关心村民的钱袋子，更要把关心工作做到村民心坎上，村干部就是要担负起责任，把村民的困难当成是自己的困难，只有帮助村民把问题解决得好，群众才能放下包袱、身心快乐，积极投身新农村建设。

不忘初心，带领群众增收致富。近年来，鲍喜武结合黄龙本地实际情况，深挖南水北调、巴楚农耕、秦巴文化等地方文化元素，形成独特风俗民情的民宿，打造以“品黄龙特色餐饮”“住秦巴乡村民宿”为主，以农业观光、农事体验等为辅的旅游产业链，走股份制公司化经营道路，使全民通过不同的形式参与其中，入社入股，致力于脱贫攻坚，走共同富裕的道路。

村里成立的蔬菜专业合作社，吸纳农户 215 户，先后流转土地 800 余亩，实行土地作价入股、保底分红，以每年每亩 700 元支付农户租金，同时按 2 300 元每年每亩对农户进行保底分红，社员收入 240 万元。辐射带动就业 2 000 人次，带动创业 90 人，年户均增收 3 万元，有效带领群众增收致富。

抗击疫情，冲锋陷阵在前。在疫情防控工作中，鲍喜武恪尽职守、积极作为、勇于担当。由于确诊病例集中收治点十堰市西苑医院与斤坪村辖区接壤，316

国道又穿境而过，给疫情防控带来了更多的压力和困难，村民有身体不适症状的，鲍喜武总能第一时间出现，护送村民到该医院接受诊断。在疫情最吃紧的时候，鲍喜武主动联系企业和爱心人士，筹集口罩 8 000 只、酒精和 84 消毒液 1 000 公斤，向群众发放；在辖区企业申请复工时，他及时帮助协调审批程序，并划拨防疫物资，确保企业有序开工，黄龙壹号生态园成为十堰城区第一个复工的农业观光项目。斤坪村党支部也因此被授予“十堰市最美志愿服务组织”。

站在斤坪村村委会大楼前放眼望去，一幢幢精致的别墅整齐排开，与一旁的黄龙壹号生态园相得益彰。他的梦想就是希望将斤坪村打造成一方净土、沃土，处处是景，家家富裕，让村里的道路成为一条城里人的归乡路。

案例 2 竹溪“后花园”纪家山变身记

姓　　名：卢治国
学　　校：湖北工业职业技术学院（丹江口教学区）
专业年级：2017 级绿色食品生产与检验
创业项目：生态纪家山，春山富居图
人生格言：带领乡亲一起养鸡，一起挣钱，一起奔富路

卢治国，纪家山六棵树土鸡养殖专业合作社理事长；竹溪县水坪镇纪家山村主任，竹溪县政协委员。

竹溪县，古称上庸，有着一千余年历史山城，位于鄂、陕、渝交界处，“朝秦暮楚”之说即源于此，地处秦岭南麓，巴山北坡，全县森林覆盖面积高达 76.8%，素有“天然氧吧”之称。竹溪县东大门的水坪镇，离县城约 12 公里，是县内最大的乡镇，共有 42 个行政村，辖区内人口 6 万余人。

纪家山是水坪镇一个曾经名留史册的小山村。这个古老的小山村，因纪兰英曾在此安营扎寨，练兵习武，而得名。她没有因为曾经名垂青史而绽放光芒，反而由于交通不便成了出名的贫困村。改革开放之初，年轻一代纷纷背起行囊，“北上创业，南下务工”，希望改变贫穷的命运，小村一时成为空心村。

卢治国也是北上南下队伍中的一员。20 世纪 90 年代初，因家境贫寒，父母体弱多病，妹妹尚幼，他放弃学业，承包村办茶厂，指望能缓解经济压力，补贴家用，但因技术缺乏，市场狭小，不仅没有盈利，反而债台高筑。不得已，在家人毫不知情的情况下，悄然离家，先后在工地做过泥瓦匠、在工厂当过工人、在超市做销售，为尽早还清债务，每天起早贪黑，啃馒头喝自来水。生活的磨炼没有打垮他，反而丰富了他的经验，让他积攒了人脉、开阔了眼界。2008 年，23 岁那年，他在江苏徐州市创立了自己的企业：顺鑫伟业百货公司，成为美国宝洁等日化巨头在苏北区的总代理，年销售高达 1 500 余万元，成为当地的纳税大户。

离家十余载后的 2012 年冬，事业有成的他回家省亲，走在狭窄泥泞的小路上，看到 90%都是年久失修的土坯瓦房，荒废的土地，杂草丛生，深深击中了他的内心……陪着年迈的父母和久未相见的家人吃完年夜饭后已是深夜，躺在床上，看着家中破旧的屋顶，久久无法入眠，白天所见历历在目，紧了紧厚重的棉被，不禁打了一个颤。他冷？不是冷，而是心凉。国家政策偏向农业农村，党的路线方针侧重农民，这样一个形势大好的情况下，为什么自己的家乡贫穷落后的面貌却始终没有得到改变……他沉思着。心事重重，魂不守舍在老家待了几天，便告别家人回到徐州，转让处理了全部产业，筹措资金近 200 万元，火速返乡，期待用一己之力改变家乡面貌，让乡亲们摆脱贫困。

卢治国经多方走访，实地考察，市场调研发现：竹溪县，这个古老的山城，以传统农业为主，有效劳动力大量输出，常居人口以老幼病残为主；另外，随着人们生活水平的不断提高，对生活品质也随之提高，本地农产品难以满足需求，外地农副产品大量输入。他进一步了解到，鸡蛋需求缺口非常大。县内的几家土鸡、鸡蛋养殖都是以家庭为主的小规模经营，难以满足溪城人民的需求，而外地大量涌入的鸡蛋质量难以保障。

卢治国认定，这不仅是个商机，更是一个带领纪家山村父老乡亲致富的好项目：纪家山家家种植玉米、南瓜等农作物，因交通状况恶劣无法运出销售，收获、储存量大，他决定带领几个村民组建以土鸡养殖、土鸡蛋生产、深加工为一体的专业合作社——纪家山六棵树土鸡养殖专业合作社，先后投资 150 余万元，相继推出纪家山“土匪鸡”“土匪鸡蛋”，但结果并不如愿：因技术匮乏、经验不足、产品单一、销路不畅等诸多原因，导致严重亏损。

2017 年，卢治国在组织部的推荐下参加了“一村多名大学生计划”的学习，努力提高养殖专业技术水平的同时，利用一切机会向省内外具有一定规模的养殖专业合作社取经学习。其间，他不断反思，寻找前期失败的原因，总结经验，吸取教训。他认识到，城市人渴望走向农村，品尝农家饭菜，享受自然美景。这正是纪家山优势：山场资源丰富，生态环境好，有利于生态养殖；交通便利，出村就是 346 国道，同时紧靠谷竹高速公路，有利于产品外运；地处城乡接合部，紧邻“桃花岛”，距离县城较近，能够及时、准确地获取各种信息。“土匪鸡”是当地的传统鸡种，家家户户都有养殖习惯和养殖经验；“土匪鸡”营养价值高，有着深厚的历史文化底蕴——传说此鸡“祖先”本是大山中的野鸡，几百年前，唐朝名将薛刚之妻纪兰英为给将士补充营养，在经过反复研究驯化而成为家鸡的，如今纪家山还有“兰英池”为证。发挥资源优势，形成产品特色，打造品牌核心价值才是决胜市场的法宝。

思路决定出路，说干就干。于是他又筹措 20 余万元资金，在专业老师的指导下，调整经营思路，改造鸡舍，升级补给系统，再战“鸡”场。2017 年底，在调试新设备时，卢治国不慎被压断右手无名指，留下了残疾。但他身残志愈坚，经三年努力终于将纪家山“土匪鸡”打造成本土知名品牌，为溪城人民提供“买得开心、吃得放心”的纯生态无污染土鸡肉和土鸡蛋，并先后推出多个系列，以满足市场需求。“土匪鸡”系列产品因货真价实，深受广大消费者青睐，先后进驻寿康永乐、新合作、佳福园等大型超市，成为其主要供应商，占领县域同类产品市场的 70％份额。

家乡贫穷的面貌并没有实质改变，道路交通极度落后，产业极其薄弱的穷根并未拔除。养鸡场最多只能保证十多个有劳动能力的贫困户有活干、有钱赚，该如何办才能带动更多的人呢？他再次陷入沉思。扶贫必先扶志，一个人有眼界也不行，他想把更多的人带出去走走、看看，开开眼、长长心！他把这一想法与扶贫工作组省水利厅领导沟通后，得到了充分肯定，并在工作组同志帮助下注册成立劳务派遣公司。他带领村中 40 名青壮年劳力前往省城，边干边学。同行务工的老乡这次出去每月工资可拿到六七千元，不仅赚到了钱，还开阔了眼界。

村民的观念改变了，卢治国开始实施他的“带富”计划。当初将合作社取名“六棵树”就寄托了卢治国要带领村里的农户们一起养鸡，一起挣钱，一起奔富路。“六”和“卢”在竹溪的方言中是同音字；“树”，意为纪家山树多生态环境好；合作社是自愿联合起来进行合作生产、合作经营的组织形式。他告诉村民，愿意加入合作社的，接受；不愿加入合作社的，支持。而对贫困户，他主动去“拉”，先后有 17 户建档立卡贫困户被卢治国“拉”进了合作社。入社的队伍逐渐壮大，“实体＋基地＋农户”的养殖模式已基本形成。

在扶持入社农户的同时，卢治国还为小规模养殖的 85 户农户免费提供 1 万多只鸡苗及技术服务、饲料加工、委托销售等，与入社农户“同等待遇”。第一批加入合作社的贫困户王某，第一年就收入了 5 万多元，不仅还清了多年的外债，还有了第一笔存款，一下摘掉了贫困“帽子”。对于那些无能力养殖的贫困户家庭，卢治国尽量安排在养殖基地务工。

卢治国改变家乡的努力，得到了乡亲的认可，2018 年底被大伙选为村委主任。当选后将第一年的工资全数捐出，用于脱贫攻坚。他说，能够当选并不是自己做得多好，而是父老乡亲的信任，也是组织的培养，现在是脱贫攻坚战关键时刻，“行百里者半九十”，越到最后越关键，决不辜负上级领导和老百姓的殷切希望。

卢治国还有新的计划：发挥生态、有机、绿色食品优势，全力打造“合作社＋农户＋互联网”的产销一体的模式，吸收更多的农户加入合作社，让生态纪家山出产的“土匪鸡”牌鸡蛋“走”得更远；利用本村山场面积大的优势，大力发展果树，不断丰富优化产业结构，将纪家山变为花果山，成为溪城真正的后花园。抗疫期间，在确保安全的前提下，他组织村民种植了 600 多亩樱桃、脆李等果树，他还想继续优选品种、扩大规模，依托“桃花岛”景区，打造民风淳朴、环境优美、宜居乐业的生态纪家山，在上庸再现“春山富居图”！

案例3　发挥主体作用,助推乡村振兴

姓　　名:沈体学
学　　校:湖北生物科技职业学院
专业年级:2019 级现代农业技术
创业项目:发挥主体作用　助推乡村振兴
人生格言:从“职业:农民”到“职业农民”,苦干、实干,我们一起干

沈体学,天门市石家河镇石岭村党支部书记,华丰农业专业合作社副理事长,富谷家庭农场有限公司总经理。在“三农”发展新形势下,他坚持发挥党建引领主体作用,以产业化理念谋划农业、以科学化理念发展农村、以合作化理念服务农民,助推“三农”事业高质量发展,以“四个创新”“四个着力”不断提升村企共建水平,壮大产业优势,助推乡村振兴。

一、创新农业技术转化,聚力解决“怎样种田”

沈体学所在的华丰合作社及富谷家庭农场作为新型经营主体,采用科技化、标准化、信息化的智能智慧生产方式,2019 年全村以华丰合作社为龙头开展五稻创新种养结合(瓜稻、虾稻、果稻、富硒稻、再生稻),提倡种植优质稻,达到了品质提升,效益增加。例如:瓜稻轮作可年采收 4 批瓜和 1 季优质稻,瓜总产量 3 000 公斤,单价约 2 元/斤,收入约 12 000 元,瓜稻稻谷产量 600 公斤,平均每斤高于托市价格 0.1 元,单价约 1.42 元/斤,收入约 1 700 元,瓜稻总收入 13 700 元,总成本 4 200 元,利润可达到每亩 9 500 元左右。虾稻共作可产 300 公斤/亩小龙虾,按 15 元/斤计算,收入约 9 000 元,可产 600 公斤/亩优质稻,平均每斤高于托市价格 0.1 元,单价约 1.42 元/斤,收入约 1 700 元,虾稻总收入 10 700 元,总成本是 4 600 元,利润可达到每亩 6 100 元左右。

通过种养结构调整和模式攻关,聚焦特色种植、特种养殖,从追求粮食单产、总产转变为粮食高产,优质提升种养水平,切实保障高效高质。

二、创新社村一体发展,着力提升“三农”品味

沈体学创新性采用村企高度融合模式,推行全程社会化服务,在水稻种植产

前、产中、产后服务中,切实拓宽农业经营主体与小农户有机衔接的渠道。为实现农业经营主体发展成果共享,带动五个小组迁村腾地面积达 104 亩,打造了华丰现代农业产业园,并结合美丽乡村建设,以"新型主体业主、政府服务、市场运行、部门帮扶、农民居住"的模式,建设了"水乡风情、乡土特色、记得住乡愁"的华丰新型社区,可集中安置 3 个行政村、18 个小组、22 个自然湾、360 户群众。

通过社村一体化发展,以规范化打造现代产业园为切入点、以新型社区打造为着力点,全面提升了石岭村农村人居环境,切实提高了农业农村农民的生活品质。

三、创新精准扶贫模式,助力脱贫不再返贫

如何带领贫困户脱贫增收,是沈体学一直身体力行的事情,通过华丰合作社、富谷家庭农场农业新型经营主体进行整村土地流转,集约化经营,逐步建立起了土地规模大、种植模式优、产品品质好、社员收益高的良性模式。比如:以 800 斤/亩稻谷的市场价(约 1 000 元/亩),打开大规模流转土地之门,大力发展早晚稻连作,虾稻共生,果稻连作,油稻种养模式,所生产的虾稻共生富硒米、再生稻产出率倍增,经济价值翻番。

从 2016 年至今,沈体学始终按每亩 600 元左右的价格与贫困户签订长期土地流转合同,五年的时间里合计流转贫困户土地 2 500 亩;与有劳动能力的贫困户签订长期劳务用工合同,人均年工资 4 千元以上;广泛吸纳贫困户以土地入股家庭农场享受收益分红。目前产业帮扶的 59 户贫困户已如期全部脱贫,且仅依靠土地资源一项,就可为全村贫困户保底扶贫。

四、创新乡村振兴路径,合力打造美丽乡村

2019 年,沈体学通过层层考试选拔,成为湖北生物科技职业学院园艺园林学院现代农业技术专业"一村多名大学生"计划学员。在校期间,他不断向专家取经,通过参观实践,更加明晰了美丽乡村建设的方向。恰逢这一年,石岭村被列为天门市美丽乡村建设示范村。按照省、市工作要求,拟投资 400 余万元,分两期进行美丽乡村建设,主要建设项目包括道路硬化、绿化、微景观、"小三园"、人居环境整治等。投资 200 万元的一期工程于 2020 年 8 月份开工,已硬化道路 614 米,2 149 平方米;建设"小三园"20 户,1 600 平方米;新建花坛 8 个,980 平方米;安装轻钢护栏 2 000 米,铺设道路植草砖 300 平方米。同时开展环境卫生整治,共清运积存垃圾 15 吨,拆除废弃房屋 3 栋、旱厕 5 座。文化墙 500 平方米、村标建设与绿化工作,已全部完工。在村级发展与建设上,沈体学将在校所学付诸实践,始终坚

持以“争创省级文明村、打造最宜居乡村”统揽全局，立足于乡域特色，认真谋划新农村建设总体思路，把握重点、强化措施、狠抓落实、扎实有序地在全村开展了新农村建设。2020年底，被省委、省政府授予2017—2019年度文明村。

走在石岭村美丽乡村大道上，花草丰茂，自然清新；林立的徽派民楼，精致典雅，别有韵味；华丰幼儿园一派欢歌笑语，满怀希望……沈体学将学以致用，用现代农业先进技术，带领全村群众，围绕“创业增收生活美、科学规划布局美、村容整洁环境美、乡风文明和谐美”的目标，不断创新，继续耕耘，把石岭村建设成为“宜居宜业宜游”、集观光、休闲、度假于一体的美丽乡村，打造出乡村振兴的“华丰实践”。

扫码看视频

案例 4 返乡农创版的“小马过河”

姓　　名：马少威
学　　校：湖北生物科技职业学院
专业年级：2019 级现代农业技术
创业项目：谷利田庄——城市圈的专属中央厨房
人生格言：行之苟且恒，久久自芬芳

马少威，天门市田源谷利生态农业服务专业合作社理事长，天门市 2018 年度先进工作者。

1983 年 12 月马少威出生于天门市彭市镇同乐村，父亲是一位木匠，母亲是一位文化水平不高的农村妇女。作为中国农村众多 80 后中的一员，马少威的成长总是伴随着那个时代特有的种种经历！身为“手艺人”的父亲为了改变家中贫困的现状带着母亲外出打工，马少威的幼年都是以“留守儿童”的身份辗转。或是跟着爷爷，或是跟着外公，或是跟着叔公生活，直到 1990 年父母开始经商，才开始跟着父母生活，伴随而来的则是青少年时期因为父母更换经商地而多次转学的经历。

2002 年，马少威只身南下前往广东东莞，从站柜台的手机促销员干起，开始了长达 12 年的“小人物升职记”：历任广东大地通信连锁服务有限公司第七旗舰店店长，联想移动通信科技有限公司广东专区东莞办事处督导员、办事处主任，联想移动通信科技有限公司广东专区培训讲师、市场店面经理，深圳嘉源科技有限公司市场部总监，深圳酷比通信股份有限公司西南（广西、云南、西藏）营销中心总监。

年少时对农村那些关于“贫穷”、关于“留守儿童”、关于“纯朴乡情”、关于“颠沛流离”的记忆，总是让已经身在繁华都市的马少威放不下对落后家乡的深深依恋与担忧。2015 年，马少威的家乡——天门市彭市镇同乐村被列入“精准扶贫重点村”。就是在这一年年底，马少威放弃在外经营了十多年的通信行业成就和人脉圈，毅然决然地返回家乡投身“三农”蓝海！

2016 年 2 月，天门市谷利水稻种植专业合作社注册成立！

2020 年 10 月 22 日，因发展需要，天门市谷利水稻种植专业合作社正式更名为“天门市田源谷利生态农业服务专业合作社”。合作社致力于以高标准种养殖为基础，开展“从田间到厨房”的农副产品、净菜、新鲜瓜果、生鲜水产直供城市社区销售服务，打造合理空间距离下的农产品社区下沉体系，在保障城市居民“米袋子”与“菜篮子”安全的前提下，提高农村土地的利用率和回报率，吸收和激活农村劳动力，帮助农民工返乡就业创业，改善农村生活品质，提高农民幸福感。

2016 年 2 月 29 日，在这个每四年才有的特殊日子里，伴随着乡亲们不理解的眼光，不看好的议论声，马少威顶着压力注册成立了谷利水稻种植专业合作社，成为乡亲们眼中“有办公室不坐，有轻松钱不赚，却要回来种地”的傻小子。曾经的西装领带、讲台话筒、渠道客户、销售业绩换成了工作服与遮阳帽、收割机与农作物、灰尘与噪声以及产量和收成。

仅仅 10 天后(3 月 10 日)，马少威争取到彭市镇农技中心 250 亩地的再生稻育秧指标，与父亲马云仿一起开始了连轴转。下面的日程或许枯燥、或许在别人眼里再普通不过，但对一个刚刚起步的创业者来说，终生难忘：

3 月 14 日，启动育秧大棚的搭建准备工作，并完成选址；

3 月 24 日，建成标准育秧大棚 10 个，完成配套蓄水池及排灌设施的建设工作；

3 月 30 日，完成育秧基质、育秧盘、播种机等育秧必需品的准备与采购工作；

3 月 31 日，完成苗床平整与盖籽土、营养土的调配；

4 月 3 日，完成 250 亩、共计 5 000 盘再生稻的播种(连续三天在暴雨中完成，这是马少威第一次参与水稻播种工作，也是谷利合作社第一次尝试在旱地大棚内用机器和秧盘播种)；

4 月 29 日，连续近一个月的苗期，每天对大棚内的温度、湿度、天气情况进行记录，并拍摄秧盘的变化情况；

5 月 1 日，合作社第一批集中育秧产品移栽大田。

……

因为自身经验不足和气候原因，2016 年谷利合作社的再生稻第二季只有每亩 100 公斤产量。马少威在总结了再生稻育秧过程中的经验教训后，经过多次试验，得出最佳方案，合作社的中稻集中育秧以高于 99%成盘合格率得到了社员及周边农户的认可。

2017 年，马少威顶着巨大压力，带领社员一面继续扩大合作社土地流转面积、完善配套设施、增加农机设备，一面继续加强与同行、农业主管部门之间的技术交流，提高自身育秧技术。当年分析产品与客户的白面书生也渐渐变成了一身古铜色皮肤、双手布满老茧的糙汉子。

仅用一年时间，马少威带领社员们完成了从“小型合作社”到“大型专业合作社”的提升。这一年，谷利合作社新增育秧大棚 20 个，新建 2 000 平方米智能连栋大棚一个，700 平方米综合仓库一个，晒场硬化 2 000 平方米，排灌沟渠硬化

1 500 米，并采购添置了大量农用机械及设备。合作社根据中央一号文件提出的农业“适度规范化”经营的方针，结合自身的实际情况，归纳出了一套农业生产“369 模式”，即：精品示范种植面积 300 亩、全程机械化托管田块 600 亩、散户社会化服务 900 亩的复合式种植模式。

2018 年春，马少威与父亲一起在原有轨道式自动播种设备的基础上，自主开发出了大跨度航架试播种系统，使播种效率提高了近十倍，这套系统于 3 月 21 日正式开播时，受到了新闻媒体以及省内外种田大户和合作社同行的关注，并且被湖北卫视作为“春耕神器”进行重点报道。同时，谷利合作社全面采用秸秆秧盘育秧，对秸秆回收利用进行了有益的探索。虾稻共作面积增加到近千亩，对外服务面积超过 2 000 亩。

2018—2019 年，谷利合作社又利用基地内的设施，开展蔬菜集中育苗及种植，年育秧育苗面积超过 5 000 亩。合作社将农业生产过程中的土地流转、农机服务、代种代管、人工移栽、人工采收、整理打包、园区除草清杂等环节与产业扶贫进行挂钩，根据贫困户的实际情况，为有劳动能力的贫困户提供灵活的务工就业机会，为没有劳动能力的贫困户提供土地流转、农机服务、代种代管等服务，减少贫困户的农业生产开支和劳动力成本，提高贫困户的额外收入，力所能及地为精准扶贫提供产业助力，直接带动或间接影响贫困户 45 户。个人和合作社多次受到当地党委、政府的表彰。

抛下城市的浮华，是为了更好地让自己的脉搏与坚实的乡村土地同频，真实地了解乡村的心跳；而再次推开城市的大门，是为了成为城市市民与乡村村民之间的桥梁！

所谓“外行不能领导内行”，这句话放在“三农”工作领域体现得尤为突出！创办农业合作社的这几年，马少威不止一次地在合作社的生产、经营、规划工作中碰壁。

2019 年秋，一个由湖北省委组织部、湖北省农业农村厅、湖北省教育厅等多部门共同组织推行的计划——“一村多名大学生计划”在湖北生物科技职业学院实施，这让苦于对农业专业知识、技术与信息求知无门的马少威有了一个全面系统学习的机会！通过一年多的系统学习与实际工作中所面临的问题的一一验证，让马少威对“三农”工作、对乡村振兴战略有了更清晰的认知，对未来的创业之路有了更全面、更长远的打算！

2020 年，一场突如其来、影响巨大的新冠疫情改变了人们的生活态度与消费习惯。这让马少威意识到需要想办法尽快带领“三农”走进城市。而如何解决让作为消费主体的城市市民“买到好食材”和让作为生产主体的乡村农民“卖出好价钱”的问题，是马少威首先需要思考并付诸实施的事情。

正如“一村多名大学生计划”的初衷是为了解决乡村振兴战略的第一步——人才振兴。

一方面，马少威利用湖北省“一村多名大学生计划”的学习机会，重新走进了校园，甚至是重新走上了讲台，自身进一步学习农业专业知识与技术的同时，还以直播和课堂形式指导和帮助拥有农业情怀的大学生加深对当下“三农”的了解，尽可能地为乡村振兴、为项目发展吸引和留住人才。

另一方面，马少威在武汉已经开始整合学院创业基地的资源及应届毕业生人才，组建团队，开始筹办服务于“谷利田庄——城市圈的专属中央厨房”项目的农产品社区下沉的线上运营公司。计划逐步搭建一个以保障“米袋子”“菜篮子”和“农业社会化服务”三位一体的，集高标准农田建设、绿色高产高效农业、优质农产品生产加工、农产品上行与农产品社区下沉服务、农业人才培育实训等现代生态农业服务为一体的农业综合体，为更好地解决“三农”问题，夯实精准脱贫攻坚成果，服务乡村振兴提供助力！

扫码看视频

案例5 让黄桃成为“黄金果”,让月宝山成为“花果山”

姓　　名:王强
学　　校:湖北生物科技职业学院
专业年级:2019级现代农业技术
创业项目:发展黄桃产业,引领乡村振兴
人生格言:贵在坚持,努力奋斗,展现自我,再创新高

王强,荆门市屈家岭管理区长滩办事处月宝山村党支部副书记,2020年度屈家岭管理区长滩办事处先进个人。

月宝山村地理位置偏僻,辖区面积14.2平方公里,其中耕地面积13 668平方公里,是屈家岭管理区土地面积最大的一个村。该村主要为丘陵地带,最初种植茶园,原为湖北省国营五三农场茶林分场。茶场倒闭后,主要种植玉米、小麦等农作物,由于山上十年九旱,农民收入持续低迷,是全区有名的“穷山窝”。后来,经多方考察和实验,村党支部决定大胆尝试种植桃树,在全区率先调整农业种植结构和转变经济发展方式。

听说村里让大家种桃树,习惯了种植传统作物的村民感觉山上种桃树就像是天方夜谭,大家一个个犹豫不决、左顾右盼。看到这种情况,王强积极响应村里的号召,率先种植桃树,并积极宣传管理区发展桃产业的扶持政策,耐心讲解种植桃树能够科学地避开伏旱,提高农业减灾系数。第一批桃树挂果后供不应求,王强迅速成为全村发展桃产业带头致富的典型。2014年,王强又种植黄桃20亩,红桃35亩,2020年纯收入突破15万元。

作为村支委一员,王强深知,自己富了不能丢下老百姓,小康路上一个也不能掉队。

2014年,由于连续几年年成不好,加上女儿上大学正用钱,月宝山村村民熊光辉的家境捉襟见肘。祸不单行,他的妻子又遭遇车祸,家里一下子陷入了困境。后来,精准扶贫工作启动,熊光辉家成为建档立卡贫困户。作为协管扶贫工作的村支委,王强多次上门做他的思想工作。在村里和驻村工作队的帮扶下,熊光辉坚定信心,发扬自力更生、艰苦奋斗的农垦精神,先后种植桃树60亩,其他作物31亩,共计承包土地91亩。王强积极为他落实特色产业奖补,2018年落实产业奖补3 000元,2020年新种的40亩桃树又落实管理区桃产业补助1万多元。他们一家的干劲越来越大,还购置了收割机、拖拉机。2020年,桃树收入5万元,玉米、稻谷、黄豆等收入10万元,收割机收入3万多元。

在接受荆门电视台“直播荆门”栏目组采访时，熊光辉的妻子说：“都说幸福都是奋斗出来的，可是如果没有王强这样的村干部和驻村工作队的帮扶，没有党的扶贫政策，哪有我们今天的幸福生活。”目前，熊光辉一家告别了以前的旧瓦房，搬进了松岭桃花岭220平方米的小洋楼，家用电器一应俱全，奔上了小康大道。

为了支持果农发展桃产业，村里成立了华缘果林专业合作社，实行统一技术指导、统一品种供苗、统一修剪肥培管理、统一病虫害防治、统一果品销售的“五统一”经营管理模式。

2018年，屈家岭管理区工委明确了“建设大基地，培育大企业，形成大产业”的工作思路。当年10月，管理区与湖北田野农谷公司签订了5万亩黄桃产业扶贫合作协议，采取“龙头企业＋合作社＋农户＋基地”模式建设，田野公司将按照每公斤不低于2元的价格收购黄桃，解除了果农鲜桃销售的后顾之忧。

古人云，“授人以鱼，不如授人以渔”，王强感慨地说：“授人以鲜桃，不如授人以桃苗”。在管理区和办事处的支持下，王强积极通过推进产业扶贫增强造血功能，带动贫困户脱贫致富。月宝山组贫困户王西古居住在山脚下，附近草源丰富，王强请来畜牧师，指导他养殖山羊，从当初的3头发展到现在的7头，争取了特色产业奖补1 400元，年增收4 000多元。

目前，月宝山建档立卡贫困户发展特色产业的有23户，其中发展桃产业的有19户，占有劳动能力建档立卡贫困户66%。累计享受特色产业奖补政策5.78万元，其中今年6户0.88万元。促进了贫困户摘下贫困帽，齐步奔小康。

松岭片贫困户吴明田不幸身患胰腺癌，生活十分困难。王强除严格为他们落实相关教育、健康等扶贫政策，还积极寻求驻村工作队支持，主动为他们家申请并落实了低保救助。

2019年，湖北生物科技职业学院启动“一村多名大学生计划”，作为村两委班子成员，王强有幸成为“一村多”学员，在校通过学习丰富了理论知识，提升了政治素养，为以后更好地服务基层打下了坚定的基础。

扫码看视频

2020年春，为保障疫情影响下的贫困户的正常生活，王强配合工作队为刘云龙、谷丰庭等7名贫困人口申请了公益性岗位，根据他们的身体、年龄、居住地等实际情况，分别担任了保洁员、护路员、防疫消杀员、守库员等。为了拓宽增收渠道，王强多方联系，帮助落实贫困人口务工就业21户24人。增加了他们的经济收入，巩固了脱贫攻坚成效。

如今全村已开发桃树1万多亩，形成了湖北省最大的万亩桃园，被评为荆门最美十景之首，每年春天来这里踏青赏花、旅游度假的游客络绎不绝。月宝山村被省委、省政府授予省级文明村，并成为省级美丽乡村。

案例 6 提升菜籽附加值,助力乡村产业兴

姓　　名:陶勇林

所在院校:湖北生物科技职业学院

专业年级:2019 级现代农业技术

创业项目:提升“乡村绿色菜籽油”附加值

人生格言:提升本土特产,服务千家万户,助力脱贫攻坚

陶勇林,武汉市新洲区徐古街道雷桃树村村两委委员,武汉陶然鑫博生态农业有限公司总经理,武汉市新洲区大自然油料加工厂厂长,武汉市新洲区徐古街 2020 年度先进个人。

位于新洲区东北边缘与麻城、团风、罗田毗邻的徐古街南部的雷桃树村就是陶勇林的家乡。改革开放后,村里很多年轻人不愿在家创业,纷纷外出打工或做生意。在家留守的都是 60 岁以上的老人,村内的支柱产业有稻谷、油茶、油菜等传统产业。由于是传统种植,附加值低,除去农药肥料和人工成本,不赔钱就是万幸!

雷桃树村属丘陵地带,一年四季分明,适宜油菜种植,但由于农户种植分散,缺乏技术支撑,普遍效益低下。从小到大,陶勇林目睹父亲与村民们年复一年种油菜、收油菜,熬了一年又一年,仅能解决温饱问题!怎么才能让种起来的油菜赚钱呢?

2014 年,陶勇林辞去武汉电脑城的技术工作,回到生他养他的徐古街雷桃树村。响应国家能人回乡,助力脱贫攻坚,产业富民,扶贫路上不落一人的政策,当起了“地道的农民”,成立了武汉市陶然鑫博生态农业有限公司,流转农户土地 200 亩种植油菜,通过“村集体入股+公司+农户+贫困户”的方式带动本村及周边农户增收致富。

经过深入细致的调查,他意识到家乡油菜价格低,主要原因是品质差,技术不成熟,附加值低。为提升油菜品质,他和武昌区驻村工作组、村书记一起,请武汉农科院专家担任油菜产业技术指导员。率先在自家 200 亩土地实施适合本地种植品种的实验:将原来的密植改为间苗合理种植,同时选择适宜本地栽培的油菜品种更换劣质种子,并用机具深耕土地,配套机耕道和厢沟,使农用车自由进出田地。

为了提高油茶籽的附加值,2018 年,他新建了一座年加工菜籽 400 万斤的食用油加工厂,让他家的菜籽油供不应求,经济收入在原来的基础上翻了番。同

时带动周边三个街道 10 000 多亩油菜产业发展。

2018 年底,他以致富带头人的身份通过换届选举高票当选村委会委员。2019 年湖北省实施“一村多名大学生计划”,陶勇林通过层层考试选拔就读湖北生物科技职业学院现代农业技术专业,在学校有幸聆听来自全国劳模高广金农业科技创新工作室志愿者、华农教授、省市农科院专家等的授课,学习了更多新知识、新技能。他用高产油菜“345 技术模式”种植油菜 2 000 亩。2020 年夏季通过机械收割总产量达到 80 万斤,亩产 200 千克,且品质优良,出油率高达 43%,比传统种植的油菜出油率多出 30%,总销售收入达到了 360 余万元,纯利润 120 余万元,是原来传统种植收入的两倍。

“抗疫保丰收,农民迎小康”,2020 年虽受疫情影响,但村民和贫困户的收入还是翻了一倍。

2020 年 10 月,高产油菜“345 技术模式”已推广到周边三个街道近 20 000 余亩油菜种植,目前长势喜人,在湖北生物科技职业学院各级领导和老师的鼓励下,他用在学校学到的知识在田间开通了现场课堂,主推绿色低毒用药,配方施肥,作物机收,让乡亲们足不出户学习种植新技术。

正是有他这样扎根基层,服务“三农”的优秀青年,致力提升本土特产,服务千家万户,才为脱贫攻坚向乡村振兴转变打下了坚实的基础。

案例 7 居无品之位,行有为之事

姓　　名:张俊培
学　　校:湖北职业技术学院
专业年级:2019 级建筑工程技术专业
创业项目:农机服务全面全程现代化
人生格言:唯有学习,才能不断前进;唯有奋斗,才能不负韶华

张俊培,应城市俊培农机专业合作社理事长。先后获得应城市、孝感市“优秀共产党员”“孝感市抗洪救灾个人二等功”“湖北省农村实用拔尖人才”“应城市十佳科技人才”等荣誉称号。先后当选孝感市第六届人民代表大会代表、中共湖北省第十一次代表大会代表。

张俊培是应城市义和镇农机专业服务致富带头人。他发现当地农户作业分散无序,便组织“无人机洒药服务联队”喷洒农药,服务当地农户。目前,由于影响力较大,加入的农户较多,“无人机洒药服务联队”已走出了湖北,服务外省市。

张俊培还是应城市义和镇柴咀村村委,是田间地头的热心人,在服务为民工作中善于心贴心,在担当作为上勇于硬碰硬;而作为“一村多名大学生”学员,他在求学求新上勤于实打实。一系列实事,让他得到了广大百姓的称赞。

一、不忘初心担使命,俯首甘为孺子牛

张俊培生在义和,长在义和,吃义和饭,饮义和水。在义和工作的那天起,他就决心做义和百姓身边的贴心人,让大家一起过上好日子,做好村庄发展的引路人。

为了让村里种好地、收好粮,张俊培筹资 210 万元组建农民专业合作社,先后购置 124 台(套)农业机械,帮农户插秧、整地、收割、进行病虫防治;为搭建方便村民学习交流农业实用技术的平台,他一次次组织村民参加农业技术培训,让村民通过学习不断增长知识和技能。他还请来农业技术人员和专业大户给村民讲课现场示范,对村民进行各种技术培训;聘请专业人员帮村民选择购买合适的农机设备,指导村民维修农机设备,协助村民办理农机购置补贴,并每年减免特困户农机作业费用 2 万多元,累计减免 20 多万元。这个引路人,张俊培当得兢兢业业、体贴入微。

张俊培还敢做开山斧，勇开顶风船，主动承担了应城市主公路沿线“油菜轮作项目”。为做好项目，他多次向农业部门请教油菜种植技术或上网学习。遇到困难，不怕舟车劳顿，外出请教技术人员，他既是为发展谋出路的村干部，更像一个不断求进步的学生，并把学到的知识运用到实践中，得到专业人士和相关部门及沿线农民的一致好评。

面对危险，张俊培勇于冲在前。2016 年梅雨期，应城降雨量比往年同期多两倍，夜间巡堤时，张俊培发现泵站口水位比远端低很多，再不及时疏通，群众生命财产安全都会受到严重的影响。他随即带领七八个邻居到堵塞点，冒着被血吸虫感染的危险，跳到水里清除杂物、疏通河道。从 7 月 19 日晚 7 时接到镇里通知，直至 7 月 25 日下午 4 时溃堤，张俊培全程主动参与防汛，与部队官兵及义和、李集片区干群在堤上奋战。

二、位卑未敢忘忧国，勇战疫情保家园

在 2020 年这场突如其来的疫情战斗中，张俊培始终冲在第一线，处处为村民做实事，既当组织协调员，更当突击战斗员；既当宣传引导员，更当为民服务员，充分发挥了党员干部的先锋模范带头作用。

张俊培始终坚持说实话、办实事、求实效。在当地政府和农业部门决定防疫、农业生产两不误时，他向防疫指挥部申请通行证，到城中农贸公司，购得 2 000 亩小麦田的除草防虫防病农药和 30 吨尿素，平价售卖给乡亲们，并用无人机义务为村民的庄稼喷洒农药，减少乡亲们出门次数。他心系村民，更担忧那些在一线抗疫的医护人员，为表达对医疗一线人员的敬意，他给应城市中医医院捐了 500 袋再生稻米。

三、立身以力学为先，虚心求进济沧海

张俊培始终有个大学梦。2019 年得知孝感市开展“一村多名大学生计划”后，他日夜苦读，多方请教，功夫不负有心人，考上了湖北职业技术学院建筑工程技术专业，成为一名实实在在的大学生。他感到十分自豪，也十分珍惜这次来之不易的学习机会。

初中毕业后就步入社会的张俊培，深知自己知识欠缺、能力欠缺，不怕被人笑话自己年龄大还去学校读书，主动到省农业电视广播学校报名学习并取得中专学历。成立农机合作社后，他经常有汇报、座谈、调研材料需要撰写，为使得自己的知识涵养能够跟上新时代的步伐，他白天忙工作、晚上忙学习，经常夜里学到 12 点多，没有说过一声苦、叫过一句累，大家都觉得他像个铁人一样，永远不

知疲倦。

如愿考到湖北职业技术学院后，本来工作就忙的他还要去市区学习，时间变得更紧了，他把 24 小时当成 48 小时来利用，推掉了所有的聚会，倍加珍惜学习的机会，本对电脑一窍不通的他，现在已经用得很顺畅，排版、制表、打印材料等已经成了“小儿科”。

在坚持学习之时，张俊培对工作也不放松。合作社 2020 年又承担了 5 万亩油菜种植项目，为了处理好学习和工作的关系，张俊培利用休息时间安排部署工作。10 月 12 日，一位农机手在项目施工时手指骨折，张俊培立马从学校驱车赶回应城，安排人员把受伤农机手送到医院检查、住院，安慰受伤农机手及其家人。在安排好下午的手术后，他又在上课前几分钟赶回教室。老师劝他：“你下午可以请假，疲劳开车不安全。”他说：“我年纪大了，记性不太好，原本就难跟上教学，哪还能掉课！”

一心系着自己的员工，一心求进步，张俊培用实际行动展示了新时代村干部的担当和责任。

案例 8　打造十堰特色产业新名片

姓　　名：张祥良
学　　校：湖北工业职业技术学院(丹江口教学区)
专业年级：2017 级绿色食品生产与检验
创业项目：武当水晶软籽石榴产业
人生格言：种中国最好的石榴，将福祉传递给每一位有缘人

张祥良，丹江口百子园石榴专业合作社理事长。

他的家乡在湖北丹江口库区。那里盛产柑橘，几乎家家都有橘园，“武当蜜橘”是国家地理标志保护产品，口感甘甜风味浓郁，一度成为老百姓收入的主要来源。2008 年，在外务工的他返乡创业，发现柑橘市场疲软，价贱伤农问题已经显现，感觉柑橘产业的发展会遭遇瓶颈，于是将发展的目标转向了石榴，开始了石榴良种选育及生态种植探索之路：2011 年经十堰市委组织部人才办推荐，他参加十堰科技学校的“双带头人”中专班学习，系统掌握了种植、养殖技术。2013 年他流转土地 400 亩、投资 200 万元，创办了丹江口市石鼓镇张祥良种养综合家庭农场，2015 年发起成立丹江口百子园石榴专业合作社，2017 年进入十堰市“一村多名大学生计划”深造，2019 年绿色食品生产与检验专业毕业。与十堰市科技学校、十堰市“61”产业团队专家合作，经过 10 多年的努力，成功选育了优良石榴品种武当水晶软籽，实现了石榴产业零的突破，推行“331”(每户发展 3～5 亩，3～5 年实现产值 10 万元)计划，带动 1 700 户村民发展石榴种植 30 000 多亩，得到国际农发基金支持，丹江口市政府将石榴产业写入扶贫行动专项，辐射襄阳、武汉、黄冈，成为扶贫重要产业。

张祥良取得的主要成绩：2015 年参与研究的《武当水晶软籽石榴生态种植技术》通过省级成果鉴定(证书登记号：EK2015D150013000198)，获十堰市科学技术进步三等奖；作为主要起草人起草的地方标准《武当水晶软籽石榴生态种植技术规程》(DB 4203/T 94—2015)2015 年 1 月正式发布；联合培育的“武当水晶软籽”石榴品种 2016 年被认定为湖北省林木良种；2017 年选送“武当水晶软籽石榴”鲜果参加第二届全国石榴博览会荣获金奖；2018 年项目获中国“互联网＋”大学生创新创业大赛学院银奖、湖北赛区铜奖，湖北省首届工友杯职工创新创业大赛获优秀项目奖；2019 年荣获第三届全国石榴博览会金奖。

他的事迹先后被央视、省市媒体报道。

百子园石榴专业合作社现已投入 1 000 万元，完成了母本园、苗圃、采摘园、生产园建设；700 立方米保鲜库建成验收；建立了完善的科研、生态种植示范及品牌运营团队；拥有“武当”“汉江红”两个商标，形成了品牌效应。下一步将立足百子园，推广品种输出技术将规模发展到 60 000 亩，打造农旅结合的石榴小镇，创建中国优质软籽石榴产区，打造区域特色产业新名片。预期，通过休闲、观光采摘，直接吸引游客 15 000～60 000 人次，可实现收入 150 万～600 万元；60 000 亩基地全部投产，年产鲜果 9 000 万千克，按 80% 销量计算，可实现销售收入 14.4 亿元；拉动加工、旅游度假等相关产业预计涉及 100 万人，经济规模可达 10 亿元；可创造就业机会 2 万个，可实现 2 000 户以上的贫困户平均每年增收达到 30 000 元以上，帮助他们彻底摆脱贫困。

案例 9 用“撂荒地”种出“金牌茶”

姓　　名：余盛林
学　　校：湖北工业职业技术学院(丹江口教学区)
专业年级：2017 级绿色食品生产与检验
创业项目：老母荒百年老茶
人生格言：扎根大山做茶人，誓将茶山变成金山

余盛林，十堰市老母荒云雾剑茶叶专业合作社理事长，第五届长江学子创业奖获奖者。

2018 年返回家乡——张湾区偏远深山秦家坪村，号召全村贫困茶农成立合作社，充分开发深山的野生茶树，把古老的制茶工艺与当地旅游资源相融合，研发新技术、开发新产品，把平时弃之不采的大叶子茶充分利用、变废为宝，在武当道茶杯名优茶评比活动中其主打产品“云雾剑茶”荣获金奖。目前，已带领十堰市张湾区 5 个村 5 500 亩茶园实现增收、3 000 多茶农脱贫致富，助力张湾区率先脱贫摘帽。余盛林的创业事迹被新华网等多家媒体报道。

余盛林创办的“老母荒百年老茶”项目于 2019 年 11 月入围第三届中华职业教育创新创业大赛全国总决赛，获得国赛二等奖、省赛金奖等多项荣誉，并获得省、市、区多项创业资金扶持。余盛林本人也先后获评湖北省农业产业领军人才、湖北省优秀农村实用人才、十堰市优秀中青年拔尖人才、十堰市五一劳动奖章、劳动模范等多项荣誉称号，荣获“长江学子”创业奖。

一、乡情难舍，扎根大山做茶人

余盛林的家乡位于十堰市张湾区贫困深山秦家坪村老母荒口，老母荒有三万亩原始森林，最高海拔 1 540 米，森林覆盖率达到 98.9%，近千亩百年老茶树就深藏于万亩林海间。老母荒老茶树都在 100 年以上，树龄最长的达 170 年，这些古茶树生长在层峦叠嶂的群山中，扎根于富含有机质土壤林下，遮天蔽日，造就了百年老茶香气高藏、入口甘甜、醇厚清爽、回味悠长的独特口感，被誉为“云端上的茶中贵族”。

这里之前不通公路，没有网络，是十堰市重点贫困地区。余盛林爷爷余策星是秦家坪大队茶厂炒茶师傅，父亲余昌锐传承炒茶技艺，长期担任老母荒茶厂厂长。由于当地思想观念落后，加之分散经营、没有品牌，导致优质的茶叶无人问津，没有销路。

余盛林一直为父辈们“守着茶山不能变成金山”而不停努力探索着。他毅然决定返回家乡，号召全村贫困茶农成立十堰市老母荒云雾剑茶叶专业合作社。

二、校企合作，助推传统绿茶产业升级

2017 年在校期间，余盛林把所学专业与创新创业结合，先后与湖北工业职业技术学院和张湾区政府合作，建立老母荒茶叶研发中心，充分开发深山的野生茶树，把古老的制茶工艺与当地旅游资源相融合，研发新技术、开发新产品。

传统绿茶产业经济效益低，茶园的鲜叶采摘期只有短短 40 天，采茶期过于集中，直接导致采茶人工成本居高不下，拉低了茶园的经济效益，很多茶农采完春茶后就没事可做，只好外出务工，茶叶成了当地的副业。

余盛林根据老母荒得天独厚的资源优势打造“老母荒百年老茶”创业项目，发挥茶园生态环境优越的优势，打造绿色有机茶园，研发新品，致力改变当地茶叶产品单一、采摘方式单一、制作工艺单一现状，把十堰地区弃之如敝屣的大叶子茶制成红茶、白茶、青茶、大师茶，改变十堰茶产业只采春茶芽尖，且多以制作绿茶为主的状况，全面提升十堰茶产业加工水平，大大提高茶叶采摘量，采摘周期长达 150 天。跟过去相比，茶农收入、茶叶产量产值均翻了三倍。

他建立了产品追溯体系，使用手机扫码便知晓茶叶生长气候与湿度、茶叶采摘时间、炒制时间、炒茶师信息等，用数字信息技术替茶说话，让消费者明白消费、放心饮茶。茶叶品质获得中国农科院茶叶研究所的高度认可，在十堰市名优茶评比活动中荣获金奖，实现产销两旺，产品远销德国、法国、日本及国内的北京、武汉、深圳等地。

三、乡村振兴，带动茶农脱贫致富

余盛林努力做到“质量立茶”“文化兴茶”，他制定五统一模式：茶园统一管理、鲜叶统一入社、统一传承技艺、统一包装销售、统一分红。2017 年至 2020 年，余盛林带领张湾区秦家坪、白马山、大沟、朱庄和花园等多个村 5 500 亩茶叶增收，销售茶叶 3 000 余万元。

案例 10 “橘子哥”唱响“橘子歌”

姓　　名:殷雄
学　　校:湖北三峡职业技术学院
专业年级:2019 级现代农业技术
创业项目:唱响“宜都蜜柑”品牌
人生格言:搏击柑橘,无悔青春

“柑橘之乡”的宜都市,是殷雄的家乡。生在桔乡长在桔乡的他,对柑橘有着特殊的感情。从小上学起,就立誓长大后种橘子,种好橘子,当“橘子哥”,接过长辈种柑橘的接力棒,让宜都蜜柑更响,让橘农的日子更红。

大学毕业后,他目睹母亲与乡邻们起早贪黑种橘子,收橘子;熬着一个又一个通宵,将橘子逐个套袋、包装;披星戴月,将一箱箱的柑橘运到河北、内蒙古批发零售。然而,橘农辛辛苦苦一年,除去农药、肥料和人工成本,不赔钱就是万幸!偶遇运气好时,一大车能卖个几万元,那是橘子人家一年的收成。

好端端的橘子,怎么种起来就亏本呢?

面对这样的现实,村里很多年轻人不愿在家种橘子,纷纷外出打工或做生意。在家种橘子的都是 60 岁以上的老人。

2009 年,殷雄辞去楚天都市报社记者的工作,回到生他养他的红花套镇窑坡垴村。一个年轻人,当起了“橘子哥”,他想兑现幼时的誓言,打好柑橘品牌。经过深入细致的调查,他意识到家乡柑橘价格低,主要原因是品质差。

为提升柑橘品质,他和村书记一起,请宜都柑橘专家杨承清担任柑橘产业技术指导员。率先在自家 8 亩橘园,实施老果园改造和品种改良:将原来每亩 60 多株柑橘树改为 35～45 株,同时选择适宜本地栽培的日南 1 号大苗更换劣质树种和衰老橘树,并用挖掘机深翻,起 3 米宽、0.5 米高垄,配套机耕道和厢沟,使三轮车能够自由进出橘园。

这样折腾了两年,他家的橘子畅销省内外,经济收入在原来的基础上翻了番。从此带动周边 5 000 多亩以温州蜜柑为主的橘园,全部实施间移间伐,解决了宜都柑橘主产区橘园密度过大、容易滋生病虫、导致柑橘商品价值不高的问题。

2016 年,在提高橘农柑橘品质的同时,殷雄又在琢磨如何抢占早春柑橘空档,栽培更好的品种,让橘子抢价上市。

在与农业部门专家反复沟通后,他决定在交通方便的胡正明家 20 亩橘园,实施高接换种，将温州蜜柑全部改接晚熟脐橙伦晚。为确保高接换种成功，他还在橘园搭建大棚悉心呵护。三年的精心管理，2019 年春，20 亩的伦晚总产量达到 2 万斤，且品质优良，甜脆化渣，平均每斤卖到 8 元，总销售收入达到了 16 万元，是原来温州蜜柑收入的两倍。

品改小试牛刀，橘农满心欢喜。但伦晚需在树上越冬，技术措施普通农户很难掌控，这又成了他的一块心病。

2019 年，殷雄得知"一村多名大学生计划"，他踊跃报名，通过层层考试选拔，如愿以偿走进了湖北三峡职业技术学院农学院，学知识，学技能，很快厘清了现代农业发展的方向，柑橘品改更大刀阔斧了。很快，窑坡垴村 800 余户柑农 5 000 多亩橘园品改计划提上了议事日程。

2020 年 9 月 22 日，随着中国农民丰收节湖北主会场活动在宜都国家柑橘公园开幕，在"橘子哥"的橘园里，一堂别开生面的果树修剪课同时开课。三峡职院农学院的教授孙红绪、方毅、姚恩青、张敏现场教学，职院部分学员和宜都橘农现场学习柑橘修剪技术。

在三峡职业技术学院老师和宜都市农业农村局领导的鼓励下，他在橘园开通了田间课堂，经常开展线上直播教学，主推绿色联控用药，配方施肥，一果三剪技术，乡亲们足不出户学种橘技术。

不仅他的家乡，在宜都市柑橘主产区红花套和高坝洲镇，全线推广柑橘生产"十个一"技术。即家家户户"一本书"——《柑橘无公害栽培技术》；配方施肥"一张单"——施肥通知单；每块橘园"一盏灯"——频振式杀虫灯和太阳能杀虫灯；生物防治"一袋虫"——胡瓜钝绥螨；诱杀害虫"一块板"——黄色粘虫板；谨防果伤"一张网"——遮阳网；控水增糖"一张膜"——银黑双层双色复合反光膜；生态栽培"一口池"——沼气发酵池；生产投入"一本账"——做好登记产品质量可追溯；延迟采收"一个月"——使橘子充分成熟。"橘子哥"的"十个一"技术推广，使宜都优质果率由原来 50%提高到 85%，销售单价在往年的基础上提高 0.7 元。

2020 年，虽受疫情影响，宜都蜜柑远销北京、石家庄、哈尔滨等地，还通过电商平台远"嫁"到了俄罗斯。"橘子哥"和他带领的团队，销售柑橘 2 000 余吨，销售收入 300 余万元，实现纯利润 80 余万元。

"抗疫保丰收，农民迎小康"，橘乡有像殷雄这样的"橘子哥"，扎根基层服务"三农"，砥砺青春不负韶华，唱响了宜都的"橘子歌"。

案例 11　乡村振兴，香椿真行

姓　　名：宋玉琳
学　　校：湖北三峡职业技术学院
专业班级：2019 级现代农业技术
创业项目：香椿特色产业发展
人生格言：信念，让能者无疆

晨曦中的鄂西大山，太阳刚在山尖染上一抹晕红，地处秭归县梅家河乡三掌坪村的"忆乡情"专业合作社的社员就忙碌起来。合作社的领头人宋玉琳是一名远近闻名的"椿姑娘"，此时，她正带着农户忙着采摘、加工、销售香椿等农副产品，一笔笔发往武汉及外省的干货要加紧生产、收购、物流……这让宋玉琳忙得不可开交。

一、选"椿"回乡创业

"这是玉琳第二次创业了。"丈夫谭远涛说。十几年前，宋玉琳在宜昌先做勤杂工，后开小餐馆，饱尝创业艰辛，终于在宜昌城区有了自己的餐饮连锁店。原以为日子就这样平稳过下去了，可宋玉琳偏偏有一颗不安分的心，还有一份浓浓的家乡情。天天与美食打交道，宋玉琳发现家乡的香椿、榨广椒等农家风味食品备受欢迎，特别是香椿，叶嫩味美，许多顾客专程跑来店里就为了尝一口"春天的味道"。这让她冒出一个念头：回乡创业！经过多次回乡调研，宋玉琳发现三掌坪村这里地处半高山，村里前期没有主导产业，为发展集体经济，曾经尝试引种苎麻、黄姜、烤烟、柚子、白蜡烟、金银花，可都是以失败告终，所以当地的百姓对发展产业表现得很消极、悲观。宋玉琳了解到香椿产业近几年经济效益较好，同时根据村里土壤、气候和海拔等情况，她决定在村里带头种植香椿。可是当她买来香椿苗，免费送给村里人去种，老百姓却置之不理。她就把散落在路边的香椿苗种在自家田里。农历腊月二十九其他人都忙着过年，她独自与老父亲在香椿地里忙碌。功夫不负有心人，香椿苗一个多月后开始发芽，3 月中旬就可以采摘上市。宋玉琳喜出望外，鲜红的香椿嫩芽，对她来说就是希望。她认为发展香椿产业完全可以带领乡亲致富，便找到村书记，组织全村召开香椿产业发展动员大会，经常忙到深夜。

二、种"椿"带动全村

2013 年,宋玉琳夫妇盘掉经营多年的餐厅,一头扎进梅家河乡三掌坪村。当年年底栽下香椿幼苗,第二年春天就有了收获,这让她信心倍增。于是,2014 年,宋玉琳流转 200 亩土地,成立"忆乡情"土特产产销专业合作社,开始大力发展香椿种植。宋玉琳远赴山西、山东等地学习交流种植管理技术,与中国林业科学研究院亚林所专家交流品种选择和生态栽培。经过几年的摸索,已经掌握了香椿物理控制杂草和密植矮化等生态、高产栽培技术。谁也没想到,往昔土地贫瘠、田地荒芜的穷山坡,现如今变成了年均亩产值 3 000 多元的金窝窝。随着观望的村民纷纷加入,香椿种植的规模不断扩大。目前,合作社采取"订单种植+保底收购"模式,直接带动村民种植香椿 1 100 多亩,吸引大量周边建档立卡贫困户就业,使贫困户有一份稳定的收入,带领他们一起脱贫致富奔小康。

近年来,宋玉琳成立农产品深加工公司,开发出香椿咸菜、香椿干菜、香椿酱等多个品种的产品,还在梅家河乡小镇街道开了一家"勤味堂"店铺,并注册了"勤味堂"商标,进行乡村系列农家风味食品的种植、经营及深加工,实现种、产、销一条龙服务。

三、靠"椿"致富助民

采摘间隙,宋玉琳摆弄着刚买回来的直播设备。"现在搞电商和直播带货,我们也不能掉队。"她笑着说。谈及现状,宋玉琳说,年初受疫情影响,产品外销运输一度受阻。在当地党委政府的帮助下,他们一边做好防疫防控,一边加快复工复产步伐,积极与客户联系外运。请不到运输司机,就自己亲自送货,白天收购,傍晚出发,第二天还带着露水的椿芽就出现在湖南、河南、重庆等地的市场上。

"疫情期间产品外销通道打开及时,严格按保底价格收购产品,没让村民受损失。"梅家河乡党委书记孙莉说,"像三掌坪村这样地理环境特殊的乡村,就需要宋玉琳这样的能人回村带动,助力村民致富。"下一步,宋玉琳决定借助网络力量,把家乡的美景美食进行系统包装推广,拉动销售,进一步扩大种植经营规模。

案例 12　一路向“硒”,只谋健康为民

姓　　名:黄浩
学　　校:荆州职业技术学院
专业年级:2020 级现代农业技术
创业项目:富硒生态有机黄桃
人生格言:坚持绿色生态可持续发展的现代农业

黄浩,荆州市江陵县三湖管理区人,江陵县浩瀚农业科技有限公司创始人。

2004 年因父亲患病,黄浩不得不放弃在外工作,回家照顾父亲。虽然属于“因病致贫”的贫困户,黄浩家庭贫困但精神不贫。从 2014 年开始,黄浩全力从事黄桃种植工作。最初种植黄桃,因地方总体黄桃种植面积不大,售价较高,取得了很好的经济效益。但黄浩很快发现,随着种植面积的不断增加,粗放式的种植方式,一味地攫取土地资源,使黄桃的产量降低,品质和口感越来越差,经济效益日趋下降。

绿水青山就是金山银山。习近平总书记的嘱托深深扎根在黄浩的内心,他致力要改变攫取式的种植方式,让消费者吃上健康的黄桃。

改变,要从产品本身开始。2019 年在荆州职业技术学院老师的帮助下,黄浩通过学习,了解了桃树的生物学特性,同时也了解了在种植黄桃过程中,生态环境对黄桃品质的重要性。硒元素能提高人体免疫力,促进淋巴细胞的增殖及抗体和免疫球蛋白的合成,被科学家称为人体微量元素中的“防癌之王”。通过向专业教师请教,黄浩开始尝试富硒生态有机黄桃的种植。

发展要可持续。土壤是农作物生产的最重要因素,尤其是在果树种植中,土壤有机质和微量元素含量的高低直接影响到果实的品质和经济效益。黄浩通过果园人工种草来达到以草制草,增加土壤有机质的功效,既减轻了劳动强度又杜绝了化学除草剂的使用,真正实现生态绿色种植,确保种植环境有机可持续。

成效体现在产品本身。经过多年的摸索与学习,黄浩团队建立了一整套的黄桃标准化生产模式,并依托荆州职业技术学院,在专业老师的指导下改变种植模式和方法,取得了可喜的经济效益和技术成果。相比较普通黄桃而言,其产品富含对人体有益的硒元素,产品产值稳定,有机生态种植可实现环境良性循环。

致富要与民同享才行。2020 年,黄浩成立了江陵县浩瀚农业科技有限公司,公司目前种植面积 150 亩,2020 年实现产量 30 万斤,产值 200 万元,实现利

润50万元，公司积极同淘宝、京东、种好果、小牛溯源、物农网等销售平台签订了长期战略合作协议，实现产销两旺。幸福不是一个人独乐，与民同乐才是他的目的。他通过自己的示范效应，成功吸收周边20户、流转土地近百亩开展富硒生态有机黄桃种植，吸纳了4户贫困户到黄桃种植基地就业，成功实现脱贫。

进步就应该是永无止境。 能力越大，责任越大，他想承担起更大的发展责任，真正成为致富带头人。黄浩深刻认识自身的短板，知识欠缺是最大瓶颈。2020年，他响应湖北省、荆州市、江陵县、三级组织部门的号召，积极报考荆州"一村多名大学生计划"并顺利被荆州职业技术学院现代农业技术专业录取。求学期间，他最大限度地运用自己所学理论知识，积极参加社会实践，扩大平台，将富硒生态黄桃的生态种植体系标准化种植技术经验推广到荆州各地黄桃生产实践中去，带领大家共同致富，实现可持续发展。

初心如磐向未来，奋蹄扬鞭启新程。 富硒生态有机黄桃项目，推广生态有机环保种植理念，还有很长的路要走。生活在农村的他，从小跟着父母进出田间地头，对农村这片土地和农业生产有着深厚的感情，他会不断努力，用所学的知识和技能，切实为"三农"发展贡献力量，助力荆州市乡村振兴战略。

案例13 小小菜葛创大业，乡村变成“聚宝盆”

姓　　名：李德谊
学　　校：湖北生物科技职业学院
专业年级：2020级现代农业技术
创业项目：菜葛种植加工及销售
人生格言：本分做人，诚信做事

绿绿的叶，长长的藤，土里埋着一“人参”，在荆门最北端的山区乡镇栗溪，有亚洲人参之称的菜葛成了当地农民的致富法宝。该镇有一千余亩菜葛原田，其中九个村实现了菜葛的规模化种植、加工及销售，掀起这股种葛风潮的正是当地一位80后女性——李德谊。

2014年前，李德谊和老公拉货到襄阳宜城，看到当地人种冬瓜，效益不错。就想同样是山地丘陵地带，在栗溪发展种植冬瓜说不定也不错，然而由于管理不善，技术跟不上，项目最终以失败告终，投入几万元资金打了水漂。懊恼之余，她没有放弃，攒着一股劲，靠山吃山，土能生金，一定要干出点名堂。

2014年，李德谊夫妇运送货物到广西壮族自治区梧州市藤县时发现当地人种菜葛，种得很好，整个县城种植面积达到八万亩。菜葛属于药食两用植物，富含人体所需的18种氨基酸和20多种矿物质元素尤其是含有丰富的葛根素和葛根黄酮，是降三高、抗衰老、治疗心血管疾病的好帮手。当地老百姓种植的菜葛完全不愁销，市场前景广阔，经过了解产业行情后她又一次动了心，但基于上一次的失败教训，她更加谨慎，只在家乡试种了15亩地。

2015年，李德谊应聘到洋丰集团做销售，助推烘干设备。由于为人直爽善谈，做事利落靠谱，很快成了公司的销售精英，更重要的是她在销售过程中再次发现了商机。在随州钟祥客店等地推广设备时，李德谊结识了一些加工葛粉的老板，耳濡目染间她发现种植葛根确实大有可为，进一步坚定了她创业的决心。

回到涧沟村后，她将老屋的荒坡及其竹林改造成了菜葛种植基地，目前已建成厂房两栋，工人食堂一座，办公区2 570平方米，流转涧沟村土地100余亩，搭建260平方米的菜葛育苗大棚。2018年以来，已先后注册成立了湖北谊澜惠食品有限公司、荆门市葛根种植专业合作社，担任法人代表，组织合作社成员从事葛根种植、加工及相关销售预包装产品销售，为社员提供相关服务。

虽然菜葛属于比较“泼辣”的作物，土壤肥料管理要求不是很苛刻。但是不忘前车之鉴，她虚心向苗木销售人员取经，积极参加市农广校组织的农民培训，还聘请了专业技术人员和工人，长期为合作社以及公司服务，让百余名留守乡村的农户在家门口实现了脱贫就业梦。如今，一处处藤架扎满涧沟村三组村道两旁，郁郁葱葱的浓绿与深秋的金黄形成了鲜明对比。

农民在田间拔草施肥，到丰收时喜悦挂满眼角眉梢。以原生态种植和绿化栽培为基础种植出的有机菜葛更加美味，吃法多样，不仅可以打粉喝，可以榨汁喝，还可以用煎、炖、炒、炸、蒸、煮等方法食用。葛根口感清新软糯无渣，生吃、熟吃均可。基地现在最主要的问题就是货源不多，还有江西、河南的很多企业打电话过来订货。

2020 年李德谊参加湖北省“一村多名大学生计划”，被湖北生物科技职业学院现代农业技术专业录取，系统学习蔬菜种植加工技术及农产品营销技术。

通过学习和老师的指导，李德谊带动周边折旗村、插旗村、文峰村、新华村、赵湾村、桑亚村花屋场村、栗溪村等都发展起了菜葛，产业实现了规模化种植。涧沟村很多贫困户，不仅将承包地种上了菜葛，还专门开荒种植，李德谊亲自为村民提供技术指导，给贫困户免费供苗。按照 1 亩地产 3 000 公斤左右，每公斤不低于 2 元的价格出售，这样一亩地毛收入 6 000 元，扣除种植成本，每亩地可获得 4 000 元以上的纯收入，在助力乡村脱贫的同时更助力了乡村的产业振兴。

扫码看视频

案例 14　产业助农、科技兴农的椒管家

姓　　名： 杨利华

学　　校： 襄阳职业技术学院

专业年级： 2019 级现代农业技术

创业项目： 产业助农、科技兴农的椒管家

人生格言： 用自己所学，切实为“三农”发展奉献自己的力量

杨利华，朱集镇雷庄村退伍军人。

2012 年退伍后开始从事农产品电商和辣椒育种育苗，电商行业 5 年经验，从事农业项目推广 5 年，专注辣椒育种育苗 3 年。在种植辣椒积累了成功经验之后，舍不得乡土之情的他于 2017 年，联合襄阳本地农业企业以及当地种植户，在襄州区朱集镇雷庄村成立了以辣椒种植、加工、销售于一体的专业合作社。在辣椒种植的过程中，只有高中学历的他在辣椒种植生产过程中感到，传统的辣椒种植经验不能解决辣椒水土不服、产量低、病害严重等问题，为此杨利华在全国各大市场、辣椒育种基地工作学习了 1 年时间，但零星的学习和实践仍不能满足辣椒标准化产业发展的需要。

2019 年湖北省实施“一村多名大学生计划”，杨利华考取襄阳职业技术学院农学院，就读现代农业技术专业，潜心辣椒品种选育、标准化种植技术的学习和研究。通过学习，杨利华对如何将智慧农业运用到辣椒生产上产生了极大的兴趣，在襄阳职业技术学院何家涛教授、赵劲松教授的指导下，建立了优质辣椒品种资源圃，研发了辣椒育苗基质配方，制定了鲜椒分级标准，完善了辣椒标准化、有机化栽培体系，并与“老干妈”为代表的食品加工企业签订长期战略合作协议，将供应鲜椒和干椒的模式进一步升级，进行商业定制化生产。

扫码看视频

在学校“沃野 · 星创空间”这一国家级星创天地的支持和孵化下，在学校智慧农业实践基地，开展了一系列辣椒智慧农业生产实践。截至目前，已建立 6 个项目品种种植展示（孵化）基地，签约扶贫户 26 户，带动劳动力 1 000 人以上，月烘鲜椒 300 吨，实现年产值 653 万元，获利 178 万元。从种辣椒育苗开始，杨利华通过自己一路的摸爬滚打，将辣椒育苗、种植、干辣椒加工等成功的经验推广到家乡父老的生产实践中，带领大家共同走向致富之路。

杨利华生在农村，从小跟着父母出入田间地头，对农村这片土地和农业有着深厚的感情，深刻感受到农民面朝黄土背朝天的辛劳，儿时就立志今后长大要服务农村、让家乡致富，如今通过“一村多名大学生”计划学习培养，他用自己所学知识和技能，切实为“三农”发展奉献了自己的力量。

案例 15 蛙王——致富路上带头人

姓　　名：彭华军

学　　校：荆州职业技术学院

专业年级：2020 级现代农业技术

创业项目：水稻田养殖黑斑蛙

人生格言：返乡创业，助力乡村振兴

彭华军，男，1989 年出生于万家乡邓家铺村，现任邓家铺村村两委委员，主管农业农村工作。2006 年中专毕业后，他南下打拼，后踏入建筑行业，承包各种建筑项目，任项目经理。多年在外打拼，历经艰辛小聚资本，难舍乡土之情的他于 2018 年义无反顾地回乡创业。

彭华军的家乡万家乡邓家铺村位于松滋市南部，与湖南澧县盐井镇宝塔村、宜万乡万花村隔界溪河相望，是当地较出名的口子村，村庄水源充沛，洈水水库南干渠从北部山梁纵贯东泻，界溪河顺汪家坪穿坪直下当地主产水稻、油菜、柑橘。邓家铺村是全国柑橘“一村一品”示范村，村内的荆乡源柑橘专业合作社是全国示范社，村内柑橘产业发展形势喜人。

彭华军回村后，通过观察，他发现村内柑橘虽然种植较好，但柑橘只能种在山地上，因为年轻人长年外出务工，留在村里的都是些老人、妇女、儿童，村内水稻田抛荒严重，为了解决这一问题，他确定了自己的创业方向，在荆州职业技术学院老师的指导下，利用水稻田养殖黑斑蛙，山上栽橘，山下养蛙，村级产业发展实现无缝衔接。

黑斑蛙，在湖南、湖北俗称青蛙，最近几年吃青蛙的饮食趋势从湖南、湖北流行到全国，风靡一二线城市的夜宵市场。需求旺盛意味着养殖商机，而黑斑蛙养殖技术门槛较低，不用挖深池塘，对耕地破坏小，养殖方式相对简单粗放，病害较少，管理起来不复杂，养殖成本可以接受，综合来看风险较小。由于黑斑蛙养殖刚刚大热远不够供应市场，因此养蛙利润十分可观，高者甚至能达到 200%。

带着一腔热情的他，在村党支部的大力支持下，2018 年秋成立了“松滋市宏健生态养殖专业合作社”，发展黑斑蛙养殖业。由于资本有限，合作社以 500 元每亩的费用流转农户土地 50 亩，投资 90 多万元，新建养殖基地。为了黑斑蛙养殖成功，他通过上网查询技术，考察市场，请教荆州职业技术学院的裴梦婷老师，学习水产养殖技术。稻田养殖青蛙，实行蛙稻连作，青蛙能吃掉危害水稻的害虫，蛙粪肥田，可以不施农药化肥，减少环境污染，降低生产成本，生产的稻米、青蛙接近天然食品。稻田养殖黑斑蛙与单一种植水稻相比经济效益翻了5～8番。他不怕艰苦，敢闯敢拼的精神获得村党支部的认可，2018年底他被成功选举为邓家铺村村委会委员，2020年参加湖北省“一村多名大学生计划”项目考试，被荆州职业技术学院现代农业技术专业录取，系统学习养殖理论和特种养殖技术。

通过系统的学习和老师的指导，黑斑蛙产业得到发展，逐渐带动村民脱贫致富，合作社流转贫困户土地3户13亩，带动并聘请贫困户7人长期务工。到了黑斑蛙上市季节，由于黑斑蛙习性特殊，捕捉需要大量的劳动力，但这个工作体力较轻，周边的留守妇女、有一定劳动力的老人都可以参与。每天都有20余人参与务工，手脚麻利点的妇女同志一个晚上就能有三四百元的收入。通过自己一路的摸爬滚打，2020年合作社取得了良好的收益，仅一年时间，就收回了创业成本，农户务工工资达到20多万元。

当一辆辆装载着活蹦乱跳的黑斑蛙的运输车出发时，周边农户无人不称赞是彭华军这个青年把我们带上了致富之路。

案例16 推广生猪人工授精，加速品种改良进程

姓　　名：黎海蓉
学　　校：湖北生物科技职业学院
专业年级：2019级现代农业技术
创业项目：推广人工授精技术，提升生猪品质
人生格言：干一行，爱一行，精一行

黎海蓉，京山市永隆镇黎家大岭村党支部副书记，永隆镇养猪协会副会长，明珠种精站站长。

说起生猪人工授精技术，在黎海蓉看来，是一种奇缘。

2004年，从武汉市农业学校毕业后，黎海蓉准备回家子承父业开始养猪，可就在毕业那年，他被武汉市天种畜牧股份有限公司招聘入职。起初准备进场做兽医，恰巧同班同学也同时应聘入职，场长就把黎海蓉分配到种猪育种测定车间，当时公司正试着开展生猪人工授精技术。功夫不负有心人，通过半年的学习和摸索，种猪场的受胎率、产仔数都得到大幅度提高。此时，在黎海蓉心里已经萌发出一个更大的梦想，那就是回乡创业。把在规模化种猪场学到的前沿技术带回家乡，把地方的低劣品种通过人工授精技术进行改良，产生更大的经济效益，提供更具价值的商品猪。

在回乡创业前，黎海蓉通过实地走访调研，发现当地的存栏能繁母猪达4 000余头，但都是通过“婆猪”走巷串户进行本交，也就是自然交配。这样带来的后果是公母猪带病生产，屡配不孕，产仔数极低，品种退化等一系列问题，既浪费了饲料又耽搁了生猪的能繁周期。为此，他决定购买10头总价值30 000元的一级优良公猪回家创办生猪人工授精站。果不其然，在人工授精技术推广后，养猪户们的猪病减少了，效益提高了，品种改良了。在当时，虽然遇到过挫折，吃了不少苦，但最后他成功了，还接受过荆门电视台专访，一度获得了荆门市“优秀青年”荣誉称号。

随着人工授精技术日益发展成熟。2006年，湖北省实行全省推广猪人工授精技术，黎海蓉所在县市（京山县）也名列其中，并获得国家级生猪良种补贴项目经费。这个惠及几十万乃至几百万养猪户的优厚政策实施10年后，2016年圆满收官。这给我国科研人员开展种业改良提供了有力支撑。

2019年，黎海蓉在当上村干部不满一年，得知“一村多名大学生”计划后，他

踊跃报名，通过考试、体检、政审等各个环节，最终如愿以偿地踏进了湖北生物科技职业学院。在学校，来自省内不同地区种养能手、优秀青年、村干部相互学习借鉴，取长补短，并在校领导和老师的帮助下邀请全国劳模、省劳模、省农科院专家、省畜牧兽医研究所专家、华农教授等名师名家授课，实地参观讲解指导。黎海蓉觉得这个平台给了他无尽学习的机会，也同时感觉自己在当地发展人工授精技术，在“圈子”中只是管中窥豹，冰山一角。虽然从开始的10头公猪发展到如今的100头，由单一的杜洛克品种发展到有杜洛克、长白、大约克夏、汉普夏、皮特兰、巴克夏、野猪、黑猪等八个品种，十几个品系；服务养殖客户由原来的100多户到现在的1 000多户；销售范围由原来的京山市内发展到钟祥市、天门市、荆门市以及省外。销售量也由原来的每天销售30瓶剂到现在每天销售400余瓶剂，销售额每年达700多万元，间接创造价值2 000多万元。但在黎海蓉看来，需要学习的东西还很多。他立志要珍惜大学三年的宝贵时间，不仅把生猪遗传改良技术学好，还要把各门学科应用到生产实践中去。

2021年也是我国“十四五”开局之年，中央一号文件指出，生猪产业要平稳发展，打好种业翻身仗，开展种源“卡脖子”技术攻关。说到底，就是我国要自主创新，研发属于本地的优良品种，不要全部依赖国外的核心技术，受制于人。在黎海蓉眼里，要想真正把品种提升，不是单靠科研人员的一味理论数据推理，也不是单单的埋头苦干搞实践，而是要两者有机结合，边实践边学理论，理论联系实际，育出符合我国的好品种、好品系、好品牌。

接下来，他将把在学校里学到的知识技能应用于实践，带着乡亲们的期盼、领导们的殷殷嘱托和自己许下的“我为养猪事业尽份力，养猪户主得实惠”的承诺奔向他执着热爱的养猪事业中去。

扫码看视频

案例 17 白雉山鸡·田园客厅

姓　　名：杨旭

学　　校：湖北生物科技职业学院

专业年级：2019 级经济管理学院市场营销

创业项目：白雉山鸡·田园客厅

人生格言：用奋斗为青春做注脚，用梦想为家乡擦亮名片

杨旭，鄂州市鄂城区汀祖镇杨凤养殖农民专业合作社理事长，鄂州市山禾生态旅游有限公司总经理，鄂州市青年企业家协会理事，鄂州市鄂城区生态农业协会秘书长，白雉山鸡·田园客厅创始人。

杨旭 2012 年 6 月返乡创业，创办鄂州市杨凤养殖场。他在创业之余积极钻研农业技术，曾在正大集团咸宁分公司学习先进的饲养技术及管理知识；学习归来，于 2013 年 10 月组织成立鄂州市鄂城区汀祖镇杨凤养殖农民专业合作社，为周边养殖户提供技术管理与市场渠道对接，并带动 7 名农民与 2 名贫困人员就业，增加了他们的收入、改善了他们的生活质量。2014 年 10 月申报湖北省现代农业人才项目，坚守农业生产一线，深耕农村。该项目每年为市场提供商品猪 2 000 头、优质种公猪精液 3 000 份，年产值达 300 万元，为乡村振兴服务。在农业农村现代化发展及农业供给侧结构性改革的形势下，杨旭又于 2018 年 4 月创办鄂州市山禾生态旅游有限公司，推动完善合作社多元化经营，推进合作社一二三产融合高质量高效发展；8 月成功申请鄂州市贫困村致富带头人工程培训对象，同时参与鄂州市汀祖镇杨王村关于鄂城区推进乡村振兴实施“十个一批”项目的申请工作；12 月经鄂州市汀祖镇团委推选加入鄂州市青年企业家协会，并被推荐当选为理事。

2019 年 3 月，杨旭通过湖北省“一村多名大学生计划”考试，9 月进入湖北生物科技职业学院市场营销专业学习。学习期间，他立志继续服务乡村振兴，于 2019 年 6 月创立白雉山鸡·田园客厅项目。

白雉山鸡·田园客厅项目是集循环生态农业、创意农业、休闲农业于一体的乡村振兴可持续性发展项目。项目融合人与自然共生、共享的理念，在原生态白雉山鸡养殖的基础上继续延伸优质果树种植、农产品深加工和休闲农业旅游发展。

白雉山鸡·田园客厅项目以雉鸡为主要品种源。雉鸡是鸟纲鸡形目雉科的重要鸟类，因其产于白雉山，故名为白雉山鸡，是集肉用、观赏和药用于一身的名贵珍禽，被誉为“动物人参”。

白雉山鸡·田园客厅位于鄂州市汀祖镇杨王村白雉山麓，拟规划总面积

500亩，项目分两期建设完成。养殖按照土地的环境承载力60只/亩的标准，可实现年出栏商品山鸡约3.6万羽，山鸡蛋36万枚。种植结合杨梅、樱桃、白沙枇杷等优质水果种采，实现循环生态农业体系建设，并与休闲农业有机融合。

项目基地将融入食品溯源系统及养殖监控系统，引入花园式基地零距离体验及农旅模式，全方位打造特色健康美食。项目以“给生活一份乡野童真”为定位，为用户健康生活提供独具创意的服务如周边游、亲子游；融合线上线下方式及融媒体、社交自媒体和小视频方式进行全网营销推广；借助湖北国际物流枢纽项目的航空物流优势，将现代科技、现代化的管理融入农业实现农业现代化、产业化、集约化及产品多元化发展，为合作社特色农产品“飞”向全球做铺垫。

项目起步阶段(2019－2020年)，产品开发，市场渠道疏通。以线下消费体验为主。

项目成长阶段(2020—2022年)，项目产品标准化建设及线上推广，紧扣“三农”，一二三产融合发展，构建乡村振兴全产业链。

项目成熟阶段(2022—2025年)，项目运营体系建设＋海外市场拓展。

项目预计最终总投资约300万元，正常化运营后年产值可达800多万元，将带动附近100余名村民创业、就业，实现经济、社会、生态价值并行。

项目依据本土民间历史文化及白雉山林场的原生态自然资源，建立具有鲜明地域特色的农产品，打造“四雉堂”原生态农产品品牌，让白雉山鸡产品在市场上更具竞争力。项目建设以生态优先、绿色发展为导向，打造特色花园式种养基地，形成集观、赏、品、学、游于一体的创意农业园区，为周边游、亲子游提供一处世外桃源，力争建成为省级休闲农业示范基地及国家级特色农业示范基地。

2020年年初，湖北省发生新冠疫情，杨旭在第一时间同鄂州市果蔬产业联盟林柳彬、严国亮等6名新农人组织发起线上抗疫捐赠公益活动。

共组织了鄂州市近40家新型农业经营主体单位参与本次防疫捐赠活动，陆续为鄂州市战斗在一线的医护工作者、防疫工作人员及贵州援鄂医疗队等30多个防疫队伍送去20多万元的后勤生活保障物资，给战斗在一线的工作者送去了温暖与爱心。同时在村里当志愿者，负责道路卡口执勤工作，为防疫工作贡献青春之力。2020年5月被评为鄂州市抗疫“优秀志愿者”。2020年12月推荐加入鄂州市青年联合会第四届委员会。

扫码看视频

2021年是向第二个百年奋斗目标进军的第一个五年，脱贫攻坚取得胜利后，要全面推进乡村振兴，这是“三农”工作重心的历史性转移。

作为新时代乡村青年，杨旭立志在乡村振兴的道路上贡献自己的青春和热血，为家乡的建设和发展努力奋进！

案例18　脱下戎装换农装，誓把荒山变“金山”

姓　　名：王宗华

学　　校：湖北三峡职业技术学院

专业年级：2019级现代农业技术

创业项目：高山反季节蔬菜种植

人生格言：投身农业　无悔抉择

王宗华从小生在大山，长在大山，对山区的贫穷落后深有体会，他一直梦想着长大了能走出大山，到外面广阔天地去看看，闯出属于自己的一片新天地。1994年高中毕业后，17岁的王宗华到武汉武警部队服役，三年部队生活的锤炼摔打，让这个农村小伙更加坚毅勇敢。退役后，王宗华先后干过广告文印、啤酒代理等工作。2008年，王宗华用多年辛苦积攒的血汗钱和战友在武汉共同投资50万元成立物业管理公司，经过两年的苦心经营，公司持续盈利，王宗华也逐渐在武汉站稳了脚跟，和家人过上了他梦想已久的幸福生活。

2012年，事业有成的王宗华带着妻儿回家过年，当时的村书记谭明奥找到了他，说现在村里经济发展很落后，还有很多村民生活在贫困线上，希望他能回乡带动大家脱贫致富。

于是，王宗华做了一个让人意想不到的事情——带着多年打拼的全部积蓄，回到家乡龙潭村创业。当时大家都说他傻。王宗华说：“我的父亲去世较早，剩下妈妈一人带着三个孩子，没有劳动力，家里种地全靠周围的乡亲们帮忙。在大家的接济和援助下，我们全家才渡过了难关，从那时起，我就想报答乡亲们。现在我终于有这个能力了，我要回报大山，报答乡亲圆多年的梦。”

王宗华回到家乡，经过多次实地勘察，最终选择了流转承包巴兴归三县交界的最高点羊角尖下的4 500亩荒山，采取“公司＋基地（合作社）＋农户”的模式，发展立体生态观光农业。然而，王宗华带动大家就业增收的初衷，没有得到家乡人民的支持，差点儿让他打了退堂鼓。王宗华流转承包的荒山上，常年不通水不通路，上下山要花费8个小时。俗话说：“要想富先修路。”于是他先投资修公路，住在山上的74户人家有些人不理解，说王宗华修路是想着自己挣钱，就跑到工地上阻工，让工程进行不下去。面对村民的不理解，王宗华有些气馁，可是每当看着贫瘠的家乡，出行困难的村民，他又再次重燃信心选择坚定前行。王宗华请村干部帮忙，耐心跟群众做思想工作，最终得到了大家的支持。王宗华新修公路14公里，为了方便居住在偏远地区的村民出行，其中有6公里是专门绕道修建的，还有 2 公里修到村民家门口，为此他多投资 60 多万元。路的问题终于解决了，但村民取水难的问题，又摆在了王宗华的眼前。他又投资了 27 万元在村里修水库和蓄水池，为村民解决生活用水难题。为了帮助老百姓修路，本来资金就紧张的王宗华更加捉襟见肘。那段时间他每天都耗在工地上，能自己干的活儿就亲自上，“能省点工钱就是一点”。原本是公司老板的王宗华彻底变成了一个黝黑憔悴的庄稼汉。

王宗华先后成立了宜昌嘉宸合盛农林开发有限公司和兴山县格林美林果专业合作社，采取“公司＋基地（合作社）＋农户”的模式，在流转承包的荒山上进行开发。在周围村民的支持下，王宗华先后投资 1 200 万元，建立了 300 亩的林下蔬菜、药材种植基地，200 亩的烤烟种植基地，30 万袋规模的食用菌种植基地，年收益达 100 多万元。他把一座荒山变成了“金山”。

为了让更多的村民致富，王宗华又积极带动周边农户发展蔬菜、烟叶、核桃和药材种植，免费给他们提供种子、肥料，农闲时无偿给他们提供技术指导，帮助他们销售产品。看着村民生活越过越好，王宗华心里十分高兴，可是仍有些困难户难以发展产业，他便主动吸纳他们进入合作社，给他们较高的工资以保障最基本的生活，并不遗余力地帮助他们渡过难关。

村里有一位五保户郑帮兴，是一名聋哑人，由于基本没有经济来源，生活过得十分困难。王宗华知道情况后，便主动找到郑帮兴，不仅让他到自己的公司里做一些力所能及的事情，还让他住在公司里。在生活上王宗华对郑帮兴关怀备至，免费提供生活物资，悉心照料他的生活起居。闲暇时，王宗华常用手势比画和郑帮兴交流。长期相处下来，郑帮兴已把王宗华的公司当成了自己的家，他也学会了简单地与人交流，偶尔还哼上了小曲。2018 年 9 月，按照相关政策，五保户郑帮兴要到福利院去居住，可是他怎么都不愿去，因为王宗华的合作社此时正是农忙季节，他要等帮王宗华干完活才能去。

截至目前，王宗华每年安排就业千余人次，涉及全村 100 余户居民，年发放工人工资 40 余万元，全年人均工资达 2 万余元；2016 年主动帮助双堰、太阳、龙潭三个村 26 户贫困户发展食用菌产业脱贫致富。2018 年主动吸纳龙潭、龚家桥村 240 户贫困户入社，帮助发展产业或安排就业。2020 年，主动拿出自己的 20 亩土地帮助伍家坪村 10 户易地搬迁安置贫困户种植猕猴桃，解决易地搬迁长期产业发展难题。在精准扶贫中王宗华承担起了产业扶贫的重任，尽显了一个退役军人、共产党员的责任与担当。

随着乡村振兴全面推进，王宗华又筹资 500 万元扩大规模，打造集种养结合、休闲观光、红色旅游为一体的现代生态农业示范体建设。目前，特色民宿、红色遗址、观光景点、生态养殖正在紧锣密鼓地建设之中。伴随生态农业示范体的建成将进一步促进农业产业发展，助力乡村振兴。

王宗华的创业事迹得到了各级党委、政府的肯定与支持，湖北电视台、湖北广播电台、湖北日报、光明日报、全国党教网、宜昌电视台、三峡日报、三峡商报等各大新闻媒体也进行了全面的报道。王宗华本人先后被评为湖北省十大杰出农民工、宜昌市优秀共产党员、十佳职业农民标兵、宜昌楷模、兴山最美退役军人、最美志愿者、扶贫之星、先进个人、道德模范等。

案例 19　沮漳河畔美如画，海顺农业精细化

姓　　名：程建华
学　　校：湖北三峡职业技术学院
专业年级：2020 级现代农业技术
创业项目：海顺现代农业开发
人生格言：踏实做人，认真做事

当阳市海顺现代农业开发有限公司负责人程建华，高中毕业后进入深圳比亚迪有限公司服务九年之久，稳定舒适的都市工作满足不了他一颗火热激情的创业之心。2011 年他回家乡——当阳市坝陵办事处照耀村建立了当阳市门青家庭农场，年出栏牲猪 1 000 头，2015 年成立了宜昌市第一家水稻低温烘干合作社——当阳市广耀粮食专业合作社，2017 年成立了第二家水稻烘干合作社——当阳市刘家河种植专业合作社烘干场和冷香米生产基地，2018 年门青家庭农场扩建，年出栏牲猪 4 000 头，并于当年底引进羊肚菌种植技术并获得试种成功，2019 年整合资源，成立当阳市海顺现代农业开发有限公司，致力于发展新型循环农业模式，推广精细化种植技术，最大限度利用土地耕种价值。

公司主营业务如下：一是粮食加工贸易。粮食生产、收购、贸易，年处理各类粮食 2 万余吨。公司拥有刘家河种植专业合作社，当阳市广耀粮食专业合作社，当阳市清溪海盛粮食种植专业合作社，两个粮食烘干场，拥有“清溪泉”冷香米和“照之源”虾稻香米两个品牌及对口生产基地，日产 80 吨精米加工线已于 2021 年 1 月建成投产。二是食用菌项目。公司依托云南农科院生物技术优势，与宜昌农业科学院研究院刘世玲教授团队合作，开展了羊肚菌、大球盖菇等高端食用菌菌种培育、种植、销售业务，公司依托“公司基地＋合作社＋农户”的发展方针，现已发展羊肚菌种植面积 80 余亩，产值 100 万左右。三是生猪养殖。公司在当阳市坝陵办事处照耀村建有标准化猪舍 2 栋，年出栏牲猪 4 000 头，养殖场猪粪经生物发酵处理后可为周边农田提供 500 吨有机肥，计划 2021 年 3 月建成年出栏生猪可达 10 000 头的当阳豕福家庭农场 5 栋猪舍，届时，两养殖场可安排就业人员 10 余人，年利润 100 余万元。四是农产品销售业务。公司依托当阳市照玉商贸中心，当阳市众合农产品销售部，当阳市长坂坡农业专业合作社三个独立经营个体，对周边农产品进行线上线下销售。

风雨十载，一路走来，程建华笃定务实，积极参加各种培训，不断地充实、完善自己，同时引导自己的团队进行各种内外培训，带动扶持周边村民脱贫创业。下个发展计划，公司将选择在山灵水秀的当阳市玉泉办事处清溪村建立以食用菌产业为亮点的休闲观光生态农业园，结合百鸟园、百宝寨旅游风景区，为地方经济发展承担企业应尽的责任。

案例 20　一个人影响一个村

姓　　名：蒋家明

学　　校：湖北工业职业技术学院(丹江口教学区)

专业年级：2017 级绿色食品生产与检验

创业项目：绿松石电商

人生格言：带动更多人，将好东西带向世界

蒋家明，十堰绿世界商贸有限公司总经理。第四届“长江学子”创业奖获奖者，十堰市郧西县涧池乡下营淘宝村的电商创业致富带头人。他利用互联网成功地将家乡的绿松石卖到了全国甚至全世界。

2008 年，蒋家明即将高中毕业，他的哥哥在读大学，原本贫困的家庭将要同时供养两个大学生。为了减轻家庭负担，蒋家明毅然放弃学业，开始进入社会打拼。他的第一份工作是汽车配件销售，四五百元的月工资连基本生活费都不够。他第一次萌生了创业的想法，但此时自己没有积蓄、家人也不支持，只好放弃。

2010 年，蒋家明做到了业务经理，工资涨到了两三千。受经济危机的影响，汽配市场一片萧条，拿着工资却整天无事可做，他有了第二次创业想法——开网店来谋出路。由于没有货源，也不知道能卖什么，在谋划一段时间后，最终也还是被搁置了。

一次回乡时，蒋家明从同学那里得知了绿松石在拉萨非常受欢迎。而自己的家乡(十堰)正好盛产绿松石，蒋家明敏锐地意识到这是一个难得的商机，决定辞去工作，亲自去拉萨查看绿松石市场。经过对绿松石充分了解后，2011 年 11 月，蒋家明回到家乡，再次和家人商量创业的事。为筹集资金，他找到了装电梯的工作，起早贪黑地干。他个头小，电梯部件非常沉重，多少次差点放弃，但为了创业梦，他咬牙坚持。

2012 年，蒋家明拿着东拼西凑起来的两万块钱去拉萨开店卖松石，几个月时间就赚回了成本。淘到了人生的第一桶金，蒋家明发现身边朋友开网店利润可观，于是也萌生了做网络销售的念头：开网店卖绿松石，足不出户就能做交易。想到年迈的父母需要照顾，自己常年在外尽不到孝道，蒋家明决定，回到村里专门开网店。

2013 年，蒋家明网店开起来了，开始跟风进了一批自认为有当地特色的货物，在网店里售卖。可没想到这一批货全部积压在仓库，一切又回到了原点。蒋家明没有放弃，他为此专门去学习电子商务知识，硬着头皮向亲戚朋友借钱、向供货商赊账，靠着不懈的努力坚持每天工作15～20个小时，累得不到两个月患上了腰椎间盘突出。

蒋家明的付出没有白费。2013年4月，他的网店卖出了5 000多元的货物，这给了他更大的信心；5月，销售额2万元；6月的时候就已经达到了4万元。一年内，他的网店销售额整整达到了30多万元。通过一年的发展，他有了自己固定的客户，也学会了一些网络营销技巧。2014年蒋家明住上了新房。2015年底，蒋家明买了第一台车。

同村人看到蒋家明赚到了钱，纷纷向他请教，他把自己的创业经验、开店技巧、网络营销方法毫无保留的传授给他们。渐渐地，村里开网店卖绿松石的年轻人越来越多，外出打工的年轻人陆续回到家乡，网店发展到150多家。2014年12月下营村被阿里巴巴正式授予“中国淘宝村”的荣誉称号。

然而，好日子没过多久，就迎来了绿松石行业的大转折。从2016年初开始绿松石产品迅速更新换代，而绿松石销售方式也很快迭代更新。这种变动中，蒋家明货物积压，网店生意逐渐萧条，一度再次陷入困境。

2017年，蒋家明报考了十堰市“一村多名大学生计划”。他认为，要想做好生意，学习是关键。特别是电商，一定要与时俱进，时刻都要掌握最先进的电商营销技巧。2017年，蒋家明走进了湖北工业职业技术学院丹江口教学区开始了他的“一村多”学习生活。在校期间，蒋家明完成了他的创业梦的迭代，与同学和老师共同开发了“互联网＋绿松石＋设计与加工”项目，成功在学校创新创业孵化基地落地实施。该项目先后获得省市创新创业大赛大奖，院校创新创业大赛一等奖，第四届中国“互联网＋”大学生创新创业大赛铜奖、第五届中国“互联网＋”大学生创新创业大赛银奖；并率先在十堰市和高校开展了绿松石直播项目，且初见成效，带动学校老师和同学共同参与。

与此同时，蒋家明教会村民用最先进的电商直播手段销售，积极主动了解时尚前沿，针对性地开发和定制绿松石产品，解决了商家绿松石库存滞销的问题。后来，销售品类也顺理成章扩大到了特色农产品。

随着网商数量的增加，蒋家明牵头成立了下营村淘宝网店联盟和下营村电商协会，抱团发展电子商务，并担任协会和联盟负责人。在蒋家明带动下，该村已形成集绿松石及特色农产品采购、加工、运输、销售于一体的完整产业链条，全村电商年销售额突破一个亿。

蒋家明这几年探索出“公司＋协会＋创业者”的运营模式。由电商协会组织贫困户和返乡青年进行免费电商技能培训，公司提供绿松石毛料和成品。针对贫困户或返乡青年的就业问题，蒋家明提出三种解决方案：一是贫困户或返乡青年可以直接在绿世界工作，保底月收入在5 000元以上；二是贫困户或返乡青年通过分销绿世界公司的产品盈利；三是贫困户或返乡青年投资入股绿世界。通过该模式帮助贫困户和返乡青年实现“零投入、零门槛、零风险”创业，通过创业带动就业，实现自主脱贫。

绿世界商贸有限公司先后培养电商专业人才300余人，其中贫困户112人，占总人数的37%，就业率高达99%。下营村大学生、退伍军人、返乡青年、留守妇女和残疾人等纷纷加入电商创业行列中。公司吸引了大批青年返乡创业，直接和间接带动涧池乡近7 000人创业和就业，占全乡总人口的1/3，其中贫困户占30%以上。下营村基本实现就业本地化、销售网络化、消费城镇化。

由此，一场“互联网＋绿松石”的创业热潮在十堰涌现，成功推动了十堰绿松石产业的转型升级，为全国的农村电商树立了榜样。

蒋家明的创业事迹受到社会各界和政府部门的关注和表彰，他先后获得“十堰市十大电商领军人物”“湖北乡村创富好青年”“全国优秀淘宝村带头人”等一系列荣誉称号，被各大媒体当作创业模范报道。

2017年12月，在菏泽市人民政府、山东省商务厅、阿里巴巴集团主办的第五届中国淘宝村高峰论坛上，蒋家明被授予“淘宝村优秀带头人”称号。2018年7月，十堰绿世界商贸有限公司被评为“十堰市工艺美术协会理事单位”，2018年11月10日受邀参加天猫双十一启动盛典。他的创业故事一度登陆美国纽约时代广场纳斯达克大屏。2019年，他荣获中国淘宝村“十年十人”杰出人物奖，受到阿里巴巴集团董事局主席马云先生的褒奖。

“乡村振兴是什么？我认为乡村振兴是创业致富的原动力、电商平台的商务力和政府企业与协会的组织力的总和。”蒋家明说，“我们现在的首要任务就是集中精力发展电子商务，实现信息资源的共享，带动更多人加入我们，打造属于自己的绿松石电商平台，将好东西带向世界。”

蒋家明和下营村创业青年们，每年定期给村里的困难户送温暖，他们还成立了下营村圆梦基金会，累计捐款20余万元。他们在下营村建设了2 000平方米的电商培训中心和创业孵化基地，计划未来5年内，培养出电商专业人才10 000人，吸纳电商创业青年2 000人。他的下营村电商协会正在联合国内优秀淘宝村带头人，筹建中国“淘宝村梦工厂”，培育更多优秀淘宝村，助力乡村振兴。

案例 21　织起产销融合网，托起群众致富梦

姓　　名： 费琳琳
出生年月： 1986 年
单　　位： 江苏省泰兴市织梦农场负责人、泰兴市织梦蔬菜瓜果种植专业合作社负责人

从工厂的操作工，到直销产品的管理者，再到家庭农场经营者，80 后的创业者费琳琳是出了名的爱折腾，但无论干哪一行，她都以坚韧的闯劲在行业内发光发亮。2016 年，费琳琳回到广陵镇，流转 100 亩地，成立织梦家庭农场，从事绿色种养殖。几年来，织梦家庭农场利用线上、线下销售方式，不仅让自家种植的蔬菜畅销周边县市的商超、农贸市场，还为全镇众多家庭农场发挥了示范带动作用，利用以销促产、产销融合的方式，帮助全镇蔬菜种植户稳定增收。

一、线上＋线下，打造链接商超的产业链

在生产经营逐步走上正轨的基础上，织梦家庭农场主费琳琳大胆尝试通过微信、App 等移动端，拓展指尖上的销售渠道。她开发了一款名为“搭伙”的 App，让农场的鸡蛋、土鸡等产品“搭上”微营销、走俏“朋友圈”，拥有了一批粉丝客户。当前电商销售已成为不可抵挡的营销潮流，费琳琳采用“产品＋电商＋零售”的销售模式，利用微信群进行接龙，在线上销售农副产品，然后统一配送，从一开始的一个月配送一次，到一个月两次，到一周一次，再到后来的每天配送，农场生产的产品都能一售而空，很受欢迎。线上下订单、线下备货，费琳琳在城区建立了多个配送点，由各个网点将农副产品分发给农贸市场、商场超市、热心市民等，每个月的营业额超 20 万元。费琳琳运用“搭伙”App 聚集了近百位“团长”，分散在城区各个蔬菜配送点，为客户送上新鲜的蔬菜，带动了近百人就业增收。因面对的是终端消费群体，费琳琳又利用直播平台，探索在线直播带货，统计蔬菜种类、产量，每天在平台上搞团购、搞秒杀，价格相当实惠，产品也都是新鲜、物美价廉的，吸引了大批消费者。直播销售不仅给消费者带来可视化选择，同时为种植户带去更多收益，保障了农产品销售渠道畅通。

二、合作社+家庭农场，构建共闯市场的联合体

在自身发展的同时，费琳琳牵头组建泰兴市广陵镇织梦蔬菜种植专业合作社，吸纳全镇45家蔬菜种植类家庭农场加盟入社。合作社通过统一规划种植、田间管理，引进先进技术和蔬菜品种，进一步提升农产品产量和质量。在织梦家庭农场的示范带动下，全镇蔬菜种植总面积达5 000亩。疫情期间，广陵镇一些家庭农场蔬菜滞销。看着农民辛辛苦苦种出来的优质蔬菜即将烂在地里，费琳琳急在心上。除了利用自己的"搭伙"平台，在全市近百个销售网点全力带货，她主动对接大润发、大统华、美好超市等商超，带领商超的负责人去实地考察，介绍产品特色以及价格优势。现在广陵镇100多个家庭农场以及附近居民种植的蔬菜，都送到织梦蔬菜种植专业合作社统一配送销售。农场工作人员对蔬菜进行精心分拣和包装后，销往大型商超以及农贸市场，日均销售额2万元以上。目前，费琳琳已在广陵的高速路口建立中转站，希望能够把广陵的绿色产品更好地对接市场，将好的产品分享给更多的人。

三、就业+扶贫，奏响致富一方的小康之歌

经过培育，织梦家庭农场形成了水蜜桃、蔬菜、鸡、猪等立体式多元化种养产业模式，带动周边近50名剩余劳动力在家门口实现就业，每人每月增加收入近1 500元。广陵镇织梦蔬菜种植专业合作社所有家庭农场，累计提供农民就业岗位1 500个，为村民增加收入近200万元。织梦家庭农场不忘自身的社会责任，主动帮带12名低收入农户脱贫致富。2022年6月，禅师村低收入农户袁圣富种植的黄桃滞销，在得知这个消息后，费琳琳自告奋勇担起了卖桃的任务——在线直播销售黄桃，为了能让这次直播达到理想状态，工作之余，费琳琳连续几天都在桃园拍视频，问情况，做宣传，活动当天吸引了近33 000万流量，客户下单600余斤，实现销售额5万多元。

在实现乡村振兴梦的过程中，费琳琳曾经遇到过不少问题，也遭受过别人的质疑，但是只要坚持梦想，坚持品质，就一定会获得成功！费琳琳曾经说，虽然有挫折，有坎坷，但每当遇到困难，都在心里默默给自己鼓劲加油，告诉自己"费琳琳，你能做到，你一定能做到!"因为只有经历过重压的人生，才有站在舞台上的厚重感。

案例 22 综合经营实力，持续发展向未来

姓　　名：孔祥华

出生年月：1981 年

单　　位：南京市高淳区和丰园生态水产养殖专业合作社

孔祥华，江苏省南京市高淳区和丰园生态水产养殖专业合作社理事长。1999 年专科毕业以后，他就职于本地一家大型农资企业，从仓库会计到驻外会计，从业务经理到区域经理，从华南到华北，他一直与农业打交道，看到了华北地区的玉米、高粱等传统作物的种植，领略了南方经济林果的多效立体农业，为自己农业创业积累了丰富经验。

一、立足本地资源优势，选准合作发展路子

2004 年，南京市高淳县（现为高淳区）围绕“工业强县、生态立县、特色兴县”目标，进一步按照“特色＋规模＋科技＋服务”的思路，充分利用丰富的水面资源和优越的生态环境，全面推广固城湖螃蟹标准化养殖规范，大力发展螃蟹产业。2013 年，高淳撤县设区，螃蟹产业从众多特色产业中脱颖而出，迎来新的发展机遇。2013 年底，高淳区螃蟹养殖面积超过 20 万亩，螃蟹产量达 1.49 万吨，螃蟹销售收入达 16.39 亿元。螃蟹养殖带动了渔具生产、饲料加工、物流运输、旅游餐饮等 13 类相关产业的发展，从业人员达 5 万多人。在农资销售过程中，孔祥华逐渐发现，家乡的渔需物资市场需求量直线上升，与之相对应的是，大部分蟹农都是凭经验、看天气、碰运气来养螃蟹，养出的优质大闸蟹全都论斤批发给水产市场，在螃蟹养殖产业大好的发展时机下养殖户却赚不到钱。深刻了解家乡螃蟹养殖的优劣势后，孔祥华决定成立一家可以提供水质处理技术推广、养殖技术培训与服务、统购生产资料、统销农副产品的合作经济组织。2014 年，孔祥华通过大半年的市场调研走访、与养殖户深入交流，获得了合伙人朱晓斌和 12 户亲朋好友的认可，共同成立了南京市高淳区和丰园生态水产养殖专业合作社。成立初期，合作社采取“统一采购物资，成员享受 10%的优惠；统一销售，成员养殖的螃蟹比市场价高 5～10 元/斤”，实现节本增效、提价增收，合作社逐步站稳脚跟，吸引了更多养殖户加入。2015 年，入社成员达 22 户，技术服务面积 960 亩；2016 年，入社成员达 33 户，技术服务面积 1200 亩。如今，合作社先后被评为国家农民合作社示范社、国家级星创天地、国家农业科技示范基地、国家虾蟹产

业技术体系中华绒螯蟹种质资源与品种改良SPF蟹种试验示范基地、国家虾蟹产业技术体系克氏原螯虾种质资源品种与改良SPF种苗保护基地，建成科技小院、科技志愿服务大队、科技超市、农民田间学校、社区电商服务中心、科创中心等多个服务平台。

二、专注种质资源研发，电商助力产业发展

在孔祥华的带动下，合作社紧紧围绕"做给农民看，带着农民干，帮助农民卖，带领农民富"的目标，抓住种源、销售等关键环节，带动成员发展螃蟹产业。**一是抓养殖。**2017年，孔祥华在合作社积极推动"互联网＋水产养殖"，应用物联网技术"e趣田园"综合管理平台，实现更加精准的养殖管理。通过"e趣田园"综合管理平台，成员通过微信、电脑等客户端就能操作在水里的智能设备，足不出户管理几十亩养殖水塘。同时，平台可以为所有的农产品建立电子档案，每个成员都有自己的二维码，消费者在购买时，只要"扫一扫"，不仅能定位到蟹塘的地址，还能实时看到螃蟹成长的过程，为打造地标品牌奠定了基础。2019年，孔祥华在养殖基地开始推广"螃蟹＋龙虾套养""一稻一虾＋虾苗综合示范""龙虾＋甲鱼＋螃蟹""虾蟹混养"等多种综合立体养殖模式，产出了更多优质保量的水产品。正当大家干得热火朝天的时候，新冠疫情暴发，恰逢正月初八开塘投苗，这让养殖户们不敢放又不得不放，不管是苗种进来，还是随后的销售，都受到了很大的影响。在这种情况下，合作社积极寻求出路，开始探索虾蟹熟食初加工，通过建设熟食加工生产线、冷库，配套冷链物流开发预包装食品，充分释放养殖产业端的产能。一方面通过加工品库存来协调养殖生产端的产能供给，调剂市场供需不平衡；另一方面降低了销售端的产品风险，提升了电商类产品的竞争力。**二是抓种源。**2018年，合作社开始自建养殖基地，邀请江苏省淡水水产研究所的专家为成员做技术指导。在此过程中，专家发现高淳团结圩区域的克氏原螯虾（小龙虾）活力更强、个头更大，经反复检测证实这里的克氏原螯虾大部分不携带白斑综合征病毒。（白斑综合征是克氏原螯虾比较突出的病毒性疾病，俗称"五月瘟"。不携带白斑综合征病毒或无特定病原菌的克氏原螯虾又称SPF克氏原螯虾。专家发现这一特性后，立即成立江苏省克氏原螯虾产业技术体系SPF小龙虾课题组，与高淳区农业农村局、古柏街道农业技术服务中心、和丰园生态水产养殖专业合作社等合作，共同开展SPF克氏原螯虾种质资源保护和克氏原螯虾"健康苗"选育、扩繁的产学研合作研究项目。团队系统地开展克氏原螯虾基础生物学、繁殖生物学、苗种生产、养殖、病害防控等研究，按照"定向选种、专池育苗、环境优化、精确放养、合理投喂、生态防控、计划捕捞"为核心的生态高效养殖技术体系的要求，将克氏原螯虾土池育苗、大规格苗种培育、养殖环

境调控、养殖病害生态防治等技术运用在 SPF 种苗的培育上。**三是抓销售。**从 2016 年起，合作社就坚持发展电商。①注册了涉农体系类别的商标，通过品牌带动销售。商标类别涵盖了“新农业、新零售”全程可追溯的农产品架构体系，主要有大闸蟹、龙虾、河虾、鱼类等极速达生鲜水产品系列，花雕醉等初加工农产品系列，稻虾田生态大米系列产品等。②注册运营从京东商城到苏宁易购、淘宝等的一系列大平台旗舰店。基于多年的电商从业经验，合作社总结出了“因地制宜、因企适宜”的微电商运营思路。例如，把快递公司直接引进社区电商服务中心，把物资超市开在社区电商服务中心，通过“外请内引”的方式，积极引导发展城市专卖店、渠道批发商、农产品经理、商超采购等方式开展业务合作，逐步形成了以“北、沈、广、杭”为城市专卖、渠道批发配套商超销售的螃蟹合作架构。此外，合作社还鼓励成员走出去开设专卖店，通过品牌帮扶、资质帮扶到产品助力，开设了深圳、昆明、珠海、宁波专卖店。2021 年，合作社实现供应链直播带货销售 180 万元。

三、培育人才钻研学问，注入持续发展源头活水

合作社要发展，养殖户是主体，产业是基础，人才是根本。孔祥华介绍道，合作社在人才培养上面临的最大挑战，就是年轻人受传统观念、社会认知偏见、工作环境等因素影响，不愿意留在农村。合作社地处工业区，人员流动性大，好不容易培养起善经营、会管理的人才又留不住。从事农业生产的主要是老年人，整体文化水平偏低，缺乏农业系统知识，特别是很多机械设备劳动强度大、技术含量高，有时候还有时间限制，比如飞防作业大部分都在凌晨三四点，年龄偏大的人员难以适应此种劳动强度较大的作业。2021 年，合作社引进多名退伍军人及返乡青年成立农业机械专业化服务型合作社，配备无人机、收割机、挖掘机、旋耕机等农业机械，其中飞防团队开展无人机植保、播种、撒肥等作业，每年外出安徽、新疆等地作业达 50 万亩次以上。2021 年综合团队优势，在高淳区全程托管 4 040 亩水稻种植，形成全程机械化托管服务的标准样板和节工增效的无人机栽种管理模式；引进 2 名水产专业的大学生开展养殖专项的社会化服务，探索积累了一种水产养殖半托管性质的社会化服务模式，进一步降低成员养殖风险，形成一条初具市场竞争能力的产业供应链，推动社区水产养殖业又快又好高质量发展。此外，2021 年，合作社还成功创建中国农技协江苏高淳虾蟹共作科技小院，南京师范大学设立常驻师生队伍，把食宿和工作搬到田间地头，每周 1～2 次的“会诊”，为养殖户提供零距离、零时差、零门槛、零费用的科技服务，到实际生产中去发现问题、研究问题、解决问题，通过人才引入方式帮助养殖户解决实际问题。理事长孔祥华自己也在做中学、学中做，白天混迹于蟹农之间，挽起裤腿在

蟹塘里拔草扎蟹，穿起西装四处取经求学，晚上回去熬夜学习提高自身的科学文化素质，掌握丰富的生产技能，利用更多的科技手段从事农业生产。目前，他被江苏省农业科学院新农学院聘请为兼职老师。2017年，他被评为江苏省乡土人才“三带新秀”“三带能手”；2020年，被评为中级乡村振兴技艺师和高淳区“乡土专家”；2022年，经层层推选，他当选南京市双优农民专业合作社联合会第一任会长，并被聘为南京市第一批新型农业经营主体辅导员等。总经理朱晓斌在服务养殖户的同时发起成立了和丰园生态水产养殖技术协会并任会长，在上级街道党委的同意下，组织成立了南京市高淳区和丰园生态水产养殖专业合作社党支部并任副书记主持工作。2019年，他被评为优秀农技推广员；2020年，被评为江苏省乡土人才“三带新秀”和科技特派员；2021年，还被评为优秀共产党员。2021年，孔祥华当选高淳区政协委员。

案例 23　贡茶新势力——富锶茶开创者

姓　　名：龚燕

学　　校：湖北工业职业技术学院(丹江口教学区)

创业项目：富锶茶开创者

专业年级：2019 级绿色食品生产与检验

人生格言：用真心，做臻茶，富锶福万家

龚燕，竹溪县云端臻茶叶专业合作社农民合作社理事长，竹溪县汇湾商会秘书长，全国第六批农村创业优秀带头人。利用富锶水源地优势，首创富锶茶，致力打造富锶茶全产业链，种富锶茶、开发销售富锶茶产品，弘扬贡茶文化，守正创新。

竹溪县是湖北西北部秦巴山区的一个贫困县，当地最大的资源是山，山里种的最多的是茶叶，因为贫困，年轻人都渴望走出大山。龚燕，1987 年出生在这里一个叫汇湾的地方。中专毕业那年她 19 岁，学校推荐她去上大学，但想到家里的情况，她选择了去工作，希望通过自己的努力减轻父母的负担。

在公司，她从普通职员开始，做到了业务骨干，直至出任跨国公司中国区经理，一路走来充分展现了竹溪妹子坚毅、勤奋的特质。这种特质也决定了她后来不同寻常的选择。2014 年，考虑到父母年事已高、需要自己照顾，她放弃新加坡高薪工作，回到家乡任职新华人寿股份有限公司业务经理。好不容易离开贫困山区在都市扎根，又回到山区，朋友们都说她傻。更让大家不能理解的是，2019 年，刚过而立之年，她回到村里，接手了家里的茶园，并流转土地扩大规模开始创业。大家劝她无论如何不能犯糊涂，可她不仅坚持要干，还报考了“一村多名大学生计划”学习专业知识。

她告诉大家，之所以这样选择，是家乡情怀，也是理性思考。她认为，家乡不能、也不应该一直这么贫困下去，家乡的面貌要改变要靠乡亲们自己的努力，尤其是年轻人的努力。当时自己离开家乡时就曾暗暗发誓，有能力了一定要回报家乡。在保险公司工作的这 5 年她一直在关注家乡的发展。特别是每次回到老家，看到茶园荒芜，良田沃土无人问津，深觉可惜和痛心。经过调研，她发现竹溪的茶产业规模大，但始终是茶农的副业，主要问题在于：①建园质量差，单产水平低；②产品结构不合理，综合利用率低；③市场营销粗放；④区域内富锶资源未能开发利用。她愿意以自己的努力带领乡亲创业，利用区域内富锶水源种植“富锶茶”。

2019 年，她发起成立了“竹溪县云端臻茶叶专业合作社农民合作社”。带领村民首先建立生态种植标准,改造老茶园 1 000 多亩,实行“五良”种植。根据名优茶绿茶、大宗绿茶和红茶不同加工要求筛选出“梅子”系列品种。利用富锶水源地优势,研制出“云端臻©”富锶茶和具有年轻属性的“一碗乡思”冷泡茶;开展了有机认证,已进入转换期,并申报了 2 项富锶茶产品专利。与区域内知名茶企梅子贡集团、龙王垭茶叶有限公司建立战略合作伙伴关系,种好茶、做好茶。利用优势地理资源,植入贡茶文化,将茶园打造成寻茶问艺、体验传统手工做茶、品茗养生的网红茶园。与“武当窑”合作开发茶器茶具类文创产品。以免费或赠送体验类项目,运用线上直播、抖音、快手等自媒体短视频吸引游客,再通过游客扩散放大,为茶业营销赋能。在村里将青年妇女组织起来在线售茶;与悸动(上海)餐饮管理有限公司合作,依托悸动烧仙草全国 3 000 多家品牌加盟店开辟冷泡茶市场。由此,龚燕带领的茶园采茶期延长至 220 天。

合作社成立以来,20 家加入合作社的贫困户,均得以脱贫,带动本村及周边贫困户就近就业,2020 年累计用工达 4 520 多工时,发放工资 50 余万元,带动贫困对象 1 200 余人,每户年增收 3 万元。2020 年春节突遇疫情,村民无法外出。合作社组织本村志愿者为村民服务,守卡点、入户消毒、宣传政策等。在疫情得到局部控制后,积极响应政府“复工复产”倡议,组织本村和邻村的村民 100 多人参与茶园分散作业,每月工资 3 500～5 000 元/人,极大地缓解了疫情带来的压力。

在龚燕的带领下家乡的面貌有了明显的改善。茶园里常常是一片欢声笑语,村民们说得最多的是:“村里没人搞茶叶合作社时,想找点钱,还得天不亮跑十几里地到别的村,两头不见天。现在好了,有了龚燕的合作社,干活出门就到茶园,到点了有人喊吃饭,不跑远路也没那么累,家门口,挣钱方便。”

受龚燕影响,村里先后有 20 多位年轻人回来了。跑营运的张娇,开美容护肤店高燕,干汽车维修的丁华超,开建筑公司的刘启军等,他们都觉得龚燕干了一件了不起的事。现在汇湾返乡的年轻人越来越多,相信不久的将来这里必将成为一片生机勃勃的热土,龚燕和她的伙伴们的愿望一定能够实现!

参考文献

[1]王冀川．现代农业概论．北京:中国农业科学技术出版社,2012.

[2]官春云．农业概论．北京:中国农业出版社,2015.

[3]范慕韩．世界经济统计摘要．北京:人民出版社,1985.

[4]沈镇昭,隋斌．中华农耕文化．北京:中国农业出版社,2012.

[5]程小天,胡冰川．世界农业的发展与变迁:1961年来的洲际比较．世界农业,2018(03):22-30.

[6]邢建华．"三农"史志:历代农业与土地制度．北京:现代出版社,2014.

[7]林正同．古今农业漫谈．北京:中国农业出版社,2012.

[8]李穆南．历史悠久的古代农学．北京:中国环境科学出版社,2005.

[9]张萌萌．东方文明的光辉——中华农业．长春:吉林出版集团有限责任公司,2012.

[10]张波,樊志民．中国农业通史．北京:中国农业出版社,2007.

[11]王朝生．农业文明寻迹．北京:中国农业出版社,2011.

[12]游修龄．中华农耕文化漫谈．杭州:浙江大学出版社,2014.

[13]李根蟠．农业科技史话．北京:社会科学文献出版社,2011.

[14]刘志,刘银来．现代农业创业基础．武汉:湖北科学技术出版社,2012.

[15]傅志强,王学华．现代农场规划与建设．长沙:湖南科学技术出版社,2013.

[16]刘志,耿凡．现代农业与美丽乡村建设．北京:中国农业科学技术出版社,2015.

[17]中央农业广播电视学校．现代农业生产经营．北京:中国农业出版社,2014.

[18]王立岩．现代农业发展的理论与实践．北京:社会科学文献出版社,2017.

[19]刘凌霄．现代农业经济发展研究．北京:中国水利水电出版社,2017.

[20]农业部管理干部学院．现代农业基础知识．北京:中国农业出版社,2009.

[21]徐青蓉,侯殿江,赵寒梅．现代农业生产经营．北京:中国农业科学技术出版社,2018.

[22]汪发元,王文凯．现代农业经济发展前沿知识和技能概论．武汉:湖北科学

技术出版社,2010.
[23]付明星. 现代都市农业两型农业模式. 武汉:湖北科学技术出版社,2012.
[24]王立岩. 现代农业发展的理论与实践:基于天津市的研究. 北京:社会科学文献出版社,2017.
[25]蔡雪雄. 福建省现代农业实践与发展探索. 北京:中国农业科学技术出版社,2018.
[26]崔健,黄日东. 广东现代农业建设研究. 北京:中国农业出版社,2009.
[27]王艳玲,杨德东,张冬平. 现代农业发展研究:以河南省为例. 北京:中国农业出版社,2009.
[28]朱道华. 外国农业经济. 北京:中国农业出版社,1999.
[29]洪民荣. 美国农场研究. 上海:上海社会科学出版社,2016.
[30]张广胜. 美国农业. 北京:中国农业出版社,2014.
[31]史俊宏. 英国农业. 北京:中国农业出版社,2012.
[32]徐宏源,张惠杰,朱晋宁. 荷兰农业. 北京:中国农业出版社,2015.
[33]张惠杰,徐宏源,张昭. 巴西农业. 北京:中国农业出版社,2016.
[34]周章跃. 澳大利亚农业. 北京:中国农业出版社,2013.
[35]李华,蒲应龚. 新西兰农业. 北京:中国农业出版社,2013.
[36]中华人民共和国农业部计划司. 中国农村经济统计大全(1949—1986),北京:农业出版社,1989.
[37]国家统计局. 中国统计年鉴,2022.
[38]湖北农村统计年鉴编辑委员会. 2019 湖北农村统计年鉴. 北京:中国统计出版社,2019.
[39]农业部农产品贸易办公室,农业贸易促进中心,2016 中国农产品贸易发展报告. 北京:中国农业出版社,2016.
[40]国务院第三次全国农业普查领导小组办公室,国家统计局. 中国第三次全国农业普查综合资料. 北京:中国统计出版社,2019.
[41]国家发展和改革委员会价格司. 全国农产品成本收益资料汇编. 北京:中国统计出版社,2018.
[42]李道亮. 农业 4.0——即将来临的智能农业时代. 北京:机械工业出版社,2018.
[43]温孚江. 大数据农业. 北京:中国农业出版社,2015.
[44]阮怀军,封文杰,赵佳. “互联网+”现代农业推动乡村振兴路径研究. 北京:中国农业科学技术出版社,2019.
[45]查红,黎青,皮楚舒. 现代农业与互联网电子商务. 北京:中国农业科学技

术出版社,2017.
[46]农业部农民科技教育培训中心,中央农业广播电视学校．创意农业．北京:中国农业出版社,2013.
[47]杨孔平．土地三权分置与农村二次飞跃．北京:中国农业出版社,2017.
[48]刘志,耿凡,徐健剑．互联网+现代农业．北京:中国农业科学技术出版社,2015.
[49]张辰利．农产品期货与农业生产．北京:金盾出版社,2012.
[50]王丰．互联网+农业机会与模式．北京:中国农业出版社,2015.
[51]农业农村部农产品加工局．全国休闲农业和乡村旅游经典案例．北京:中国农业出版社,2018.
[52]徐玉红,刘跃川,石泓．农产品电子商务．北京:金盾出版社,2017.
[53]王茜,孟宪文,朴清．乡村振兴战略与现代农业产业化．北京:中国农业科学技术出版社,2019.
[54]何昌垂．粮食安全,世纪挑战与应对．北京:社会科学文献出版社,2013.
[55]高明．中国农业水资源安全管理．北京:社会科学文献出版社,2012.
[56]田宪刚,场先永,唐建文．形势分析与政策解读．北京:高等教育出版社,2016.
[57]李敬德．形势与政策．北京:国家行政学院出版社,2017.
[58]张陕豫．形势与政策．北京:中共中央党校出版社,2017.
[59]胡冬鸣．三农政策知多少．北京:中国财政经济出版社,2018.
[60]农业农村部教育司,中央农业广播电视学校．2018年全国新型职业农民发展报告．北京:中国农业出版社,2019.
[61]杨艳斌,高广金．湖北农事旬历指导手册．武汉:湖北科学技术出版社,2019.
[62]曹凑贵,蔡明历．稻田种养生态农业模式与技术．北京:科学出版社,2017.
[63]农业部种植业管理司,全国农业技术推广服务中心．粮食高产高效技术模式．北京:中国农业出版社,2013.
[64]中央农业广播电视学校．农作物病虫害统防统治．北京:中国农业出版社,2019.